大学生素质拓展系列丛书

预防与应对
——大学生安全教育读本

主　编　朱亚敏
参　编　陶　晴　沈许龙　陶爱荣　倪　兵
　　　　邹友宁　周　明　陆　勇　张徐刚
　　　　郑　崴　沈卫军
主　审　钟名湖

东南大学出版社
·南京·

图书在版编目(CIP)数据

预防与应对:大学生安全教育读本/朱亚敏主编.
—南京:东南大学出版社,2011.9(2013.9重印)
ISBN 978-7-5641-2986-6

Ⅰ.①预… Ⅱ.①朱… Ⅲ.①大学生—安全教育
Ⅳ.①G645.5

中国版本图书馆 CIP 数据核字(2011)第 178829 号

大学生素质拓展系列丛书
预防与应对:大学生安全教育读本

出版发行	东南大学出版社
社　　址	南京市四牌楼2号　　邮　编　210096
出 版 人	江建中
网　　址	http://www.seupress.com
电子邮箱	press@seupress.com
经　　销	全国各地新华书店
印　　刷	南京京新印刷厂
开　　本	700mm×1000mm　B5
印　　张	14.25　　字　数　280千字
版　　次	2011年9月第1版
印　　次	2013年9月第4次印刷
书　　号	ISBN 978-7-5641-2986-6
印　　数	16201—17200 册
定　　价	23.00元

本社图书若有印装质量问题,请直接与读者服务部联系。电话(传真):025-83792328。

《大学生素质拓展系列丛书》编写委员会

主　任　张旭翔
副主任　钟名湖
委　员　卞小梅　陶爱荣　钱群雷　朱亚敏　平沪生
　　　　沈许龙　文沛先　金　鸿　王　岚　王养森
　　　　王亚莉　倪　兵　刘东风　李祖刚　王从容

序

　　教育的最终目的是促进人的全面发展。作为教育工作者,要牢固树立以学生为主体的教育观念,把以人为本落实在教学的全过程中。高等职业教育是大学教育,又是职业教育,我们在强调职业技术优先,动手能力优先的同时,要高度重视学生的科学素养和文化素养,特别是在高等职业教育的发展进入到提高教育质量、提升办学内涵的今天,显得更加重要和迫切。由于种种原因,高等职业教育在专业设置、人才培养方面主要以技术教育为主,忽视了人文素质的培养,一些高等职业院校的学生在知识结构上出现了明显的欠缺,他们缺乏应有的社会理想和人文精神,限制了他们的创造性发挥,限制了他们的职业选择,影响了他们的就业竞争力,影响了他们的可持续发展。因此,开展文化素质教育,不仅是促进学生全面发展的需要,也是完善高等职业教育体系的必然选择,是高等职业院校人才培养的重要任务。

　　素质是一个人的思维方法、行为举止、道德情操、人文修养、科学修养、身体心理等品格的本能化程度。文化素质教育是大学素质教育的切入点,是一个系统工程。大学生文化素质教育可以以多种方式并存,如举办文化讲座、学生社团活动等,但课堂教学仍是高校育人的主阵地。因此,如何以课程体系的方式,使文化素质教育规范化,是文化素质教育的重要形式和必然选择。我们提出在广度和深度两方面加强文化素质教育,同时还应依托选修课,有选择性地开设一些贴近学生实际,贴近学习生活的文化素质课程,尤其是那些对学生个人成长和职业发展有帮助的课程。基于此,我们组织了多位长期奋战于文化素质课程教学和学生素质教育一线的学生工作者,编写了面向高等职业院校在校大学生的素质拓展系列丛书。本丛书包括《起点与跨越——大学生信息素养入门》、

《思路与出路——大学生创新创业指南》《传承与启示——中国传统文化精要》《适应与发展——企业文化与现代大学生》《修身与处世——大学生实用礼仪精编》《预防与应对——大学生安全教育读本》六本教材,其中既有职业技能、专业知识的良好补给,也有人文素养、科学素养的有益滋润,对高等职业院校学生来说,不但是基础的丰富、专业的导读,更是启迪的源泉。尽管我们还将继续增加丛书的种类和内容,但任何一套文化素质教育丛书都无法涵盖所有的文化素质内容,我们更期望通过丛书的学习,让大学生具备学习的主动性,具有基本的文化品位、审美情趣、人文素养和科学素质,为学生的素质提升、能力培养和未来的职业发展提供服务。

本丛书为学习者提供了丰富的"给养",为教育工作者拓展学生文化素质提供了新的视角,同时也为践行辅导员专业化、职业化、专家化的道路提供了有益的思考。

能够完成本系列丛书,首先要感谢编委会的精心策划,感谢所有的编写人员能够克服诸多困难,在要求的时间内准时完成编写工作。在本系列丛书结构体系的制定上,淮阴工学院纪委书记王敦宝同志给予了诸多悉心指导,出版社的相关责任编辑亦提出了许多宝贵意见,在此一并表示诚挚感谢!

2011 年 8 月

编写说明

校园风险与危机是每个师生和学校组织所面临的、可能会产生不良甚至灾难性后果的一种客观存在。一般理解风险危机有两个含义,一是指出乎人们意料的突发事件,如地震、水灾、空难、疾病爆发、恐怖袭击或战争等;二是指在日常活动中遭遇的重大问题或变故,如生活或学业受挫等。风险后果严重时则为危机。危机出现会使人们正常生活受到干扰,平衡被打破,生命财产或身心健康处于危险之中。

任何安全风险都有一个孕育过程,有的是因为我们还不能掌握其发生的规律或科学地预测而发生,也有的是因为我们的疏忽或错误而发生,前者可谓"天灾",后者则是"人祸"。大量的潜在风险伴随着人的一生,科学的预防可以减少风险发生的概率,正确的应对会使风险可能造成的损失降到最低程度,转危为安。

提高现代大学生综合素质,使之学会科学预防与应对各种风险,保护生命和财产安全,是教育的重要目标。编写本书的目的在于帮助读者识别应对各种校园风险带来的危害,强化生存意识,掌握生存技能,提高生存质量。本书作为《大学生素质拓展系列丛书》课程配套教材,从人身安全、防火安全、食品安全、财产安全、防病及紧急救助、意外事故预防、就业安全等方面,分10个章节阐述了校园常见风险成因、危害以及预防与应对的方法。

在本书的编写过程中得到了孙凤鸣、周长春、戴长顺、任祖平、杨正才、何建忠、邹友宁、沈卫军、郑崴、陆勇、钱群雷、周效名、李祖刚、周明、陶晴、闵永亚、管健、任鹏、刘跃龙等同志的大力协助,在此一并表示感谢!

对本书中的不足之处,恳请各位读者和专家不吝指正。

编 者
2011年8月

目　录

第一章　校园火灾风险 …………………………………………………… (1)
　　第一节　校园火灾隐患识别 …………………………………………… (1)
　　第二节　校园火灾风险分析 …………………………………………… (3)
　　第三节　校园火灾风险控制 …………………………………………… (4)
　　第四节　火灾事故中的逃生和自救 …………………………………… (13)

第二章　校园食品安全风险 ……………………………………………… (17)
　　第一节　校园食品安全概述 …………………………………………… (17)
　　第二节　典型食品安全案例介绍 ……………………………………… (18)
　　第三节　校园食物中毒的预防与控制 ………………………………… (24)
　　第四节　校园食物中毒的应急处置 …………………………………… (30)

第三章　自然灾害 ………………………………………………………… (33)
　　第一节　地震 …………………………………………………………… (33)
　　第二节　海啸 …………………………………………………………… (42)
　　第三节　龙卷风 ………………………………………………………… (48)
　　第四节　泥石流 ………………………………………………………… (52)
　　第五节　雷电 …………………………………………………………… (57)
　　第六节　台风 …………………………………………………………… (65)

第四章　人身伤害风险 …………………………………………………… (72)
　　第一节　校园常见人身伤害风险 ……………………………………… (72)
　　第二节　校园人身伤害风险分析 ……………………………………… (76)
　　第三节　校园人身伤害风险控制 ……………………………………… (79)
　　第四节　自我防卫术 …………………………………………………… (88)

第五章　财产安全风险 …………………………………………………… (93)

第一节　财产被盗风险 ·· (93)
　　第二节　抢劫抢夺风险 ·· (104)
　　第三节　财产被骗风险 ·· (109)

第六章　出行安全风险 ·· (128)
　　第一节　出行交通安全风险概述 ································ (128)
　　第二节　预防交通事故 ·· (129)
　　第三节　旅游安全风险应对 ······································ (136)
　　第四节　遭遇事故如何自救 ······································ (142)

第七章　常见传染病风险 ·· (148)
　　第一节　传染病概述 ··· (148)
　　第二节　常见传染病的预防 ······································ (150)

第八章　紧急救助 ·· (157)
　　第一节　急救的原则 ··· (157)
　　第二节　接力棒式的急救 ·· (158)
　　第三节　常用急救方法 ·· (159)
　　第四节　常见急症的处理 ·· (166)

第九章　大学生心理危机 ·· (175)
　　第一节　心理危机概述 ·· (175)
　　第二节　大学生遭遇心理危机事件后的反应 ····················· (177)
　　第三节　心理危机干预策略 ······································ (182)
　　第四节　大学生自杀问题及其心理干预 ·························· (187)

第十章　就业安全风险 ·· (192)
　　第一节　常见就业安全风险 ······································ (192)
　　第二节　就业安全风险分析 ······································ (202)
　　第三节　就业安全风险控制 ······································ (204)
　　第四节　就业风险应对 ·· (209)
　　第五节　实习安全风险控制 ······································ (212)

参考文献 ·· (217)

第一章　校园火灾风险

火灾是当今世界上多发性灾害中发生频率较高的一种灾害。联合国世界火灾统计中心统计：全世界每天发生火灾1万多起，造成数百人死亡。近几年来，我国每年发生火灾约4万起，死2 000多人，伤3 000~4 000人；每年火灾造成的直接财产损失十几亿元，尤其是造成几十人、几百人死亡的特大恶性火灾时有发生，给国家和人民群众的生命财产造成了巨大的损失。校园火灾对师生的生命和财产的伤害是最具有毁灭性的。本章内容将帮助你增强防火意识，常备警觉之心。

第一节　校园火灾隐患识别

你留意过防火工作吗？只要有烟头、大功率电器、灯光的热量、易燃易爆物品、超负荷线路等，你的周围就有火种，火灾危险就时刻存在。回顾我国发生的重特大群死群伤恶性火灾事故，都是在人员较为密集的场所。校园历来是公安消防部门、学校保卫部门监督管理的重点，为此，加强校园火灾的预防工作极其重要。

一、电器设备不合格　梦中醒来祸已生

2004年2月14日7时，某校发生火灾，A同学和室友被烧伤，两间宿舍和大部分财物被烧毁。火灾后公安消防机关派人赶到现场，进行火灾调查。现场勘查发现，西屋烧损严重，西屋除伤者床上的电热毯外，无其他电器和火源。经询问证实，A同学开通电热毯后就睡着了，发现身下起火想离开时已来不及了。电热毯是A同学一年前从小商品批发市场上购买的，前几天就有烧糊的气味，但是没当回事，没想到竟会烧得这样惨。经推断，火灾原因为电热毯着火。后查明，该电热毯是"三无"产品，价钱不贵，结构简单，说明书无确定的功率，没有保护装置，若电容器被击穿、继电器失灵、变压器温度升高、晶闸管及触发电路发生紊乱时，都有引发火灾的可能。

预防与应对

二、电器运转超负荷　线路老化惹灾祸

2004年7月临近毕业时,某著名大学的女生宿舍突发火灾。除烧毁一些生活用品外,几位女生的各种证书也随大火付之一炬,令人扼腕。后经消防部门验证,起火原因是由于房间内电源私拉乱接现象比较严重,致使线路长期超负荷运转。失火的直接原因竟是一个手机充电器电路老化,打火引燃旁边可燃物品后蔓延所致。

三、吞云吐雾为提神　小小烟头大纰漏

某学院大二学生王某,考试前拼命用功,困了就抽烟提神。当王同学累得趴在桌上休息时,手里的烟头还在继续燃烧,先是引燃了书本,再殃及被褥,最终酿成火灾,造成自己和同宿舍另外两位同学的被褥以及一台笔记本电脑被烧毁。

四、黄梅季节人烦恼　取暖器烘衣酿火灾

每年的六月底至七月初是南方的梅雨季节,天气异常潮湿。南京某大学的一名教师在做实验时,由于临时有事,忘了关断正在烘烤衣物的取暖器电源,就离开了实验室,致使火源引燃旁边的可燃物,造成该校的生物实验室起火,结果烧毁了许多珍贵的植物标本,损失相当惨重。

取暖器烘衣易酿火灾

五、违章使用热得快　花季女生成冤魂

2008年11月14日6点10分,上海某高校徐汇校区602宿舍里冒出了浓烟。起初火并不大,光看到烟并没有火苗蹿出。浓浓的烟雾中,只见有4个女孩躲在阳台上高声尖叫。她们穿着睡衣,明显是刚起床。后来火势慢慢扩大,很远都能听到窗户玻璃"砰砰"烧炸的声音。不一会工夫,阳台上已经能看见明火,看上去火苗只比女孩的头部略微高一点。此时,相邻的601室的阳台上也站着3个女生,她

们试图将4名女生从起火宿舍救出。有人拿出了一根不锈钢的长杆,试图递给602室的同学,可还是失败了。

这时4名女生已吓得渐渐乱了方寸。一女生跑向阳台左边,看样子想翻墙,但不知怎么又跑回去。火势蔓延,她们的身体开始向外探出,并且用手使劲扒住阳台的外面一边。当时有人已爬到阳台外,仅靠双手扒着阳台。在火快要烧到阳台门窗时,一女孩身上的睡衣着了火,惊慌失措下她先跳了下来。其他3人看到同学
跳楼求生,顾不得楼下同学"不要跳!不要跳!"的提醒,一个接着一个往下跳。最后一位是双手攀在阳台外的女孩,她试图跳到5楼,但没找准位置,双手支撑不住也摔了下去。

经警方初步调查,失火原因业已查明:因前一天晚上寝室中有人用热得快直发器夹头发,11时之后寝室断电,但她忘记拔插头,早晨6时通电后,放置在床头的热得快不断升温,最终引燃被褥。起火后,2名女生拿着脸盆到对面厕所端水灭火,可当她们端着脸盆回到寝室门口时,发现火已经大起来了,她们俩已进不去(开门取水客观上促进了空气对流,起到助燃作用)。该宿舍过火面积20平方米左右。因房内烟火过大,4名学生分别从阳台跳下逃生。经现场120急救人员鉴别,4人均当场死亡。

第二节 校园火灾风险分析

一、鉴别易燃易爆物品的基本常识

(1) 易燃固体 受高温高湿影响后变质,表面产生起泡、发黏、变色、脆裂、粉碎现象的赛璐珞制品,例如皂盒、发卡、三角板、钢笔杆、直尺、复写板、眼镜架、乒乓球等,都具有发热自燃的危险;火柴、漆布漆纸等也都是易燃固体。

(2) 易燃液体 橡胶水、修正液、染发水、香水、花露水、煤油、油墨等物品的原料大多是汽油、苯、乙醚、乙醇等化学危险品,都是易燃液体。

(3) 易燃气体 打火机、煤气罐、定型发胶、杀虫剂气罐,其危险性在于它们喷出的气体能与空气形成爆炸性混合物,遇高温、明火会燃烧爆炸。

　　化学危险品和烟花爆竹应具有明显标志,不得随意存放。尤其是在酷热的夏季,特别要注意消防安全,绝对禁止将易燃易爆物品直接置于阳光直射处。

二、校园火灾风险的主要成因

　　学生宿舍是学生休息的主要场所,引起火灾的原因主要有以下几种:

　　(1)电气线路超负荷或老化　一些学生私拉乱接,使用大功率电器设备,增大了导线的负荷。特别是个别学校由于修建的时间较长,部分电气线路已经严重老化,容易造成短路、过负荷、接触电阻过大等电器故障引起火灾。

　　(2)用火不慎　吸烟、人为纵火、玩火以及自然灾害中的雷击、静电、自燃等都可能引起火灾。学校虽然有明文规定,学生不准在宿舍内用蜡烛照明,不准生火煮饭,不准吸烟等,但有的学生还是无视安全规定,我行我素。

　　(3)消防设施配置不到位　有些学校的领导对消防不够重视,心存侥幸,在消防设施上舍不得投入,一旦发生火灾,由于不能及时扑救,容易酿成大灾。

三、易发生火灾的时间和地点

　　易发生火灾的时间:一天24小时中的凌晨1点至4点。春天干燥环境易发生静电火灾;夏天气温高,易燃易爆物品易引起火灾;秋天枯草落叶遇火就着易引起火灾;冬天用火取暖易引起火灾。夜间火灾多于白天;周末火灾多于工作日。学生宿舍的火灾通常发生在人去室空的时候,由烟头或其他易燃物引起。

第三节　校园火灾风险控制

一、校园防火"七要素"

　　学校是人员密集型场所,是学生的聚集地点,内部单位点多面广,设备、物资存储较为分散,生产、生活火源多,用电量大,可燃物特别是易燃物种类繁多,工作人员的管理水平不一。造成校园起火的原因相当复杂,有人为的原因,也有自然的作用,任何环节的疏忽,都有可能造成火灾,并且极易发生群死群伤的恶性火灾事故,因而学校是防火工作的重点。火灾虽不可避免却是可以预防的。学校防火工作有其特殊性,其防火工作要点可归纳为以下七点:

(1)学校教职员工、学生和进入教学区、生活区的人员应自觉遵守防火安全管理规定。

(2)不在教学区和生活区随意焚烧树叶、垃圾等可燃易燃物品。

(3)电热器具及火源应远离易燃易爆物品。电烙铁不能直接放在桌凳上。严格按照规定使用、管理、销毁易燃易爆的实验用化学危险品。

(4)因工作需要用火时,须遵守用火审批、管理制度。不得随意用火,如确实必须动用明火,一定要配备必要的灭火器材,以防不测。

(5)在生活区内,不得乱拉临时线,不得乱设临时插座;不得使用电炉、电热水器等电热器具;不得卧床吸烟;不得在熄灯后使用蜡烛、打火机照明;宿舍内不得存放、使用酒精、汽油等易燃易爆危险品;不得在疏散通道内堆放物品和烧水做饭,自觉维护走道内的消防设施。

（6）加大防火安全知识宣传教育力度，营造安全防火的良好氛围，加强对师生消防安全知识的教育培训。教职员工和学生应学习掌握基本的火场逃生知识和技能，学会正确使用各种消防器材，学会正确拨打火警电话，正确报知火警情况。

（7）养成人走电断的好习惯。人离开时，电热水瓶插头一定要拔掉，且必须切断所有电热器具的电源。

据统计，在所有电器火灾中，因电器电源插头未拔掉长期通电短路而引发的火灾占整个电器火灾的40％以上。用完电器后如果电源插头不拔掉，会使电器中的变压器长期带电工作不断升温，线圈发生短路而燃烧。所以，要养成人离电断的良好习惯。要做到用前检查、用后保养，避免因线路老化、年久失修或经常搬运碰破电线而引发火灾事故。

二、控制火源

（1）任何人都不要玩火。划过的火柴、点着的香烟、点火的打火机，都可能成为酿成火灾的火源。

（2）宿舍内尤其是夏季使用蚊帐时，不准使用蜡烛、煤油炉、酒精灯等易燃物品。

（3）不随意乱扔烟头。烟头虽小，却能引起许多可燃物质燃烧。一支香烟燃烧时间为4～15分钟，燃烧的烟头表面温度有300℃左右，中心温度可达800℃。乱扔烟头、火柴梗经常会烧着被褥、沙发、草堆、废纸造成火灾。据测试，在自然通风条件下，烟头扔进5厘米厚的锯末中，经过75～90分钟引燃，便开始出现火焰；

烟头扔进深度为10～15厘米的刨花中,有75%的机会,经过60～100分钟便开始燃烧。所以,切不可随意乱扔烟头。作为青年学生,最好不要抽烟。

(4)注意煤气使用安全。闻到煤气味时,应迅速关闭煤气阀门,不要触及电器开关,不可打开手电、手机或打电话,应立即打开门窗进行自然通风。切不可打开排气扇、电扇,不可有丝毫金属碰撞,因为煤气泄漏达到一定浓度遇微小电火花即会发生猛烈爆炸。

三、发现失火后应采取的灭火措施

(一)立足于灭初期火源

火灾一般会经历四个发展时期:

(1)火灾初起期 火灾初起时一般火势较小,火势会因室内氧气减少而自动减弱。这段时间的长短,随建筑物结构及空间大小而不同。如初起期未能灭火,火势将因门窗玻璃或其他薄弱部分的破坏,得到新鲜空气补充而变大。

(2)火灾成长期 随着新鲜空气通道的形成,火势急剧加大,室内温度迅速升高。当火势达到一定程度时,会在一瞬间形成一团大的火焰。火势出现闪烁时人就很难生存了,所以成长期的长短是决定人员避难时间的重要因素。

(3)猛烈燃烧期 火势出现闪烁后,火势最猛烈,持续高温达800℃。这段时间的长短和温度高低,取决于建筑物的耐火等级。

(4)火灾衰减期 最盛期过后,火势衰减,室内温度下降,烟雾消散,仅地上堆积物的焚烧残迹在微微燃烧,火灾渐趋平息。

一般情况下,第一阶段是灭火的最佳时期,由于火势不大,通常用学校配置的消防器材就可以成功扑救。如果火势已到了猛烈燃烧的第三阶段,就必须撤离,由训练有素的消防官兵来灭火。

(二)学会正确报火警

(1)立即拨打"119",说明发生火灾的单位、地址、楼层,周围有何明显的建筑标志。

(2)说明燃烧物品种类,例如是否属于化工原料等。

（3）说明火势情况，例如是否看得见火光，多少房间冒烟等。

（4）口齿要清晰，一定要回答完"119"接警员的所有问题，听到对方说可以放下电话时再放，并派人去主要路口，准备尽快将呼啸而来的消防车辆引导至火灾现场。

四、几种常见灭火器的适用范围及使用方法

（一）手提式化学泡沫灭火器

（1）适用范围　适用于扑救一般B类火灾，例如油制品、油脂等火灾，也可用于A类火灾，但不能扑救B类火灾中的水溶性可燃、易燃液体的火灾，如醇、酯、醚、酮等物质火灾；也不能扑救带电设备及C类和D类火灾。

学会报火警

（2）使用方法

① 手提筒体上部的提环，迅速奔赴火场。这时应注意不得使灭火器过分倾斜，更不可横拿或颠倒，以免两种药剂混合而提前喷出。

② 当距离着火点2米左右时，拔出保险销。

③ 距离着火点2米即可将筒体颠倒过来，一只手紧握提环，另一只手扶住筒体的底圈，将射流对准燃烧物。在扑救可燃液体火灾时，如已呈流淌状燃烧，则应将泡沫由远而近喷射，使泡沫完全覆盖在燃烧液面上。如液体在容器内燃烧，应将泡沫射向容器的内壁，使泡沫沿着内壁流淌，逐步覆盖着火液面。切忌直接对准液面喷射，以免由于射流的冲击，反而将燃烧的液体冲散或冲出容器，扩大燃烧范围。

在扑救固体物质火灾时，应将射流对准燃烧最猛烈处。灭火时随着有效喷射距离的缩短，操作者应逐渐向燃烧区靠近，并始终将泡沫喷在燃烧物上，直到扑灭。使用时，灭火器应始终保持倒置状态，否则会中断喷射。

手提式泡沫灭火器应选择干燥、阴凉、通风并取用方便之处存放，不可靠近高温或可能受到曝晒的地方，以防止碳酸分解而失效；冬季要采取防冻措施，以防止冻结；并应经常擦除灰尘、疏通喷嘴，使之保持通畅。

① 右手握着压把，左手托着灭火器底部，轻轻地取下灭火器　　② 右手提着灭火器到现场　　③ 拔出保险销

④ 左手握着喷管，右手提着压把　　⑤ 在距火焰2米的地方，右手用力压下压把，左手拿着喷管左右摆动，喷射干粉覆盖整个燃烧区

（二）推车式泡沫灭火器

推车式泡沫灭火器适用的火灾与手提式化学泡沫灭火器相同。使用时，一般由两人操作，先将灭火器迅速推拉到火场，在距离着火点10米左右处停下，由一人施放喷射软管后，双手紧握喷枪并对准燃烧处；另一个人则先逆时针方向转动手轮，将螺杆升到最高位置，使瓶盖开足，然后将筒体向后倾倒，使拉杆触地，并将阀门手柄旋转90度，即可喷射泡沫进行灭火。如阀门装在喷枪处，则由负责操作喷枪者打开阀门。灭火方法及注意事项与手提式化学泡沫灭火器基本相同。由于该种灭火器的喷射距离远，连续喷射时间长，因而可充分发挥其优势，用来扑救较大面积的储槽或油罐车等处的初起火灾。

① 把干粉车拉或推到现场　② 右手抓着喷粉枪，左手顺势展开喷粉胶管，直至平直，不能弯折或打圈　③ 除掉铅封，拔出保险销

④ 用手掌使劲按下供气阀门　⑤ 左手把持喷粉枪管托，右手把持枪把用手指扳动喷粉开关，对准火焰喷射，不断靠前左右摆动喷粉枪，把干粉笼罩住燃烧区，直至把火扑灭为止

（三）空气泡沫灭火器

(1) 适用范围　空气泡沫灭火器的适用范围基本上与手提式化学泡沫灭火器相同。但空气泡沫灭火器还能扑救水溶性易燃、可燃液体引起的火灾，如醇、醚、酮等溶剂燃烧的初起火灾。

(2) 使用方法　使用时可手提或肩扛灭火器迅速奔到火场，在距燃烧物 6 米左右处，拔出保险销，一手握住开启压把，另一手紧握喷枪；用力捏紧开启压把，打开密封或刺穿储气瓶密封片，空气泡沫即可从喷枪口喷出。灭火方法与手提式化学泡沫灭火器相同。但空气泡沫灭火器使用时，应使灭火器始终保持直立状态，切勿颠倒或横卧使用，否则会中断喷射。同时应一直紧握开启压把，不能松手，否则也会中断喷射。

站在距火源 6 米的地方，左手拿着喇叭筒，右手用力压下压把

（四）酸碱灭火器

（1）适用范围　适用于扑救 A 类物质燃烧的初起火灾,例如木、织物、纸张等燃烧的火灾。它不能用于扑救 B 类物质燃烧的火灾,也不能用于扑救 C 类可燃性气体或 D 类轻金属火灾,同时也不能用于带电物体火灾的扑救。

（2）使用方法　使用时应手提筒体上部提环,迅速奔到着火地点。绝不能将灭火器扛在背上,也不能过分倾斜,以防两种药液混合而提前喷射。在距离燃烧物 6 米左右,即可将灭火器颠倒过来,并摇晃几次,使两种药液加快混合；一只手握住提环,另一只手抓住筒体下的底圈将喷出的射流对准燃烧最猛烈处喷射。同时随着喷射距离的缩减,使用者应向燃烧处推进。

（五）二氧化碳灭火器

灭火时只要将二氧化碳灭火器提到或扛到火场,在距燃烧物 5 米左右,放下灭火器,拔出保险销,一手握住喇叭筒根部的手柄,另一只手紧握启闭阀的压把。对没有喷射软管的二氧化碳灭火器,应把喇叭筒往上扳 70～90 度。使用时,不能直接用手抓住喇叭筒外壁或金属连线管,防止手被冻伤。灭火时,当可燃液体呈流淌状燃烧时,操作者可将二氧化碳灭火剂的喷流由近而远向火焰喷射。如果可燃液体在容器内燃烧,操作者应将喇叭筒提起,从容器的一侧上部向燃烧的容器中喷射,但不能将二氧化碳射流直接冲击燃烧的液面,以防止将可燃液体冲出容器而扩大火势,造成灭火困难。推车式二氧化碳灭火器一般由两人操作,使用时两人一起将灭火器推或拉到燃烧处,在离燃烧物 10 米左右处停下,一人快速取下喇叭筒并展开喷射软管后,握住喇叭筒根部的手柄；另一人快速按逆时针方向旋动手轮,并开到最大位置。灭火方法与手提式一样。在室外使用二氧化碳灭火器时,应选择在上风方向喷射。在室内窄小空间使用时,灭火后操作者应迅速离开,以防窒息。

（六）1211 灭火器

（1）使用方法　使用 1211 手提式灭火器时,应手提提把或肩扛灭火器带到火场。在距燃烧处 5 米左右,放下灭火器,先拔出保险销,一手握住开启把,另一手握在喷射软管前端的喷嘴处。如果灭火器无喷射软管,可一手握住开启压把,另一手扶住灭火器底部的底圈部分。先将喷嘴对准燃烧处,用力握紧开启压把,使灭火器喷射。当被扑救可燃烧液体呈现流淌状燃烧时,操作者应对准火焰根部由近而远并左右扫射,向前快速推进,直至火焰全部扑灭。如果可燃液体在容器中燃烧,应对准火焰左右晃动扫射,当火焰被赶出容器时,喷射流跟着火焰扫射,直至把火焰全部扑灭。但应注意不能将喷流直接喷射在燃烧液面上,防止灭火剂的冲力将可燃液体冲出容器而扩大火势,造成灭火困难。在扑救可燃性固体物质的初起火灾时,则应将喷流对准燃烧最猛烈处喷射,当火焰被扑灭后,应及时采取措施,不让其复燃。

推车式1211灭火器在灭火时一般由二人操作,先将灭火器推或拉到火场,在距燃烧处10米左右处停下,一人快速放开喷射软管,紧握喷枪,对准燃烧处;另一人则快速打开灭火器阀门。灭火方法与手提式1211灭火器相同。

(2) 注意事项　1211灭火器使用时不能颠倒,也不能横卧,否则灭火剂不会喷出。另外在室外使用时,应选择在上风方向喷射;在窄小的室内灭火时,灭火后操作者应迅速撤离,因为1211灭火剂有一定的毒性,对人体有害。

(七) 干粉灭火器

(1) 适用范围　碳酸氢钠干粉灭火器适用于易燃、可燃液体、气体及带电设备的初起火灾;磷酸铵盐干粉灭火器除可用于上述火灾外,还可扑救固体类物质的初起火灾。但两者都不能扑救金属燃烧引起的火灾。

(2) 使用方法　灭火时,可手提或肩扛灭火器快速奔赴火场,在距燃烧处5米左右处放下灭火器。如在室外,应选择在上风方向喷射。使用的干粉灭火器若是外挂式储压式的,操作者应一手紧握喷枪,另一手提起储气瓶上的开启提环。如果储气瓶的开启是手轮式的,则向逆时针方向旋开,并旋到最高位置,随即提起灭火器。当干粉喷出后,迅速对准火焰的根部扫射。使用的干粉灭火器若是内置式储气瓶的或者是储压式的,操作者应先将开启把上的保险销拔下,然后握住喷射软管前端喷嘴部,另一只手将开启压把压下,打开灭火器进行灭火。有喷射软管的灭火器或储压式灭火器在使用时,一手应始终压下压把,不能放开,否则会中断喷射。干粉灭火器扑救可燃、易燃液体火灾时,应对准火焰扫射,如果被扑救的液体火灾呈流淌燃烧时,应对准火焰根部由近而远并左右扫射,直至把火焰全部扑灭。如果可燃液体在容器内燃烧,应对准火焰根部左右晃动扫射,使喷射出的干粉流覆盖整个容器开口表面;当火焰被赶出容器时,仍应继续喷射,直至将火焰全部扑灭。在扑救容器内可燃液体火灾时,应注意不能将喷嘴直接对准液面喷射,防止喷流的冲击力使可燃液体溅出而扩大火势,造成灭火困难。当可燃液体在金属容器中燃烧时间过长,容器的壁温已高于扑救可燃液体的自燃点,此时极易造成灭火后复燃的现象,此时若与泡沫类灭火器联用,则灭火效果更佳。使用磷酸铵盐干粉灭火器扑救固体可燃物火灾时,应对准燃烧最猛烈处喷射,并上下、左右扫射。如条件许可,操作者可提着灭火器沿着燃烧物的四周边走边喷,使干粉灭火剂均匀地喷在燃烧物的表面,直至将火焰全部扑灭。推车式干粉灭火器的使用方法与手提式干粉灭火器的使用方法类似。

五、必须引起特别注意的事项

(1) 干粉灭火器属于窒息灭火,一般适用于固体、液体及电器的火灾;二氧化碳灭火器、1211灭火器属于冷却灭火,一般适用于图书、档案、精密仪器的火灾。使用二氧化碳灭火器时,一定要注意安全措施。因为当空气中二氧化碳含量达到8.5%时,就会使人血压升高、呼吸困难;当其含量达到20%时,人就会呼吸衰弱,严重者可窒息死亡。所以,在狭窄的空间使用二氧化碳灭火器后应迅速撤离或戴呼吸器。其次,要注意勿逆风使用。因为二氧化碳灭火器喷射距离较短,逆风使用可使灭火剂很快被吹散而影响灭火。此外,二氧化碳喷出后迅速排出气体并从周围空气中吸收大量热量,因此,使用中要防止冻伤。

(2) 遇木材、棉、毛、麻、纸张、塑料等固体燃烧,手头又找不到灭火器材时,可直接用水灭火。

(3) 遇汽油等液体燃烧时,不得用水灭火,因为水只会助燃,只能使用消防器材进行灭火。

(4) 遇煤气、石油气等气体燃烧时,应及时切断气源并用消防器材灭火。

(5) 救火时,应迅速找到消防器材或水源进行灭火。如果条件许可,请用水把身上淋湿,用湿毛巾扎住口鼻。

(6) 友情提醒

① 各种形态的火灾虽然凶猛,但燃烧时一般需要不停地吸收氧气,一旦断绝向燃烧体输送氧气,几分钟之内便可灭火。

②《中华人民共和国消防法》明令禁止报假火警,报假者将受到严厉的处罚。

第四节　火灾事故中的逃生和自救

一、加强心理训练

很多人在遭遇危险时,常常会失去理智,或因恐惧而陷入心理慌乱。在突发的火灾事件中,学生较常见的反应有五种类型。

(1) 目瞪口呆型　当听到失火的警报或喊叫时,有的人慌忙打开自己的房门,一阵热浪迎面冲击过来,发现已经身陷火海之中,完全被眼前残酷的情形所惊呆,头脑中一片空白,只能呆呆地站立,或瘫坐在床上,任凭火势的发展,有时连被救援的机会都会错过。这种反应多见女生。

(2) 不知所措型　较上一种反应有些差别,这种人多会大喊大叫,作出一些扑救的行为,同时思维开始混乱,无法判定火灾情势,犹豫于扑救和逃生之间,举棋不定,极易丧失扑灭火灾和安全疏散的大好时机。对消防知识不了解、心理承受能力不强的人,易犯这种错误。

(3) 横冲直撞型　发现火灾,不知该往哪个方向疏散,有很强的从众反应,或向着光线较强的方向奔跑,头脑中只有一个念头——逃生,而不去做任何的思考,往往是撞进死胡同,在一个墙角或是衣柜旁做无用的努力,白白浪费疏散的时间,错失逃生的机会。这种反应多见对环境不熟悉、逻辑思维能力较差的人群。

(4) 情绪激动型　这是一种非常危险的反应,他们多会奋勇直前,不顾一切,在火场中猛冲,有一定的方向性,也能奔至阳台或楼顶等暂时性避难地带,可由于对火场缺少判断,对火灾极度恐惧,导致心情激动,易造成不必要的伤亡,表现最突出的是从阳台上跳下。这种反应多见男生。

(5) 沉着冷静型　具有一定的消防常识,或经历过火灾,有成熟的思考,能对初起火灾进行正确的处理,顺利到达安全地带,积极主动地等候和配合救援工作,并能带领其他人疏散。这种反应常见于训练有素的学生。

要在火灾中具备第五种反应并不难,除了平时要加强心理承受能力培养和养成逻辑思维的习惯,还需要注意:当进入了一个新的场所,首先要对场所的基本情况有必要的了解,清楚建筑的平面布局,了解安全出口的数量和位置、安全通道、房屋装修的可燃程度和消防设备的配备等情况,明确自己要注意的事项,假想出逃生的路线,并且要熟练掌握一些必要的简单保护措施,未雨绸缪,以达到确保安全的目的。

二、实战十招保平安

遭遇火险,一定要克服恐惧心理、从众心理等不良心态。如果牢记下述几招,你就能在遭遇火险时得以顺利逃生。

(1) 镇定第一　一定要冷静下来,如果火势不大,可尽快采取措施扑救。如果火势凶猛,要在第一时间报警,并迅速撤离。

(2)注意风向　应根据火灾发生时的风向来确定疏散方向,在火势蔓延之前,朝逆风方向快速离开火灾区域。一般来说,当发生火灾的楼层在自己所处楼层之上时,就应迅速向楼下跑。逃生时要注意随手关闭通道上的门窗,以阻止和延缓烟雾向逃离的通道流窜。

(3)毛巾捂鼻　火灾烟气具有温度高、毒性大的特点,人吸入后很容易引起呼吸系统烫伤或中毒。因此,逃离时要用湿毛巾掩住口鼻,并尽量避免大声呼喊,防止烟雾进入口腔。也可找来水打湿衣服、布类等用以掩住口鼻。通过浓烟区时,要尽可能以最低姿势或匍匐姿势快速前进。注意,呼吸要小而浅。

(4)结绳逃生　楼通道被火封住,欲逃无路时,可将床单、被罩或窗帘等撕成条结成绳索,牢系窗框,顺绳滑下。家中有绳索的,可直接将其一端拴在门、窗、柜或重物上沿另一端爬下。在此过程中要注意手脚并用(脚成绞状夹紧绳,双手一上一下交替往下爬),要注意把手保护好,防止顺势滑下时脱手或将手磨破。

(5)暂时避难　在无路可逃的情况下,应积极寻找暂时的避难处所。如果在综合性多功能大型建筑物内,可利用设在电梯、走廊末端以及卫生间附近的避难间,躲避烟火的危害。

(6)不用电梯　火灾时随时会停电,电梯悬在半空无疑如同烤箱,切记别进电梯逃生!

(7) 顶住门窗　若暂时被困在房间里,要关闭所有通向火区的门窗,用浸湿的被褥、衣物等堵塞门窗缝,并泼水降温,以防止外部火焰及烟气侵入。在被困时,要主动与外界联系,以便尽早获救。

(8) 靠墙躲避　消防员进入着火的房屋时,都是沿墙壁摸索进行的,所以当被烟气窒息失去自救能力时,应努力滚向墙边或者门口。同时,这样做还可以防止房屋塌落砸伤自己。

(9) 等待救援　尽量不跳楼。通常发生火灾时,伤亡人员中很多是盲目跳楼所致。万不得已要跳楼逃生时,须采取以下措施:先抛下棉被、沙发垫等松软物品,选择楼下较软处,如水池、沙地、枝叶茂盛的树上。跳楼时应抱紧头部、身体弯曲,蜷成一团,可减少人体着地时的冲击力。

(10) 积极自救　天有不测风云,人有旦夕祸福。一旦火灾降临,在浓烟毒气和烈焰包围下,不少人葬身火海,也有人死里逃生幸免于难。"只有绝望的人,没有绝望的处境",面对滚滚浓烟和熊熊烈焰,只要冷静机智运用火场自救与逃生知识,就有极大可能拯救自己或使自己被救。

第二章　校园食品安全风险

第一节　校园食品安全概述

　　食品是人类赖以生存和发展的基本物质，是人们生活中最基本的必需品。随着经济的迅速发展和人们生活水平的不断提高，食品产业获得了空前的发展，各种新型食品层出不穷，食品产业已经在国家众多产业中占支柱地位。

　　民以食为天，食以安为先。在食品的三要素中（安全、营养、审美），安全是消费者选择食品的首要标准。可见"食"是否安全是第一位的，然而，不断被曝光的食品安全问题彰显出在这方面，我们还远未达到高枕无忧的境地。近几年在世界范围内不断出现食品的安全事件，如英国"疯牛病"和"口蹄疫"事件、比利时"二噁英"事件、德国发现的"毒黄瓜"事件，国内的苏丹红、吊白块、毒米、毒油、孔雀石绿、瘦肉精、三聚氰胺、塑化剂等事件，可

见我国乃至全球的食品安全问题形势十分严峻，食品安全问题已成为世人关注的热点。

　　我国政府高度重视食品安全问题。在食品安全方面制定了一系列的相应对策并取得了可喜的成果：2009年颁布了《中华人民共和国食品安全法》，不断加强食品安全法律建设和法制管理；建立了新的食品安全政策支持体系、宏观调控体系和管理体制；建立和完善了食品安全法制保障体系、食品安全预警和控制体系、食品安全监管和卫生监督体系；进一步规范了食品市场经济秩序，依法加强权力监督，实施对食品安全的有效保护。

预防与应对

我国食品卫生监督管理制度正在日趋完善，食品安全还面临着许多挑战，要求我们必须积极从源头治理开始，从食品安全识别、食物中毒预防、应对等各个层次把住食品安全关。我们相信，在生产者、市场经营者和广大消费者的共同努力下，在全社会的共同关注和监督下，校园乃至全国的食品安全问题必将从源头上得到遏制和解决，真正做到让广大师生吃得放心、吃得安全、吃得健康！

本章试图从多方位展现现实生活中备受关注的食品安全问题，并从校园食品安全现状、相关政策以及大学生日常防范等方面综合阐述，力求集社会热点与常识于一体，以增强教育的针对性和直观性。

第二节 典型食品安全案例介绍

随着经济改革的深入，近年来，我国人民生活质量大幅提高，经济发展势头迅猛，但同时我们也看到，一些不法商贩唯利是图、道德沦丧，直接导致了我国食品安全乱象频出，从河南的"瘦肉精"到上海的"染色馒头"，从重庆的"毒血旺"到北京的"黑心烤鸭"，此起彼伏的食品安全事件刺痛人们的神经，更拷问我国食品安全监管制度。为保障食品安全，我国政府积极应对重拳频出，出台了一系列整治措施，打响了史上最为严厉的"餐桌保卫战"。

一、瘦肉精猪肉

险些拖垮中国最大肉类企业双汇的"瘦肉精事件"，几乎置整个中国于猪肉安全恐慌中。事件的罪魁祸首河南省孟州市等地养猪场，采用违禁动物药品"瘦肉精"饲养生猪，案件虽然最终告破，但该事件暴露出我国食品安全监管的缺失。

"瘦肉精"是一种非常廉价的药品，对于减少脂肪、增加瘦肉作用非常好。瘦肉精让养猪的单位经济价值提升不少，但它有很危险的副作用，轻则导致心律不齐，重则导致心脏病。

二、染色馒头

染色馒头是通过回收馒头再加上着色剂做出来的，如加入"柠檬黄"色素做成玉米面馒头,加入黑色素、工业石蜡做成红薯面馒头(俗称杂粮馒头)。"染色馒头"对人体最大的危害来源于其中添加的染色剂,这些染色剂可导致多种疾病。如果长期或一次性大量食用柠檬黄、日落黄等色素含量超标的食品,可能会引起过敏、腹泻等症状。当摄入量过大,超过肝脏负荷时,会在体内蓄积,对肾脏、肝脏产生一定伤害。

上海市检察机关很快作出批准逮捕决定,对涉"染色馒头"案犯罪嫌疑人叶维禄、徐剑明、谢维铣以涉嫌生产销售伪劣产品罪逮捕。

据查,上海盛禄食品有限公司法人代表、总经理叶维禄,公司销售经理徐剑明,生产主管谢维铣为降低成本,增加盈利,在上海市宝山区南大路380号上海盛禄食品有限公司生产厂房内,雇佣多名人员,在生产的玉米馒头中,违规添加食品添加剂"柠檬黄",向上海市部分超市卖场销售。

三、西瓜膨大剂

2011年5月8日开始,江苏镇江丹徒区延陵镇大昌村40多亩西瓜大棚,就像布下了"地雷阵",已结满瓜藤的大小西瓜,还没有成熟就一个个炸裂开来,有的炸得四分五裂,有的炸得像一朵花。其他瓜农的数十亩西瓜同样开始满地"开花"。有瓜农和专家指出,瓜农施用的"膨大增甜剂"是造成爆瓜的原因。

膨大剂,化学名称叫细胞集动素,属于激素类化学物质,对植物可产生助长、速长作用,对人体的危害主要是神经系统的危害,能造成儿童脑炎、发育不良、痴呆等。此外,使用膨大剂后的果蔬味道变淡,吃起来口感不好,也不利于长时间储藏。

吉林大学军需科技学院食品质量与安全专业教授徐克成认为:膨大剂按规范使用是无毒害作用的,但是如果滥用、大剂量使用,是有潜在风险的。我国自引进膨大剂以来,没有明确的规范剂量。很多农户为了利益大量施用膨大剂。农产品检验机构不会检测这项指标。

四、激素黄瓜

2011年5月,据媒体披露,有销售黄瓜的小贩自曝,不少头顶黄花身上带刺的黄瓜,都是抹过激素和避孕药的,以此保持黄花不败,并让黄瓜看着新鲜,这种黄瓜被称为"激素黄瓜"。

经专家验证,顶花带刺的黄瓜,可能未必完全是涂抹了避孕药的结果。只能说这样的黄瓜肯定是用植物激素处理过了。正常情况下,黄瓜成熟后,顶部的小黄花会自然枯萎、掉落。而使用了生长素类激素的黄瓜,它的成熟期也会变短,成熟时顶部还留有鲜艳的黄花。

据悉,目前有关部门对市场植物生长激素的抽检还没纳入检测范围。采用的快速检测法只能对药残、重金属等进行检测,对激素还无法检测。

医学专家表示,长期摄入避孕药物可能导致人体内分泌紊乱,甚至不孕不育,还容易引起儿童性早熟,"但偶尔一两次误食,对人体不会产生什么危害"。

五、爆米花桶上的荧光增白剂

去电影院看电影,也许你喜欢先买上一大桶爆米花。可在北京、上海、沈阳等地陆续爆出新闻:当地装爆米花的大纸桶含有违禁成分荧光增白剂,可能致癌。更有消息说,沈阳的问题爆米花桶,来源之一便在浙江温州。

【案例1】 冒用QS认证,"温州亚天"生产问题爆米花桶

从问题爆米花桶的包装认证上看,生产厂商是温州市道华包装有限公司,已经取得了QS认证。后经质量技术监督部门调查,已认定是其他人盗用了该公司的QS认证编号。

"QS认证"是指企业已经通过强制性的检验合格,产品准许进入市场销售。获得认证之后,企业将有一个编号。经查,冒用温州市道华包装有限公司QS认证编号的公司,是温州亚天纸塑包装有限公司。

亚天公司的相关负责人已经到龙港分局接受调查,这位负责人承认了公司冒用QS标志的事实。

小贴士:爆米花桶上的荧光增白剂很"黑"

被爆有问题的爆米花桶,主要问题是桶的生产过程中使用了荧光增白剂。

制作爆米花桶时所用的材料,应该是"食品级白卡纸",然而个别生产厂家为了降低成本,用回收来的废纸生产,由于纸浆质量不过关,为让纸桶看上去更白,在生产过程中便使用荧光增白剂。

专家介绍,荧光增白剂包括许多具有毒性的成分,目前的普遍共识是认同限制荧光增白剂的使用,尤其应当避免荧光增白剂与食品直接接触,因为有毒物质可能会以分解、挥发的形式析出,危害人体。

我国已做出这方面的相关规定:食品、食品包装纸、餐巾纸禁止使用荧光增白剂。

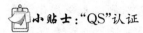小贴士:"QS"认证

"QS"认证即"食品安全认证体系"四印章

印章一 "QS"标识

QS是英文名称"Quality Safety"的缩写,中文意为"质量安全",表明食品符合安全的基本要求。按照国家规定,从2004年8月1日起,凡在我国境内从事米、面、油、酱油、醋生产加工的企业,未按规定程序获得食品生产许可证而生产加工这5类食品的,将依法受到各级质量技术监督部门的查处。

印章二 无公害农产品标识

无公害食品是指产地环境、生产过程和终端产品符合无公害食品标准及规范,经过专门机构认定,使用无公害标识的食品。

(1)从生产方式上看 无公害农产品必须在良好的生态环境下,遵守无公害农产品技术规程,可以科学、合理地使用化学合成物。

(2)从消费者层面来看 无公害农产品满足的是大众消费,这是与基本定位相适应的。

(3)从级别上来看 无公害食品不分级,在生产过程中允许使用限品种、限数量、限时间的安全的人工合成化学物质。

无公害食品的认证机构较多,目前有许多省、市农业主管部门都进行了无公害食品的认证工作,但是有国家工商局正式注册标识商标或颁发了省级法规的前提下,其认证才有法律效应。

印章三 绿色食品标识

绿色食品是指遵循可持续发展原则,按照特定生产方式、经专门机构认定,许可使用绿色食品标志的无污染的安全、优质、营养类食品。

(1)从生产方式上看 绿色食品生产是将传统农业技术与现代常规农业技术相结合,从选择、改善农业生态环境入手,限制或禁止使用化学合成物及其他有毒有害生产资料,并实施从"土壤到餐桌"全程质量监控。

(2) 从消费者层面来看　绿色食品的市场份额主要在大中城市部分高收入人群,同时也要扩大出口的市场份额。

(3) 从级别上来看　绿色食品分为A级和AA级。A级允许限量使用限定的化学合成物质,标志底色为绿色,图形与字体为白色;AA级则禁止使用化学合成物质,标志底色为白色,图形与字体为绿色,有效期为3年,标号形式为"LB-××—××××××××××(A/AA),"后十位数字分别表示批准年限、日期、省份及产品标准序号。

中国绿色食品发展中心是我国唯一的绿色食品认证机构。

印章四　有机食品标识

有机食品是指完全不含人工合成的农药、肥料、生长调节素、催熟剂、家畜禽饲料添加剂的食品。

(1) 从生产方式上看　有机食品必须采用有机生产方式,即在认证机构监督下,完全按有机生产方式生产1~3年(转化期),被确认为有机农场后,可在其产品上使用有机标识。

有机食品不是以评价安全为最终取向,它强调常规农业向有机农业转换,注重人与自然和谐共生。

(2) 从消费者层面来看　有机是一个理性概念,由于特殊的生产方式,现在的市场状况,主要是国家市场。

有机食品的认证机构有两家最具权威性。一是国家环境保护局有机食品发展中心,其次是中国农科院茶叶研究所。另外亦有一些国外有机食品认证机构在我国发展有机食品的认证工作,如德国的BCS。

(3) 从级别上来看　有机食品无级别之分,有机食品在生产过程中不允许使用任何人工合成的化学物质,而且需要3年过渡期,过渡期生产的产品为"转化期"产品。

六、玉米香精

街头出售的水煮甜玉米很受欢迎。但细心的人们会发现,这些玉米和自家锅中煮的玉米味道不一样,不仅特别甜,且久煮不坏,这是何故?其中猫腻就是商贩们可能在里面加了一些添加剂。因此,当你在街头徜徉,品味特别香甜的煮玉米时,千万多留个心眼!

七、喝奶茶等于喝添加剂

在员村二横路街头的一家自制调味奶茶店,记者点了一杯草莓味奶茶:工作人员先从一个塑料大罐中弄出几勺褐色粉末状的奶精,再加上一勺果味粉,兑上一点纯净水,封盖包装,再上下左右摇一摇,一杯"草莓味奶茶"就大功告成了。记者在一家供应奶茶原料的网站上看到,奶精,其实就是氢化植物油、糊精、少量酪蛋白酸钠、奶油香精、乳化剂、抗结剂等成分的混合物;而果味粉的配料则含有抗结剂、增稠剂、食用香精、日落黄、亮蓝、诱惑红、柠檬黄,如此算来一杯调味奶茶可能含有多达近十种的食品添加剂。

八、毒血旺:加"福尔马林"防腐保鲜

血旺是鸭血或猪血凝固而成的血块,其制作方法是将干净的血接入盆内搅透,让血冷却凝固成稀稠适当的血块。生血旺混合备好的各种肉料切成碎片炒熟,再加入各类调料即可食用。血旺是重庆人吃火锅的必备食材,而毛血旺更是巴蜀名菜之一。然而一些不良商贩,采用甲醛浸泡过的血旺作为食材,从而达到降低成本,牟取暴利的目的。

甲醛浸泡过的血旺外观好看,吃起来也更筋道,而且甲醛具有防腐保鲜作用。但甲醛是一种极强的杀菌剂,具有防腐、灭菌和稳定功效,被世界卫生组织确定为致癌和致畸形物质,食品中禁止添加。35%~40%的甲醛水溶液俗称"福尔马林"。经过甲醛浸泡过的毒血旺会对人体健康产生危害。

九、染色花椒

2011年4月,重庆警方查获上万斤致癌物"罗丹明B"染色的毒花椒,这些花椒部分被不法商贩用来制成火锅底料。与此同时,北京市场也发现有类似的染色花椒出售。这种花椒用水浸泡后迅速褪色,清水变成红色,明显区别于正常花椒。其背后是一个掺假和制假售假的完整链条。

"罗丹明B",俗称"大红粉",呈红色粉末状,部分不良商贩将其作为苏丹红替代品,属于非食品原料,会导致人体皮下组织生肉瘤,具有致癌和致突变性。2008年,我国明确规定禁止将其用作食品添加剂。

十、毒豆芽

毒豆芽外表看似新鲜,但是至少含4种违法添加剂,尿素超标27倍。2011

年4月,沈阳警方端掉一黑豆芽加工点,老板称这种豆芽"旺季每天可售出2 000斤"。

沈阳市农委发言人介绍:"生产豆芽过程中是不允许使用任何添加剂的。而该黑加工点使用了至少4种添加剂,其中尿素严重超标,恩诺沙星是一种兽用药,6-苄氨基腺嘌呤是一种激素。加入尿素和6-苄氨基腺嘌呤可使豆芽长得又粗又长,而且可以缩短生产周期,增加黄豆的发芽率。但是人食入后,会在体内产生亚硝酸盐,长期食用可致癌。"

小贴士:卫生部新规"食品标签须明示所有添加剂"

2011年5月13日,卫生部公布《食品添加剂使用标准》、《预包装食品标签通则》等4项食品安全国家标准。其中规定,所有食品添加剂必须在食品标签上明显标注。值得注意的是,此次标准明确了食品添加剂的使用原则,使用添加剂不得掩盖食品腐败变质,不得以掺杂、掺假、伪造为目的而使用。同时提出,在达到预期目的前提下,尽可能降低在食品中使用量的原则。

第三节 校园食物中毒的预防与控制

学校人群密集,是食物中毒等食源性疾病的多发地。2011年第一季度统计,全省共报告学校食物中毒3起,中毒143人。

发生食物中毒事故危害极大,轻则引起人体不适,重则造成脏器损害;严重的危及生命,危及子孙后代,给家庭、社会造成不可估量的损失。

一、食物中毒概述

食物中毒是指因摄入含有足够数量的毒物或含有致病细菌及其毒素的食品而导致的疾病,是食源性疾病中的一种。因食用不洁水源污染的食物而引发的甲肝、急性肠胃炎、痢疾等是食源性疾病,但不是食物中毒。

积极预防与控制食物中毒关系到每一位师生乃至每一个家庭的幸福,关系到社会的和谐与稳定,关系民族的兴旺,因而是构建和谐社会,践行"科学发展观"的具体体现;是反映人民物质、文化生活水平的一个重要标志;是维护正常教学及行政管理秩序的必须。

(1)食物中毒的症状　主要症状为发热,腹痛腹泻,恶心与呕吐,重者可见休克、脱水,甚至死亡。

(2)食物中毒的特点　来势凶猛,发病集中。常常是发病突然,发病人数多,少则几人、几十人,多则数百人、上千人。

潜伏期根据中毒种类的不同可从数分钟到数十小时,大多数食物中毒的病人在进食后2~24小时发病,通常化学性食物中毒潜伏期较短,细菌性食物中毒潜伏期较长。

病人的症状表现类似。大多数细菌性食物中毒的病人都有恶心、呕吐、腹痛、腹泻等急性胃肠道症状,但根据进食有毒物质的多少及中毒者的体质强弱,症状的轻重会有所不同。

人与人之间无传染性,停止进食有毒食品,发病很快停止。

中毒患者有共同的饮食就餐史,病人往往均进食了同一种有毒食品而发病,未进食者不发病。

细菌性食物中毒季节性较明显,我国南部地区5~10月份气温较高,适宜细菌生长繁殖,是细菌性食物中毒的高发时期。大部分的化学性食物中毒和动植物性食物中毒季节性不明显。

(3)食物中毒的类别　常见的食物中毒有细菌性食物中毒、真菌毒素食物中毒、动物性食物中毒、植物性食物中毒、化学性食物中毒等。

二、食物中毒发病原因分析

食物中毒有4个基本特征:即2人或多人在同一地点进餐;食用同一种食物;中毒症状相同或相似;无传染性。卫生部疾病控制专家通过对集体食堂发生的中毒事件进行统计分析,结果表明食物中毒发生主要原因有以下几种:

(1)致病性微生物及其毒素污染　加工直接入口食品在任何环节都有可能遭受有毒、有害物质污染。主要包括原料、加工用具及设备、从业人员生病和不卫生行为造成的污染;生产

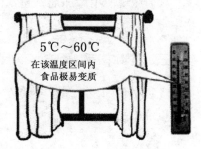

加工过程的交叉污染。此外,因烹调方法不适当,回锅食品的加热温度不够,生吃食物,冷藏不适当,售前存放的时间过长,保温不当等引发食物中毒也是常见原因。

食品加工人员对直接入口食品的危害最大,可以说一切的污染均来自食品加工人员:健康带菌、生病不离岗、便后不洗手消毒、不规范的操作方法、接触直接入口食品不消毒、皮肤感染化脓、对直接入口食品打喷嚏、生熟混放、容器混用等各环节均可致食品受到微生物污染。

(2)杀虫剂、杀鼠剂污染 杀虫剂、杀鼠剂既有它杀灭虫害的正面作用,但是也存在威胁人类生命安全的严重隐患,如保管、使用不当,人为投毒等极易污染食品而造成食物中毒。

【案例2】 2001年黄梅小池镇某小学大面积投放杀鼠剂后污染了面粉,导致600余名学生中毒。

【案例3】 2002年9月14日,南京江宁区汤山镇某中学遭遇特大投毒事件,经抢救无效死亡38人。

(3)烹调方法不当或误食 部分食品本身含有有毒生物成分,如四季豆等豆类含有红细胞凝集素和皂素两种毒素,土豆含有龙葵素,黄花菜含有秋水仙碱毒素,这些毒素在高温下均遭破坏,不会对人体产生不良影响,若烹调方法不当极易引起食物中毒。误食有毒食物最常见的是毒蘑菇、野菜、河豚等。

(4)食品原(辅)料带有致病性微生物 主要指食品原料在种植、养殖、储运、销售、加工等过程中受到肥料、环境、水质、车辆、加工用具、人员等各种因素的影响而带有致病性微生物。如黄瓜因施肥而带有痢疾杆菌;禽畜产品携带沙门氏菌、水产品携带副溶血性弧菌等,生吃或凉拌这些食品就有可能导致大规模食物中毒。

(5)违规使用添加剂 超量使用添加剂或使用有毒有害添加剂都会引起食物中毒。

三、食物中毒的预防

食物中毒的发生虽然有突发性、偶然性,但完全可以预防。除了每位师生要在思想上引起高度重视以外,主要措施是构筑"三道防线"、采用"三种管理"、强化"三层责任"。

(一) 三道防线

(1) 第一道防线　不购买、不使用不符合卫生食品安全要求的食品原料、半成品以及加工用具、容器和设备(校园食品原料必须定点采购、集中供应)。

(2) 第二道防线　采取科学、严谨的加工方法,如加热、冷藏、辐照等消除或破坏潜在的食品安全危害,防止食品污染。

(3) 第三道防线　培训食品生产经营人员,提高其识别食品安全危害的技能和食品安全的责任感,保质保量地服务全体师生。

(二) 三种管理

(1) 食品原料的管理　如对供货商的诚信度、资格进行考查;对采购的食品原料进行验证、索证;防虫害、防鼠、防投毒。

(2) 食品生产、经营过程的管理　在加工流程按"原料入口—原料处理—半成品加工—成品供应"合理布局的情况下,抓住生、熟分开,餐(饮)具、加工用具清洗消毒、保洁两个重点。

(3) 食品生产经营人员的管理　如患有职业禁忌症(肝炎等5种职业禁忌症)人员不能从事食品生产经营活动;从业人员工作期间穿戴清洁工作衣帽,不戴任何饰物,不得抽烟、吃零食等,养成良好的个人卫生习惯。

(三) 三层责任

(1) 校方的责任　其职责一是制定校园食品安全、食物供应及营养政策;二是建立健全校园食品安全管理体系;三是组织协调、监督各个部门的食品安全工作,营造和维护校园正常的公共卫生秩序。

(2) 校园食品安全主管部门的责任　其职责是建立食品安全管理制度,加强本部门食品安全检查,做好食品从业人员的卫生知识培训,不断改善食品生产加工的条件,实施奖励和追究责任制度。

(3) 食品生产经营单位的责任　其职责是建立食品安全管理制度,取得合法的食品生产经营卫生许可,保持生产经营场所的清洁或整洁和个人卫生,不购买、不使用、不生产、不出售有问题的食品,发现问题及时报告。

小贴士:"4321"

"索证索票制"是指在经营中,向供货商索取四证、三书、两照、一票(简称

4321)。

四证:卫生许可证、商标注册证、3C安全认证、QS食品安全准入证。

三书:卫生、商检、农业、质检等部门出具的产品质量检测、检疫报告书,总代理、总经销合法有效的授权书,绿色食品标志、荣誉等认证、认定书。

两照:生产厂家营业执照、供货商家营业执照。

一票:税务部门监制的进货发票。

四、食物中毒的控制

(一) 危险因素分类控制

控制食物中毒最切合实际的方法是危险因素分类控制,即根据食物中毒发生的因素综合分析,将学校食堂经营过程中的常见问题按危险程度分类,抓住危险度高的环节开展有针对性监督管理。

(1) 一类危险因素　一类因素直接威胁食品安全,是我们高度重视的重点控制因素,如加工用具及容器混用、熟食在专间外切配、熟食专间不专、熟食切配前后加工用具容器不进行消毒、凉拌菜在粗加工处加工、熟食冰箱不制冷、食物中心温度小于70℃、人员不按规定洗手消毒等。

(2) 二类危险因素　二类因素间接威胁食品安全,是我们中度重视的控制因素。主要指烧制加工前、直接入口食品加工前、加工用具餐饮具消毒和熟食专间的环境因素等问题,如熟食专间无紫外线消毒、空调设施;动植物洗涤水池混用;熟食加工人员未洗手;原料冰箱温度偏高;餐具无保洁设施;半成品生食品混放;从业人员健康证、工作衣帽口罩佩带不规范等。

(3) 三类危险因素　三类危险因素指环境卫生问题,问题的存在让人感觉不舒服,通常对食品安全威胁不大,是我们轻度重视的危险因素,如地面积水油腻、瓷砖油腻、垃圾桶未加盖、墙角蛛网、饮料着地存放、生原料着地存放、纱门纱窗敞开等。

将危险程度分成三类,有利于节省有限的监督力量,提高监督检查的针对性和有效性。发现危险因素并将其合理分类是靠经验和水平,能够解决危险因素靠的是能力和实力。人为分类需要对问题有正确判断,解决问题需要卫生监督员、卫生管理人员指导和管理实施,有时还要资金的投入。

按照国家有关学生食堂卫生设计规范要求,食堂建筑设计必须经过卫生行政部门预防性卫生学审查,确保"区域分离、功能分块、布局合理"的食品制售流程,以杜绝二次污染或交叉污染。

(二)食品安全五大要点

世界卫生组织(WHO)在减少食源性疾病的全球战略中提出,食品安全的关键信息——"食品安全五大要点":

(1)保持清洁 取食品前要洗手,准备食品期间经常还要洗手,便后洗手;清洗和消毒用于准备食品的所有场所和设备;避免虫、鼠及其他动物进入厨房和接近食物。

小贴士

多数微生物不会引起疾病,但泥土和水中以及动物和人体身上常常可找到许多危险的微生物。手上、抹布尤其是切肉板等用具上可携带这些微生物,稍经接触即可污染食物并造成食源性疾病。

(2)生熟分开 生的肉、禽和海产食品要与其他食物分开。生的食物,尤其是肉、禽和海产食品及其汁水,可能含有危险的微生物,在准备和储存食物时可能会污染其他食物。

(3)煮熟 适当烹调可杀死几乎所有危险的微生物。研究表明,烹调食物达到70℃的温度可有助于确保安全食用。要特别注意煮熟的食物包括肉馅、烤肉、大块的肉和整只禽类。

(4)保持食物的安全温度 保持食物的安全温度,熟食在室温下不得存放2

小时以上。

所有熟食和易腐烂的食物应及时冷藏（最好在5℃以下）。熟食在食用前应保持温度（60℃以上）；即使在冰箱中也不能过久储存食物；冷冻食物不要在室温下化冻。

小贴士

如果以室温储存食品，微生物可迅速繁殖。当温度保持在5℃以下或60℃以上，可使微生物生长速度减慢或停止。有些危险的微生物在5℃以下仍能生长。

（5）使用安全的水和原材料　使用安全的水或进行处理以保安全；挑选新鲜和有益健康的食物；选择经过安全加工的食品，例如经过巴氏消毒的牛奶。水果和蔬菜要洗干净，尤其要注意的是，不吃超过保存期的食物。

小贴士

原材料，包括水和冰，可被危险的微生物和化学品污染。受损和霉变的食物中可形成有毒化学物质。谨慎地选择原材料并采取简单的措施，如清洗去皮，可减少危险。

这五大要点是对消费者和食品制备及从业人员的建议，简单明了并能普遍应用。它告知我们在日常准备食物的过程中如何预防疾病。正确处理食品除对儿童、老人等免疫力低下的高风险群体而言尤为重要外，对人群较为密集的校园也至关重要。

第四节　校园食物中毒的应急处置

一旦发生食物中毒事件，应在第一时间报当地疾控中心，申请紧急救援的同时，采取以下一系列相应措施。

一、应急措施

食物中毒一般具有潜伏期短、时间集中、突然爆发、来势凶猛的特点。统计表明，食物中毒绝大多数发生在7、8、9三个月。临床表现为以上吐下泻、腹痛为主的急性胃肠炎症状,严重者可因脱水、休克、循环衰竭而危及生命。因此一旦发生食物中毒,千万不能惊慌失措,应冷静分析发病的原因,针对引起中毒的食物以及服用的时间长短,及时采取如下应急措施:

(1) 催吐　如果服用时间在1~2小时,可使用催吐的方法。立即取食盐20克加开水200毫升溶化,冷却后一次喝下,如果不吐,可多喝几次,迅速促进呕吐。亦可用鲜生姜100克捣碎取汁用200毫升温水冲服。如果吃下去的是变质的荤食品,则可服用十滴水来促使迅速呕吐。还可用筷子、手指或鹅毛等刺激咽喉,引发呕吐。

(2) 导泻　如果病人服用食物时间较长,超过了3小时,而且精神较好,则可服用些泻药,促使中毒食物尽快排出体外。一般用大黄30克一次煎服即可达到导泻的目的。

(3) 解毒　如果是吃了变质的鱼、虾、蟹等引起的食物中毒,可取食醋100毫升加水200毫升,稀释后一次服下。此外,还可采用紫苏30克、生甘草10克一次煎服。若是误食了变质的饮料或防腐剂,最好的急救方法是用鲜牛奶或其他含蛋白的饮料灌服。

如果经上述急救,症状未见好转,或中毒较重者,应尽快送医院治疗。在治疗过程中,要给病人以良好的护理,尽量使其安静,避免精神紧张,注意休息,防止受凉,同时补充足量的淡盐开水。

二、一般治疗措施

一般的食物中毒,多数是由细菌感染,少数由含有有毒物质(有机磷、砷剂、升汞)的食物以及食物本身的自然毒素(如毒蕈、毒鱼)等引起。一般发病在就餐后数小时,呕吐、腹泻次数频繁。如在家中发病,就视呕吐、腹泻、腹痛的程度适当处理。

(1) 补充液体,可服用口服补液盐或淡糖盐水,多饮水。

(2) 补充因上吐下泻所流失的电解质,如钾、钠及葡萄糖。

(3) 避免制酸剂。

(4) 不要急着止泻。因为呕吐与腹泻是机体防御功能起作用的一种表现,它

预防与应对

可排除一定数量的致病菌释放的肠毒素,故不应立即用止泻药(如易蒙停等),特别对有高热、毒血症及黏液脓血便的患者应避免使用,以免加重中毒症状。一般可先待体内毒素排出,再在医生指导下止泻。

需要强调的是,由于呕吐、腹泻造成体液的大量损失,会引起多种并发症状,直接威胁病人的生命。这时,应大量饮水,不仅补充体液,而且可以促进致病菌及其产生的肠毒素的排除,减轻中毒症状。

对腹痛程度严重的病人可适量服用解痉剂。如无缓解迹象,甚至出现失水明显,四肢寒冷,腹痛腹泻加重,极度衰竭,面色苍白,大汗,意识模糊,说胡话或抽搐等休克症状,应立即送医院救治。

第三章 自然灾害

自然灾害是自然界中发生的异常现象,其中地震、海啸、龙卷风、泥石流、台风、洪水等突发性灾害给人类生命财产造成重大损失。2009年,我国各类自然灾害共造成约4.8亿人(次)受灾,死亡和失踪1 528人,紧急转移安置709.9万人(次);农作物受灾面积4 721.4万公顷,绝收面积491.8万公顷;倒塌房屋83.8万间;因灾直接经济损失2 523.7亿元。在遭遇灾害的时候,除及时告知政府部门救援外,学习防灾、自救和互救知识,在遇险时及时应变,可以减少伤亡事故发生,保障自己和他人的人身安全,减轻灾害程度。

第一节 地 震

地震是一种自然现象,是由地壳的剧烈运动引起的突然而强烈的震动,是世界上最严重的自然灾害之一。地震对人的伤害,主要由建筑物倒塌引起及次生的海啸、火灾、堰塞湖等灾害引起。我们不能阻止地震的发生,但可以采取有效措施,最大限度地减轻地震灾害。地震造成的伤亡数占自然灾害伤亡人数的一半以上。我国是世界上陆地地震灾害最为严重的国家,发生地震次数约占全球的33%,我国地震死亡人数占全球地震死亡人数的1/2以上;我国所有自然灾害死亡人数中1/2以上是地震所致,地震为群灾之首。

2011年日本3.11地震后错层的路面

一、震前预兆

地震前自然界出现的与地震有关的现象称为地震前兆。人的感官能直接觉察到的地震前兆有以下几种：

（1）地鸣　强烈地震前，大自然会出现一些异常现象。例如地震前数分钟、数小时或数天，往往有声响自地下深处传来，有的地方会看见地光。有的地方还会出现水位突然升降、变色、变味、混浊、浮油花、冒气泡等地下水异常现象。

（2）地震前一些动物也会出现异常反应。反应较明显的有牛、马、猪、狗、鼠、鸡、黄鼠狼、蛇、蜜蜂、蜻蜓、鱼等20多种。其反常表现主要有冬眠的蛇出洞、老鼠在白天反常活动、大批青蛙上岸活动等生活习性变化，还有畜禽惊恐不安、不进圈、狂吠、惊飞、群迁等兴奋型异常变化，也有家畜发痴发呆、不知所措、不肯进食等抑制型异常变化等。

（3）有的大地震在发生前几天或几小时，会发生一系列小震。

（4）广大群众将长期以来对地震预测的一些经验总结成以下民谣：

震前动物有预兆，群测群防很重要；
牛羊骡马不进圈，猪不吃食狗乱咬；
鸭不下水岸上闹，鸡乱上树高声叫；
冰天雪地蛇出洞，大猫携着小猫跑；
兔子竖耳蹦又撞，鱼跃水面惶惶跳；
蜜蜂群迁闹哄哄，鸽子惊飞不回巢；
家家户户都观察，综合异常作预报。

2008年5.12大震前，数万蟾蜍异动

（5）地震云　地震云是地震即将发生时，震区上空出现的不同颜色，如白色、灰色、橙色、橘红色等带状云。其分布方向同震中垂直，一般出现于早晨和傍晚。地震云的高度可达6 000米以上，相当于气象云中高云类的高度。

虽然目前人类无法避免和控制地震，但只要掌握一些技巧，是可以在灾难中将伤害降到最低的。一旦发生地震，千万不要惊慌，要保持镇静，不能拥挤乱跑，应根据所在位置，采取适宜的避震措施，并投入到地震救护工作中，减轻损失。

地震云

小贴士：

地震次生灾害主要是海啸、火灾和堰塞湖水灾。

城市中因为管道密布，引发火灾的可能性较大，造成的损失也往往更重，有的甚至超过地震的直接损失。

【案例1】 1906年旧金山大地震，火灾损失比直接损失高3倍，10平方千米的市区烧为乌有，最后动用炸药才炸出一条"隔火带"；1923年日本关东大地震死亡58 420人，其中被次生火灾烧死或因躲火跳河而淹死的为95%，东京2/3的房屋烧毁；1999年土耳其大地震烧了3天3夜，损失50亿美元。

城市地震火灾损失严重的原因是：城市火源多（煤气管道、电线、油库、天然气管等）；水管破裂，无水救火；老旧木屋多；老巷过窄，消防车进不去等。

【案例2】 1995年1月17日，清晨5点46分，在神户东南的兵库县淡路岛，发生7.2级地震，震源深度20千米，震动加速度达818厘米/秒^2。所引起的地壳运动，将大阪等城市向不同方向移运1～4厘米。大阪、神户之间的高速公路10处断裂、8处崩落，粗大的水泥柱子从根部折断，将500多米路面掀在一旁。新干线铁轨变形，10辆列车滑出轨道，几十座桥坠下，有100千米的铁路毁损。地铁道中35根支柱，有30根弯、折、崩、损。大阪、神户的城市水、电、气、电话，全部中断。

这次地震造成的损失，除房屋倒塌引起大量伤亡外，最严重的是地震火灾。由于煤气管道破裂，煤气泄露，引起熊熊大火，约有200多处。房屋设计中木结构材料过多，大量使用易燃装饰材料，更增加了火灾造成的损失。这次地震死亡人数达到5 466人，3万多人受伤，几十万人无家可归，受灾人口达140万人，被毁坏房屋超过10万栋，生命工程和公共设施严重破坏。这次地震造成的经济损失总计超过960亿美元。

扭曲的新干线

【案例3】 日本大地震、海啸

2011年3月11日，日本当地时间14时46分，日本东北部海域发生里氏9.0级地震并引发海啸，后继资料表明，海啸造成的巨浪最高达24米。影响到太平洋沿岸的大部分地区。地震造成日本福岛第一核电站1～4号机组发生核泄漏事故。

这也是有记录以来,全世界第三大地震,第一和第二分别是1960年发生的智利9.5级地震和1964年发生的阿拉斯加9.2级地震。此次地震导致日本沿海地区约443平方公里的领土沉到海平面以下,相当于大半个东京。地震及引发的海啸造成死亡人数超过了1.5万人,另外还有9 506人失踪。两者合计遇难者为24 525人。

二、地震逃生十大法则

(1) 摇晃时立即关火,失火时立即灭火 大地震时,不能依赖消防车来灭火。因此,每个人关火、灭火的努力,是将地震灾害控制在最低程度的重要措施。平时就养成即便是小的地震也关火的习惯。

地震的时候,关火的机会有三次:

第一次机会是在大的晃动来临之前的小晃动之时,在感知小的晃动的瞬间,立即高呼:"地震了!快关火!"关闭正在使用的取暖炉、煤气炉等。

第二次机会是在大的晃动停息的时候。在发生大的晃动时去关火,如果放在煤气炉、取暖炉上面的水壶等滑落下来,是很危险的。大的晃动停息后,再一次呼喊:"关火!关火!"并去关火。

第三次机会是在着火之后。即使失火,在1~2分钟内,还是可以扑灭的。为了能够迅速灭火,请将灭火器、消防水桶放置在离用火场所较近的地方。

(2) 躲在桌子等坚固家具的下面 躲在桌子等坚固家具的下面:地震时大的晃动时间约为1 min。这时首先应顾及的是您自己与家人的人身安全。选择在重心较低且结实牢固的桌子下面躲避,并紧紧抓牢桌子腿。在没有桌子等可供藏身的场合,无论如何,也要用坐垫等物保护好头部。

此外,还应该注意自动售货机翻倒伤人。在楼区时,根据情况,进入建筑物中躲避比较安全。

(3) 不要慌张地向户外跑 地震发生后,慌慌张张地向外跑,碎玻璃、屋顶上的砖瓦、广告牌等掉下来砸在身上,是很危险的。此外,水泥预制板墙、自动售货机等也有倒塌的危险,不要靠近这些物体。

(4) 将门打开,确保出口 钢筋水泥结构的房屋,由于地震的晃动会造成门窗错位,打不开门,曾经发生有人被封闭在屋子里的事例。感觉到小晃动时,请立即将门打开,确保出口。

（5）户外的场合，要保护好头部，避开危险之处　当大地剧烈摇晃，站立不稳的时候，人们都会有扶靠、抓住什么的心理。身边的门柱、墙壁大多会成为扶靠的对象。但是，这些看上去挺结实牢固的东西，实际上却是危险的。

【案例4】　在1987年日本宫城县海底地震时，由于水泥预制板墙、门柱的倒塌，造成多人死伤。所以务必不要靠近水泥预制板墙、门柱等躲避。在繁华街道、楼区，最危险的是玻璃窗、广告牌等物掉落下来砸伤人，要注意用手或手提包等物保护好头部。

平时要事先想好万一被关在屋子里如何逃脱的方法，准备好梯子、绳索等。

（6）公共场所避震　如果在影剧院、体育馆等处遇到地震时，要沉着冷静，特别是当场内断电时，不要乱喊乱叫，更不得乱挤乱拥，避免被拥倒踩踏，应就地蹲下或躲在排椅下，注意避开吊灯、电扇等悬挂物，用皮包等物保护头部，等地震过

后，听从工作人员指挥，有组织地撤离。在商场、书店、展览馆、汽车站、火车站时，若靠近门口，应迅速撤离到室外安全的地方，若在室内，应避开玻璃门窗、玻璃橱窗、柜台、易碎品的货架，选择结实的柜台、桌椅或柱子边以及内墙角等处就地蹲下，并用手或其他物品护住头部。在展览馆时，则要避开广告牌、吊灯等高耸的物件或悬挂物。

在行驶的公共汽车内遇到地震时，要抓牢扶手，以免摔倒或碰伤，躲在座位附近，地震后再下车。

就地震而言，地下街是比较安全的。即便发生停电，紧急照明电灯也会即刻亮起来，请镇静地采取行动。

发生地震、火灾时，不能使用电梯。万一在搭乘电梯时遇到地震，立即将操作盘上各楼层的按钮全部按下，一旦停下，迅速离开电梯，确认安全后避难。万一被关在电梯中，请通过电梯中的专用电话与管理室联系、求助。

（7）汽车靠路边停车，管制区禁止行驶　发生大地震时，汽车会像轮胎泄了气似的，无法把握方向盘，难以驾驶。此时要避开十字路口将车子靠路边停下。为了不妨碍避难疏散的人和紧急车辆的通行，要让出道路的中间部分。

地震时,都市中心地区的绝大部分道路将会禁止通行,要注意收听广播。

（8）注意山崩、断崖落石或海啸　在山边、陡峭的倾斜地段,有发生山崩、断崖落石的危险,应迅速到安全的场所避难。在海岸边,有遭遇海啸的危险。当感知地震或听到海啸警报时,要迅速到安全的场所避难。

（9）避难时要徒步,携带物品应尽可能少　因地震造成的火灾蔓延,出现危及生命、人身安全等情形时,需采取避难的措施。原则上以市民防灾组织、街道等为单位,在负责人及警察等带领下采取徒步避难的方式,携带的物品应在最少限度。绝对不能利用汽车、自行车避难。

对于患者、残疾人等的避难,当地居民的合作互助是不可缺少的。

（10）不要听信谣言,不要轻举妄动　在发生大地震时,人们心理上易产生动摇。为防止混乱,每个人依据正确的信息,冷静地采取行动,极为重要。

从收音机、手机中,及时获取正确的信息。相信从政府、警察、消防等防灾机构直接得到的信息,决不轻信不负责任的流言飞语,不要轻举妄动。

在群众集聚的公共场所遇到地震时,最忌慌乱,否则将造成秩序混乱,相互压挤而导致人员伤亡。应该有组织地从多个路口快速疏散。

三、学校避震

地震时身体应采取以下姿势:地震时应蹲下或坐下,尽量蜷曲身体,降低身体重心。抓住桌腿等牢固的物体。用枕头、坐垫、毛衣外套等遮住自己的头部、颈部、面部,掩住口鼻和耳朵,防止灰尘和泥沙灌入。避开人流,不要乱挤乱拥;不要随便点明火,因为空气中可能有易燃易爆气体。

（1）宿舍避震　地震预警时间短暂,如在宿舍内,避震更具有现实性,而室内小构架房屋倒塌后形成的三角空间,往往是人们得以幸存的相对安全地点,可称其为避震空间。这主要是指大块倒塌体与支撑物构成

的空间。室内易于形成三角空间的地方是：结实的床沿下、坚固家具附近；内墙墙根、墙角；厨房、厕所、储藏室等开间小的地方。

（2）教室避震　可在教师指挥下就地躲在桌椅旁或靠墙根趴下避险。如教室是平房或一楼，坐在离门较近的学生可迅速从门窗逃出室外。离门窗较远的学生可迅速抱头、躲在各自的课桌下。

（3）操场或室外避震　可原地不动蹲下，双手保护头部，注意避开高大建筑物或危险物。不要回到教室去。首震后应立即有组织地撤离。必要时应在室外上课。

在楼房里的学生，遇震时千万不要乘坐电梯！即便地震发生时已经在电梯内，也应就近停下迅速撤离；不要乱挤乱拥，千万不要跳楼！不要站在窗外！不要到阳台上去！应迅速躲进跨度小的空间。同时，大多数学生应就近躲在桌子旁边。

【案例5】　桑枣中学的奇迹

桑枣中学是安县一个镇里极普通的一所农村初中。校长叶志平平时十分注重房屋的质量，为防意外，学校每周二都组织全校师生进行疏散演练。5.12大地震时，桑枣中学的2 200名师生，利用地震刚开始时的间隙，按平时演练的顺序，前四排学生从教室前门走，后四排学生从教室后门走，成一路纵队鱼贯沿设定好的撤离路线有序逃离(老师在楼梯口控制速度)用时1.36秒，全部安然撤至安全地带。创造了大震来临无一伤亡的奇迹。

（4）工厂实习避震　地震时，如距离车间门较近，应迅速撤至车间外空旷地避震。如距车间门较远，应迅速躲在墙角下、坚固的机器或桌椅旁，同时关闭机器的电源开关。

对于生产易燃易爆品和强酸强碱以及有毒气体的工厂，在地震发生的瞬间应迅速关闭易燃易爆有毒有害物品阀门和运转设备，防止火灾、爆炸、毒品外泄等次生灾害发生。

高温作业的工人，要避开炉门或铁水流淌的钢槽，防止地震时被烧伤。

四、应急自救

若地震时被埋在废墟中，首先应设法将双手从压塌物中抽出来，清除头部、胸前的杂物和口鼻附近的灰土，设法保障呼吸畅通，清除压在身上的物体，移开身边的较大杂物，以免再次被砸伤，用砖头、木头等支撑可能塌落的物体。尽量将生存空间扩大,保持足够的空气。闻到煤气、毒气时,用毛巾、湿衣服或手等物捂住口、鼻,避免吸入烟尘,树立生存的信心,等待救援。

观察四周有无通道或光亮,分析判断自己所处的位置,从哪个方位最可能脱险;试着排除障碍,尽量朝着有光线和空气清新的地方移动,设法自行脱险。听到人声时,用硬物敲击铁管、墙壁等,发出求救信号。

如果暂时不能脱险,要耐心等待救援,设法保存体力,不要大喊大叫。长期的无效呼喊,会消耗大量体力,弱化求生信心。要寻找食物和水,并节约使用。

【案例6】 人的生命有限,而爱心和信心是无限的。一个叫乐刘会的22岁女孩洗澡时遭遇地震被埋,在地下的76个小时,她又饿又渴,在听到有人的时候就喊,没人的时候就保存体力,不喊不叫等着。记者采访时,她头脑特别清楚,思路清晰,非常明确地说"我知道你们会来救我的!我很好,我会保护自己的,谢谢你们来救我!"

"相信你们会来救我"

小贴士:

国际上一般认为最佳救援时间应在72小时之内,但2008年5.12四川汶川地震时,有过数起100多小时后仍有被救者生还的案例(蒋雨航123小时,卞刚芬124小时),不能不说是生命的奇迹。说明在特殊环境下人的意志格外重要!如果每个人都能做到"不放弃、不抛弃",我们将能有效避免很多人间悲剧。

五、应急互救

根据"先易后难"的原则,先抢救附近的埋压者、建筑物边缘瓦砾中的幸存者以及医院、学校、旅馆等人员密集容易获救的幸存者。

救助时,注意搜听被困人员的呼喊、呻吟或敲击声,根据房屋结构,确定被埋人员位置,制定抢救方案,不要破坏被埋压人员所处空间周围的支撑条件,引起新的垮塌,使被埋压人员再次遇险。

抢救被埋人员时,不可用利器刨挖,应先使其头部暴露,尽快与埋压人员的封闭空间沟通,使新鲜空气流入。挖扒中如尘土太大,应喷水降尘,以免埋压者窒息。

对于埋在废墟中时间较长的幸存者,应先供给饮料和食品,然后边挖边支撑,注意保护幸存者的眼睛,不要让强光刺激;埋压过久者救出后,不应急于暴露眼部和过急进食。

对抢救出的危重伤员,应迅速送往医疗点或医院,不要安置在破损的建筑物或废墟中,以防余震。

抢救出来的轻伤幸存者,可迅速充实扩大互救队伍,更合理地展开救助活动。

【专家建议】

(1)地震前出现地光、地声、地面初期震动等现象,这是地震向人们发出的最后警报。一般从地下初动到房屋开始倒塌会有一个短暂的求生时间。据对唐山地震中874位幸存者的调查,有258人在求生时间中采取了紧急避震措施,188人得以安全脱险,成功者约占采取避震行动者的72%。因此,只要事先掌握一定的避震知识,地震来临时冷静判断,正确选择避震方式和避震空间,就有可能求得劫后余生。

(2)当大地剧烈摇晃,站立不稳的时候,人们都会有扶靠、抓住什么的心理。身边的门柱、墙壁大多会成为扶靠的对象。但是,这些看上去挺结实牢固的东西,实际上却是危险的。1987年日本宫城县海底地震时,由于水泥预制板墙、门柱的倒塌,曾经造成过多人死伤。

【安全演练】

以班级为单位组织一次防地震逃生演习。

小贴士:

防震演习可以从以下几个方面着手:

(1)学习防震避震经验和地震逃生十大法则。

(2)应急任务分工明确。地震来临非常突然,家庭成员在平时应对防震避震的具体工作有所分工,以免地震时全家人手忙脚乱,要明确疏散路线和避难地点,地震发生后需要马上撤离到空旷开阔的安全地带。家庭防震会上应对此进行讨论,具体明确震后大家到哪个空旷地方最好,并定出最快捷最安全的途径。

(3)准备避难和营救用品。家庭成员每个人准备好自己最必需的生活用品,一般原则是宜精不宜多。

(4)装修加固室内家具杂物。历次地震调查表明,很多人曾被室内柜橱翻倒或高处物品落下所砸伤,甚至引起严重的意外事故。同时家具杂物翻倒又妨碍避难时外逃。

(5) 落实防火措施。地震时火灾是经常出现的次生灾害,特别是做饭时间发生地震,火灾出现机会更大。日本 1923 年关东大地震火灾烧死几万人的惨重教训,使其对防火工作特别重视,各种措施制定得很详细。

(6) 在震前发现地光、地声、动物异常等临震征兆时,更要互相提醒注意,以便及时撤离。

(7) 学习卫生急救护理知识。地震时难免出现损伤,平时应学习一些卫生急救护理知识。例如,让家庭成员了解和学习人工呼吸、止血、包扎、搬运伤员等护理方法。从某种意义上讲,保护他人也等于保护自己。

(8) 互通地震情报。家庭成员之间,要随时交流各自观察到的宏观异常信息。

(9) 进行家庭和学校地震应急演习。日本就很重视防震演习,而且有些规模相当大。不妨在家和班级范围内进行小规模的演习。这样做一来可以熟练震时应急的技巧;二来可以显现防震会上制定的避震措施中的不足之处。

第二节 海 啸

一、海啸概况

当地震发生于海底,震波的动力引起海水的剧烈起伏,形成强大的波浪,向前推进,将沿海地带——淹没的灾害,称之为海啸。海啸是一种具有强大破坏力的海浪。这种波浪运动引发的狂涛骇浪,汹涌澎湃,它卷起的海涛,波高可达数十米。这种"水墙"内含极大的能量,冲上陆地后所向披靡,往往造成对生命和财产的严重摧残。智利大海啸形成的波涛,移动了上万公里仍不减雄风,足见它的巨大威力。

(一) 海啸的起因

海啸是一种灾难性的海浪,通常由震源在海底下 50 千米以内、里氏震级 6.5 以上的海底地震引起。水下或沿岸山崩或火山爆发也可能引起海啸。在一次震动之后,震荡波在海面上以不断扩大的圆圈,传播到很远的距离,像卵石掉进浅池里产生的波一样。海啸波长比海洋的最大深度还要大,轨道运动在海底附近也没受多大阻滞,不管海洋深度如何,波都可以传播过去。

破坏性的地震海啸,只在出现垂直断层、里氏震级大于 6.5 级的条件下才能发生。当海底地震导致海底变形时,变形地区附近的水体产生巨大波动,海啸就产生了。

海啸的传播速度与它移行的水深成正比。在太平洋,海啸的传播速度一般为每小时 200～1 000 千米。海啸不会在深海大洋上造成灾害,正在航行的船只甚至很难察觉这种波动。海啸发生时,越在外海越安全。

一旦海啸进入大陆架,由于深度急剧变浅,波高骤增,可达 30 米,这种巨浪可带来毁灭性灾害。

小贴士:

海啸来袭之前,海潮为什么先是突然退到离沙滩很远的地方,一段时间之后海水才重新上涨呢?

大多数情况下,出现海面下落的现象都是因为海啸冲击波的波谷先抵达海岸。波谷就是波浪中最低的部分,它如果先登录,海面势必下降。同时,海啸冲击波不同于一般的海浪,其波长很大,因此波谷登录后,要隔开相当一段时间,波峰才能抵达。

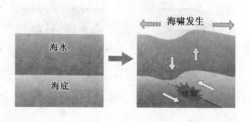

另外,这种情况如果发生在震中附近,那可能是另一个原因造成的:地震发生时,海底地面有一个大面积的抬升和下降。这时,地震区附近海域的海水也随之抬升和下降,然后就形成海啸。

(二)海啸的危害

剧烈震动之后不久,巨浪呼啸,以摧枯拉朽之势,越过海岸线,越过田野,迅猛地袭击着岸边的城市和村庄,一切瞬时消失在巨浪中。港口所有设施,被震塌的建筑物,在狂涛的洗劫下,被席卷一空。事后,海滩上一片狼藉,到处是残木破板

预防与应对

和人畜尸体。地震海啸给人类带来的灾难是十分巨大的。目前,人类对地震、火山、海啸等突如其来的灾变,只能通过预测、观察来预防或减少它们所造成的损失,但还不能控制它们的发生。

【案例7】 百年以来死亡人数过千的8次大海啸

(1) 1908年12月28日,意大利墨西拿地震引发海啸,震级7.5级,在近海掀起浪高达12米的巨大海啸。地震发生在当天凌晨5点,海啸中死难82 000人,这是欧洲有史以来死亡人数最多的一次灾难性地震海啸。

(2) 1933年3月2日,日本三陆近海地震引发海啸,震级8.9级,是历史上震级最强的一次地震,引发海啸浪高29米,死亡人数3 000人。

(3) 1959年10月30日,墨西哥海啸引发山体滑坡,死亡人数5 000人。

(4) 1960年5月21日到27日,智利沿海地区发生20世纪震级最大的震群型地震,其中最大震级8.4级,引起的海啸最大波高为25米。海啸使智利一座城市中的一半建筑物成为瓦砾,沿岸100多座防波堤坝被冲毁,2 000余艘船只被毁,损失5.5亿美元,造成10 000人丧生。此外,海浪还以每小时600~700千米的速度扫过太平洋,使日本沿海1 000多所住宅被冲毁,2万多亩良田被淹没,15万人无家可归。

(5) 1976年8月16日,菲律宾莫罗湾海啸造成8 000人死亡。

(6) 1998年7月17号,非洲巴布亚新几内亚海底地震引发的49米巨浪海啸,导致2 200人死亡,数千人无家可归。

(7) 2004年12月26日,印度尼西亚苏门答腊岛附近海域发生强烈地震并引发大规模海啸,影响到东南亚、南亚和东非地区10多个国家,造成近15万人死亡。这是世

3.11 海啸侵入的震撼瞬间

界近200多年来死伤最惨重的海啸灾难。

(8) 2011年3月11日,日本地震引发海啸,最大浪高24米。该次地震造成1.5万人死亡,还导致了日本福岛核电站的核泄漏事故。

二、海啸预警

在大地震之后如何迅速、正确地判断该地震是否会激发海啸,这仍然是个悬而未决的科学问题。尽管如此,根据目前的认识水平,仍可通过海啸预警为预防和减轻海啸灾害做出一定的贡献。

海啸预警的物理基础在于地震波传播速度比海啸的传播速度快。地震纵波即P波的传播速度为6~7千米/秒,比海啸的传播速度要快20~30倍,所以在远处,地震波要比海啸早到达数十分钟乃至数小时,具体数值取决于震中距和地震波与海啸的传播速度。例如,当震中距为1000千米时,地震纵波大约2.5分钟就可到达,而海啸则要走大约1小时。1960年智利特大地震激发的特大海啸22小时后才到达日本海岸。

如能利用地震波传播速度与海啸传播速度的差别造成的时间差分析地震波资料,快速、准确地测定出地震参数,并与预先布设在可能产生海啸的海域中的压强计(不但应当有布设在海面上的压强计,更应当有安置在海底的压强计)的记录相配合,就有可能做出该地震是否激发了海啸、海啸的规模有多大的判断。根据实测水深图、海底地形图及可能遭受海啸袭击的海岸地区的地形地貌特征等相关资料,模拟计算海啸到达海岸的时间及强度,运用诸如卫星、遥感、干涉卫星孔径雷达等空间技术监测海啸在海域中传播的进程,采用现代信息技术将海啸预警信息及时传送给可能遭受海啸袭击的沿海地区的居民。

在可能遭受海啸袭击的沿海地区,开展有关预防和减轻海啸灾害的科技知识的宣传、教育以及应对海啸灾害的训练和演习,就有希望在海啸袭击时,拯救成千上万生命和避免大量的财产损失。

海啸预警已经有了成功的范例。例如,1946年,海啸给夏威夷的Hilo市造成了严重的人员伤亡和财产损失。于是,1948年夏威夷便建立了太平洋海啸预警中心,从而有效避免了在那以后的海啸可能造成的损失。倘若印度洋沿岸各国在2004年印度洋特大海啸之前,能与太平洋沿岸国家一样建立起海啸预警系统,那么这次大地震引起的印度洋特大海啸,决不致造成如此巨大的人员伤亡和财产损失。

以上所述的海啸预警对于"远洋海啸"比较有效。但是,对于"近海海啸"(亦称"本地海啸")即激发海啸的海底地震离海岸很近,例如只有几十至数百千米的海啸,由于地震波传播速度与海啸传播速度的差别造成的时间差只有几分钟至几十分钟,海啸早期预警就比较困难。为了在大地震之后能够迅速、正确地判断该地震是否激发海啸,

减少误判与虚报,特别是"近海海啸"预警的误判与虚报以提高海啸预警的水平,必须加强对海啸的研究。

【案例8】 怒吼的巨浪

智利地处太平洋板块与南美洲板块相互碰撞的俯冲地带,属环太平洋火山活动带上。这种特殊的地质结构,造成了智利处于极不稳定的地表之上。自古以来,这里火山不断喷发,地震连连发生,海啸频频出现,灾难时常降临。1960年5月21日凌晨开始,在智利的蒙特港附近海底,突然发生了世界地震史上罕见的强烈地震。大小地震一直

持续到6月23日,在前后1个多月的时间内,先后发生了225次不同震级的地震。震级在7级以上的有十几次之多,其中震级大于8级的有3次。

我国位于太平洋西岸,大陆海岸线长达1.8万千米,但由于我国大陆沿海受琉球群岛和东南亚诸国阻挡,加之大陆架宽广,越洋海啸进入这一海域后,能量衰减较快,对大陆沿海影响较小。

1964年,国际上成立了全球海啸警报系统协调小组,太平洋由于海啸多发,所以海啸预警系统很发达。印度洋大地震发生15分钟后太平洋海啸预警中心就从檀香山分部向参与联合预警系统的26个国家发布了预警信息。如果

印度洋也有预警系统,也许人们就可以更好地利用震后到海啸登录的宝贵时间差逃生。

三、海啸的预防

(一) 海啸前

(1) 地震海啸发生的最早信号是地面强烈震动,地震波与海啸的到达有一个时间差,正好有利于人们预防。地震是海啸的"排头兵",如果感觉到较强的震动,就不要靠近海边、江河的入海口。如果听到有关附近地震的报告,要做好防海啸的准备,要记住,海啸有时会在地震发生几小时后到达离震源上千公里远的地方。

(2) 如果发现潮汐突然反常涨落,海平面显著下降或者有巨浪袭来,并且有大量的水泡冒出,都应以最快速度撤离岸边。

(3) 海啸前海水异常退去时往往会把鱼虾等许多海生动物留在浅滩,场面蔚为壮观。此时千万不要前去捡鱼或看热闹,应当迅速离开海岸,向内陆高处转移。

(4) 通过氢气球可以听到次声波的"隆、隆"声。

(二) 发生海啸时

(1) 发生海啸时,航行在海上的船只不可以回港或靠岸,应该马上驶向深海区,深海区相对于海岸更为安全。

(2) 因为海啸在海港中造成的落差和湍流非常危险,船主应该在海啸到来前把船开到开阔海面。如果没有时间开出海港,所有人都要撤离停泊在海港里的船只。

(3) 海啸登录时海水往往明显升高或降低,如果看到海面后退速度异常快,立刻撤离到内陆地势较高的地方。

【案例9】 10岁女孩救了近百游客

印度洋特大海啸,造成惨重的伤亡和财产损失,举世震惊。当时年仅10岁的英国女孩蒂莉却充分利用在地理课学到的知识,迅速地认出了海啸即将到来的迹象,发出海啸就要来临的警告,从而挽救了几百名正在泰国一处海滩上的游客生命。作为对她的嘉奖,2005年9月9日英国海事学会向她颁发了奖状。2005年11月3日她应邀访问了美国纽约联合国总部,并会见了担任联合国海啸特使的美国前总统克林顿。人们在深受感动的同时,也从中得到许多有益的启迪。

海啸来临当天,这位名叫名叫蒂莉的英国小女孩,正与父母在泰国普吉岛海滩享受假期。就在海啸到来前的几分钟,蒂莉脸上突然露出惊恐之色。她跑过去对母亲说:"妈妈,我们现在必须离开沙滩,我想海啸即将来临!"她说她看见海滩上起了很多的泡泡,然后浪就突然打了过来。这正是地理老师曾经描述过的有关地震引发海啸的最初情形。老师还说过,从海水渐渐上涨到海啸袭来,这中间有10分钟左右的时间。

起初,在场的成年人对小女孩的预见都是半信半疑,但蒂莉坚决请求大家离开。她的警告如星火燎原般在沙滩上传开,几分钟内游客已全部撤离沙滩。当这几百名游客跑到安全地带时,身后已传来了巨大的海浪声——"噢,上帝,海啸!海啸真的来了!"人们在激动和惊恐中哭泣,争相拥抱和亲吻他们的救命恩人蒂莉。当天,这个海滩是普吉岛海岸线上惟一没有死伤的地点。

【案例10】 大象狂奔救游客

海啸发生前,在泰国普吉岛北部的旅游胜地蔻立,赶象人萨郎甘和妻子率领一支由8头象组成的队伍向海边进发,象背上坐着十几名外国游客。突然,大象们开始吼叫。萨郎甘事后回忆说:"我惊呆了,因为大象从来没有像那样吼叫过。"

半个小时后,大象又开始哀号。

接着,大象开始不听赶象人的指挥,载着惊恐的游客向背离海滩的山上狂奔。很快,人们看见海边有巨浪袭来。

象群一直狂奔到山顶才停下了脚步。汹涌的海水席卷了岸上1千米的范围,而跟着大象的游客们则幸运地获救了。事后人们才知道,当大象最初吼叫的时候,里氏8.6级的地震正在撕扯着印尼苏门答腊岛附近的海床。

第三节 龙卷风

一、什么是龙卷风

龙卷风又名"龙吸水",因为与古代神话里从波涛中窜出、腾云驾雾的东海蛟龙很相像而得名。它还有不少的别名,如"龙摆尾"、"倒挂龙"等。现代科学认为,龙卷风是一种强烈的、小范围的空气涡旋，是在极不稳定天气下由空气强烈对流运动而产生的。由雷暴云底伸展至地面的漏斗状云（龙卷）产生的强烈的旋风，其风力可达 12 级以上，风速最大可达每秒 300 米以上，一般伴有雷雨，有时也伴有冰雹。

空气绕龙卷的轴快速旋转，受龙卷中心气压极度减小的吸引，近地面几十米厚的一薄层空气内，气流被从四面八方吸入涡旋的底部，并随即变为绕轴心向上的涡流，龙卷中的风总是气旋性的，其中心的气压可以比周围气压低 10%。可见龙卷风是一种伴随着高速旋转的漏斗状云柱的强风涡旋。龙卷风中心附近风速可达 100～200 米/秒，最大 300 米/秒，比台风近中心最大风速大好几倍。中心气压很低，一般为 0.4 个大气压，最低可达 0.2 个大气压。它具有很大的吸吮作用，可把海（湖）水吸离海（湖）面，形成水柱，然后同云相接。

由于龙卷风内部空气极为稀薄，导致温度急剧降低，促使水汽迅速凝结，这是形成漏斗状云柱的重要原因。漏斗状云柱的直径平均只有 250 米左右。龙卷风产生于强烈不稳定的积雨云中。它的形成与暖湿空气强烈上升、冷空气南下、地形作用等有关。龙卷风的生存时间一般只有几分钟，最长也不超过数小时，但其破坏力惊人，能把大树连根拔起，把建筑物吹倒，或把部分地面物卷至空中，有时把人吸走，危害十分严重。江苏省几乎每年都有龙卷风发生，但发生的地点没有明显规律。龙卷风出现的时间，一般在六七月间，有时也发生在 8 月上、中旬。

二、龙卷风的形成

龙卷风是云层中雷暴的产物。具体地说，龙卷风就是雷暴巨大能量中的一小部分在很小的区域内集中释放的一种形式。由于龙卷风的出现和消失都十分突然，所以很难对它进行准确的观测。一般来说，龙卷风的形成可以分为四个阶段：

（1）大气的不稳定性产生强烈的上升气流，由于气流中的最大过境气流的影响，它被进一步加强。

（2）由于与在垂直方向上速度和方向均有切变的风相互作用，上升气流在对流层的中部开始旋转，形成中尺度气旋。

(3) 随着中尺度气旋向地面发展和向上伸展，它本身变细并增强。同时，一个小面积的增强辅合，即初生的龙卷在气旋内部形成，产生气旋的同样过程，形成龙卷核心。

(4) 龙卷核心中的旋转与气旋中的不同，它的强度足以使龙卷一直伸展到地面。当发展的涡旋到达地面高度时，地面气压急剧下降，地面风速急剧上升，形成龙卷风。

龙卷风常发生于夏季的雷雨天气时，尤以下午至傍晚最为常见。龙卷风的袭击范围小，直径一般在十几米到数百米之间。龙卷风的生存时间一般只有几分钟，最长也不超过数小时。龙卷风破坏力极强，龙卷风经过的地方，常会发生拔起大树、掀翻车辆、摧毁建筑物等现象，有时把人吸走，危害十分严重。

三、龙卷风的危害

1995 年，在美国俄克拉何马州阿得莫尔市发生的一场龙卷风，把诸如屋顶之类的重物吹出几十千米之远。大多数碎片落在陆龙卷通道的左侧，按重量不等常常有很明确的降落地带，较轻的碎片飞到 300 千米外才落地。

龙卷风的袭击突然而猛烈，产生的风是地面上最强的。在美国，龙卷风每年造成的死亡人数仅次于雷电。它对建筑的破坏也相当严重，经常是毁灭性的。在强烈龙卷风的袭击下，房子屋顶会像风筝般飞起来。一旦屋顶被卷走后，房子的其他部分也会跟着崩解。因此，建筑房屋时，如果能加强房顶的稳固性，将有助于防止龙卷风过境时造成巨大损失。

四、龙卷风的探测

龙卷风的袭击突然而猛烈，产生的风是地面最强的。由于它的出现和分散都十分突然，所以很难对它进行有效的观测。

龙卷风的风速究竟有多大？没有人真正知道，因为龙卷风发生至消散的时间短，作用面积很小，以至于现有的探测仪器没有足够的灵敏度来对龙卷风进行准确的观测。相对来说，多普勒雷达是比较有效和常用的一种观测仪器。多普勒雷达对准龙卷风发出微波束,微波信号被龙卷风中的碎屑和雨点反射后重被雷达接收。如果龙卷风远离雷达而去,反射回的微波信号频率将向低频方向移动;反之,如果龙卷风越来越接近雷达,则反射回的信号将向高频方向移动。这种现象被称为多普勒频移。接收到信号后,雷达操作人员就可以通过分析频移数据,计算出龙卷风的速度和移动方向。

五、预防龙卷风的措施

(1) 在家遇到龙卷风时,务必远离门、窗和房屋的外围墙壁,躲到与龙卷风旋转方向相反的墙壁或小房间内抱头蹲下。躲避龙卷风最安全的地方是地下室或半地下室。

在电杆倒、房屋塌的紧急情况下,应及时切断电源,以防止电击人体或引起火灾。

(2) 在野外遇到龙卷风时,应就近寻找低洼地伏于地面,但要远离大树、电杆,以免被砸、被压和触电。

(3) 开车外出遇到龙卷风时,千万不能开车躲避,也不要在汽车中躲避,因为汽车对龙卷风几乎没有防御能力,应立即离开汽车,到低洼地卧伏躲避。

龙卷风是一种气旋,是常见的自然现象。它在接触地面时,直径在几米到1千米不等,平均几百米。龙卷风影响范围从数米到100千米,所到之处万物遭劫。龙卷风漏斗状中心由吸起的尘土和凝聚的水气组成可见的"龙嘴"。大多数龙卷风在北半球是逆时针旋转,在南半球是顺时针旋转,也有例外情况。龙卷风形成的确切机理仍在研究中,一般认为是与大气的剧烈活动有关。

19世纪以来,天气预报的准确性大大提高,气象雷达能够监测到龙卷风、飓风等各种灾害风暴。龙卷风通常是极其快速的,每秒钟100米的风速不足为奇,甚至达到每秒钟175米以上,比12级台风还要大五、六倍。风的范围很小,只在极少数的情况下直径才达到一公里以上。

【案例11】 1879年5月30日下午4时,在堪萨斯州北方的上空有两块又黑又浓的乌云合并在一起。15分钟后在云层下端产生了旋涡。旋涡迅速增长,变成一根顶天立地的巨大风柱,在3个小时内像一条尊龙似的在整个州内胡作非为,所到之处无一幸免。但是,最奇怪的事是发生在刚开始的时候,龙卷风旋涡横过一条小河,遇上了一座峭壁,显然是无法超过这个障碍物,旋涡便西进,那边恰巧有一座新造的75米长的铁路桥。龙卷风旋涡竟将它从石桥墩上"拔"起,把它扭了几扭然后抛到水中。

【案例12】 龙卷风的力气是很大的。1956年9有24日,上海曾发生过一次龙卷风,它轻而易举地把一个110吨重的大储油桶"举"到15米高的高空,再甩到120米以外的地方。

【案例13】 1999年5月27日,美国得克萨斯州中部,包括首府奥斯汀在内的4个县遭受特大龙卷风袭击,造成至少32人死亡,数十人受伤。据报道,在离奥斯汀市北部40英里的贾雷尔镇,有50多所房屋倒塌,有30多人在龙卷风中丧生。遭到破坏的地区长达1英里,宽200码。

【以班级为单位组织演练】

注意事项:

① 事先一定要通知,避免造成混乱和恐慌。

② 尽量选择二楼以下楼层,防止发生踩踏事故。

③ 有条件的学校可组织观看电影《龙卷风》(影碟)。

第四节 泥石流

泥石流是山区沟谷中,由暴雨、冰雪融水等水源激发的,含有大量的泥沙、石块的特殊洪流。其特征是往往突然暴发,浑浊的流体沿着陡峻的山沟前推后拥,奔腾咆哮而下,地面为之震动,山谷犹如雷鸣。在很短时间内将大量泥沙、石块冲出沟外,在宽阔的堆积区横冲直撞、漫流堆积,常常给人类生命财产造成重大危害。

一、泥石流的类别

（1）黏性泥石流　是含大量黏性土的泥石流或泥流。其特征是：黏性大，固体物质占 40%～60%，最高达 80%。其中的水不是搬运介质，而是组成物质，稠度大，石块呈悬浮状态，暴发突然，持续时间亦短，破坏力大。

（2）稀性泥石流　以水为主要成分，黏性土含量少，固体物质占 10%～40%，有很大分散性。水为搬运介质，石块以滚动或跃移方式前进，具有强烈的下切作用。其堆积物在堆积区呈扇状散流，停积后似"石海"。

二、泥石流的成因

泥石流的形成必须同时具备以下 3 个条件：陡峻的便于集水、集物的地形、地貌；有丰富的松散物质；短时间内有大量的水资源。

（1）地形地貌条件　在地形上，山高沟深，地形陡峻，沟床纵度降大，流域形状便于水流汇集。在地貌上，泥石流的地貌一般可分为形成区、流通区和堆积区三部分。上游形成区的地形多为三面环山、一面出口的瓢状或漏斗状，地形比较开阔、周围山高坡陡、山体破碎、植被生长不良，这样的地形有利于水和碎屑物质的集中；中游流通区的地形多为狭窄陡深的峡谷，谷床纵坡降大，使泥石流能迅猛直泻；下游堆积区的地形为开阔平坦的山前平原或河谷阶地，使堆积物有堆积场所。

"石海"

316国道鄂武境内滑坡现场调查

（2）松散物质来源条件　泥石流常发生于地质构造复杂、断裂褶皱发育、新构造活动强烈、地震烈度较高的地区。地表岩石破碎、崩塌、错落、滑坡等不良地质发育，为泥石流的形成提供了丰富的固体物质来源；另外，岩层结构松散、软弱、易于风化、节理发育或软硬相间成层的地区，因易受破坏，也能为泥石流提供丰富的碎屑物来源；一些人类工程活动，如滥伐森林造成水土流失，开山采矿、采石、弃渣等，往往也为泥石流提供了大量的物质来源。

（3）水源条件　水既是泥石流的重要组成部分，又是泥石流的激发条件和搬运介质（动力来源）。泥石流的水源，有暴雨、冰雪融水和水库（池）溃决水体等形式。我国泥石流的水源主要是暴雨、长时间的连续降雨等。

三、泥石流的规律

泥石流的发生具有如下三个规律：

(1) 季节性　我国泥石流的暴发主要是受连续降雨、暴雨，尤其是特大暴雨集中降雨的激发。因此，泥石流发生的时间规律与集中降雨时间规律相一致，具有明显的季节性，一般发生在多雨的夏秋季节。因集中降雨的时间的差异而有所不同，四川、云南等西南地区的降雨多集中在6～9月，因此，西南地区的泥石流多发生在6～9月；而西北地区降雨多集中在6、7、8 3个月，尤其是7、8两个月降雨集中，暴雨强度大，因此西北地区的泥石流多发生在7、8两个月。据不完全统计，发生在这两个月的泥石流灾害约占该地区全部泥石流灾害的90%以上。

(2) 周期性　泥石流的发生受暴雨、洪水、地震的影响，而暴雨、洪水、地震总是周期性地出现。因此，泥石流的发生和发展也具有一定的周期性，且其活动周期与暴雨、洪水、地震的活动周期大体相一致。当暴雨、洪水两者的活动周期相叠加时，常常形成泥石流活动的高潮。如云南省东川地区在1966年后是近十几年强震期，使东川泥石流的发展加剧，仅东川铁路在1970—1981年的11年中就发生泥石流灾害250余次。又如1981年，东川达德线泥石流，成昆铁路利子伊达泥石流，宝成铁路、宝天铁路的泥石流，都是在大周期暴雨的情况下发生的。

(3) 泥石流的发生，一般是在一次降雨的高峰期，或是在连续降雨稍后。

【案例14】2003年7月在四川丹巴特大泥石流灾害发生后，中科院成都山地研究所专家考察后认为，造成这次泥石流灾害除不可抗拒的自然力量外，一个主要原因是当地民众的泥石流防灾意识非常薄弱，自我保

护和自救能力太差。邛山二村等几个村寨竟建筑在大面积的泥石堆积地上,村寨距沟口4.2千米,泥石流在这4.2千米运动过程中有宝贵的20分钟避灾时间。然而由于缺乏通讯设备而无法联系,使沟口的村民和旅游者来不及撤离,有的人还顺着泥石流前进的方向避让而致使厄运难逃。

丹巴泥石流灾害又一次提醒我们,应大力开展以泥石流、滑坡为主的山地灾害的科普教育,加强游客的防灾减灾意识,提高民众的自我保护和自救能力。

山地灾害来势凶猛、威力无比,远比洪水来得突然,也更加惨烈。所以,远离灾害、避开险境是最好的防灾方法。前往山区沟谷旅游,一定事先要了解当地的近期天气状况和未来数日的天气预报及地质灾害气象预报。游客应尽量避免大雨天或连续阴雨天前往这些景区旅游。如恰逢恶劣天气,宁可蒙受经济损失,调整旅游路线,也不可贸然前往。

【案例15】 2010年7月24日,陕西山阳县桥耳村,15岁的邵玉乾冒雨在房子后面的山坡上玩,突然,脚下好像地动山摇,紧接着听到"卡啦卡啦"巨大的声响,像爆炸一样,山上的泥石流瞬间冲向对面的山坡,又折回头冲向他这边。他前面不远处的一排房子全倒了。他赶紧跑过去看,奶奶腰部以下都在淤泥中,大声喊着救命。这时,旁边有人赶来,几个人用手刨了2个多小时,奶奶终于被救出。但是,邵玉乾的姐姐邵玉娟、妹妹邵玉苗却被埋在泥石之下。短短的一两分钟,桥耳沟村五组60多间房屋倒塌,26人死亡或失踪。

【案例16】 2010年8月7日晚11时左右,舟曲县城东北部山区突降特大暴雨,降雨量达97毫米,持续40多分钟,暴雨引发三眼峪、罗家峪等四条沟系特大山洪地质灾害,泥石流长约5千米,平均宽度300余米,平均厚度4米,总体积750万立方米,流经区域被夷为平地,供电线路中断,流经舟曲县城的白龙江生生被抬高了近8米! 这一区域居民约2 000人,被泥石流掩埋300户左右。大部分群众没有来得及逃生。据不完全统计,灾害共造成1 000多人遇难,600

人失踪,受灾人数达4.7万人、4 496户,紧急转移2万余人;水毁农田1 417亩,水毁房屋307户、5 508间,其中农村民房235户,城镇职工及居民住房72户;进水房屋4 189户、20 945间,其中农村民房1 503户,城镇民房2 686户;机关单位办公楼水毁21栋,损坏车辆38辆。

【案例17】 2011年7月26日,韩国遭遇百年不遇的强降雨,连续3天持续袭击韩国首都首尔及周边地区。暴雨所致洪水及泥石流截至当地时间7月28日中午已造成至少41人死亡,12人失踪。暴雨还导致城市交通拥堵,电力故障,通信设备受损。

四、泥石流的预防

地质专家告诉我们,泥石流、滑坡、崩塌的发生也有迹可循。坡度较陡或坡体成孤立山嘴或为凹形陡坡、坡体上有明显的裂缝、坡体前部存在凌空空间或有崩塌物,这说明曾经发生过滑坡或崩塌,今后还可能再次发生;河流突然断流或水势突然加大,并夹有较多柴草、树木,深谷或沟内传来类似火车的轰鸣或闷雷般的声音,沟谷深处突然变得昏暗,还有轻微震动感,这些迹象都显示沟谷上游已发生泥石流。

五、泥石流灾害的应急避险措施

雨天在山区中要注意观察周围环境,特别留意远处山谷传来的打雷般声响,如听到要高度警惕,这很可能是泥石流将至的征兆。在山区旅游时,如果不幸遇上泥石流,千万不要惊慌,必须遵循规律采取以下应急避险措施:

(1) 根据各种现象判断有泥石流发生后,应立即与泥石流成垂直方向向两边的山坡上爬,爬得越高越好,选择最短最安全的路径向沟谷两侧山坡或高地跑,切忌顺着泥石流前进方向往下游奔跑,更不能逆着泥石流奔跑。

(2) 不要停留在坡度大、土层厚的凹处。

(3) 不要上树躲避,因泥石流可扫除沿途一切障碍。

(4) 避开河(沟)道弯曲的凹岸或地方狭小高度又低的凸岸。

(5) 不要躲在陡峻山体下,防止坡面泥石流或崩塌的发生;长时间降雨或暴雨渐小之后或雨刚停时，不能马上返回危险区，泥石流常滞后于降雨暴发。

（6）白天降雨较多时，晚上或夜间要密切注意雨情，最好提前转移、撤离。

（7）在山区沟谷中游玩时，要选择平整的高地作为营地，尽可能避开有滚石和大量堆积物的山坡下面，不要在山谷和河沟底部扎营。切忌在沟道处或沟内的低平处搭建宿营棚。切忌在危岩附近停留，不能在凹形陡坡危岩突出的地方避雨、休息和穿行，不要攀登危岩。

在山区旅游，除了山洪、泥石流、滑坡、崩塌外，夏季雷电灾害、冬季冰雪灾害等都会对游客的人身安全构成威胁。

第五节　雷　电

一、雷电的成因

雷电产生于雷暴，而雷暴往往伴随强对流天气而形成，是由大气环流和当地气象因素决定的。雷暴是积雨云中云与云之间或云与地之间产生的放电现象，并伴有火花放电，强大电流通过时，又使空气迅速膨胀产生巨大的响声，即雷电。闪电有枝状、片状、带状、球状，其中枝状最为常见。每个闪电的强度可以高达10亿伏，一个中等强度雷暴的功率约有10万千瓦，相当于一座小型核电站的输出功率。

二、雷电风险分析

（1）局部土壤电阻率小的地方容易受到雷击，因为雷电流总是选取最易导电的途径。

（2）湖、塘、河边的建筑容易受到雷击。茅坪地区北临长江这一特大型水库，水汽资源丰富，是雷电频繁活动区域，年平均雷暴日数为54天。

（3）空旷地区中的孤立建筑物易受雷击。2004年11月9日，铁西新区中朝小学旱厕遭雷击，一名女生身亡，该旱厕在当地

位置最高。

（4）高层建筑周围的多层建筑比其他地区的多层建筑受雷击的概率要大。东北大学的五层科技大厦远低于附近的 23 层银基科技园，该大厦于 2005 年 7 月 11 日被雷电击中，由于设置了避雷带，只削掉楼角的一小部分。

（5）高层建筑比多层建筑易受雷击，因为高层建筑容易产生更强烈的上行先导，将雷电引向本身。

（6）尖屋顶及高耸建筑物、构筑物易遭受雷击。2003 年 5 月 12 日，辽宁彩电塔顶部遭雷击造成电缆起火。

（7）高出周边建筑物的金属构件、设备易受雷击。2004 年 6 月 10 日，沈阳市太原北街的一座大楼顶端的广告牌及电气线路遭雷击起火，9 到 17 楼的部分房间被烧。

（8）金属屋顶或金属库容易受到二次雷击效应。建筑物本身构造及其附属构件能积蓄电荷的多少，对雷击影响很大，金属屋顶具有良好导电性能，是易遭雷击的部位。

三、雷电的危害

一般而言，雷电灾害具有突发性、多样性、复杂性、破坏性和选择性等特点。随着现代化高新技术产业基础——电子技术的迅速发展和广泛运用，雷电灾害频发，还呈现出新的特点：受灾面大大扩展，特别容易侵入高新技术应用最密切的领域，损失和危害程度大大增加。美国前几年一次雷电，将一枚火箭击穿了一个小孔，使内部微电子元件损坏，造成价值 1.5 亿美元的火箭卫星被毁。这不是说雷电本身的性质起了变化，而是说明微电子产品对雷电极为敏感，防御能力很低。

雷电是一种自然现象。据气象部门观测统计，地球上每秒钟就有 15 次雷电发生，即平均每天约发生 800 万次闪电。雷电和台风、洪水等气象灾害一样，会给人类社会带来巨大的生命财产损失。据不完全统计，全世界每年因雷击造成的损失约合 10 亿美元以上，人员伤亡达 5 万之众。我国每年因雷击伤亡的人数在 1 万人以上。仅 2007 年 8 月份，我国就有 17 个省市因雷电灾害导致 109 人死亡，43 人受伤。

（一）雷电的破坏作用

（1）热效应　雷电放电通道温度很高，一般在 6 000~20 000 度，甚至高达数万度。高温虽然维持的时间只有几十秒，但它能迅速引起火灾。如 1989 年，震惊中外的青岛黄岛油库雷击爆炸事件,就烧死19人,烧掉3.6万吨原油,整个库区变为一片废墟,直接经济损失达5 000多万元;1998年2月16日,江西省棉麻总公司抚州棉麻储备库,因球形雷引起特大火灾,经济损失达1 800万元。还有雷击森林起火,如2006年5月21日,黑龙江嫩江县嘎拉山、22日松岭区砍都河、25日内蒙古牙克石免渡河林区分别因雷击引发特大森林火灾。又如2007年6月25日发生在重庆万州区新田镇幸家村的森林大火,也是因雷击起火燃烧了19小时,近2 000军民参与灭火。

(2) **机械效应** 建筑物遭雷击后毁损便是雷电的机械效应所致。

(3) **雷电反击** 当防雷装置与建筑物内部的电气设备、线路或其他金属管线的绝缘距离太小时,它们之间就会产生放电现象,即出现反击,会造成设备烧毁,甚至会引起火灾和人员伤亡事故。

(4) **电磁感应** 由于电流的突变,在它周围空间会产生强大的交变磁场,处于这一磁场中的导体就会产生强大的电动势,它可使闭合回路的金属物产生感应电流造成危害。

(5) **跨步电压** 当雷电流经过雷击点或接地装置流散到周围土壤时,由于土壤有一定的电阻,在其周围形成电位差。如果此时人畜经过,由于触及地面的电位不同,形成电位差,就会产生跨步电压而触电。

(二) 雷击的方式

雷电对人的伤害方式,归纳起来有四种形式,即直接雷击、旁侧闪击、接触电压和跨步电压。

(1) **直接雷击** 在雷电发生时,闪电直接袭击到人体,因为人是一个很好的导体,高达几万到十几万安培的雷电电流,由人的头顶部一直通过人体到两脚,流入到大地,人因此而被击伤,严重的甚至死亡。

(2) **旁侧闪击** 当雷电击中一个物体时,强大的雷电电流通过物体泄放到大地。一般情况下,电流是最容易通过电阻小的通道穿流的。人体的电阻很小,如果人处在这个被雷击中的物体附近,雷电电流就会在人头顶高度附近,将空气击穿,再经过人体泄放下来,使人遭受袭击。

【**案例18**】 重庆开县义和镇兴业小学,在2007年的5月23日16点左右遭受雷击,造成7名小学生死亡、44名小学生受伤,其中5人重伤的惨剧,除教室没有任何防雷设施外,造成人员伤亡的另外一个原因就是旁侧闪击。事后一些防雷专家到现场调查,发现这次雷击事故死亡的7个学生都是坐在靠墙、靠有铁条的窗口的位置。部分学生衣服被烧着火,肢体被局部烧伤,甚至烧焦。因教室没有防雷设施,当遭受雷击时,雷电压高达上万伏,高电压击向人们,紧靠窗口坐的学生承受着最高的电压。靠近窗户越近的人,受到的冲击就越大,坐在教室中间的,则幸免于难。

(3)接触电压 当雷电电流通过高大的物体,如高的建筑物、树木、金属构筑物等泄放下来时,强大的雷电电流,会在高大导体上产生高达几万到几十万伏的电压。人接触到这些物体时,受到这种触摸电压的袭击,就会发生触电事故。

(4)跨步电压 当雷电从云中泄放到大地时,就会产生一个电位场。电位的分布是越靠近地面雷击点的地方电位越高;远离雷击点的电位就低。如果在雷击时,人的两脚站的地点电位不同,这种电位差在人的两脚间就产生电压,也就有电流通过人的下肢。两腿之间的距离越大,跨步电压也就越大。

【案例19】 保定市阜平县海沿村自2002年村里建起奶牛养殖场后,雷灾就频频袭扰这个小山村。这个村民贷款建设的奶牛养殖场,4年时间里竟遭受了8次严重雷击,一位村民被击伤,6头奶牛被击死,15头奶牛被击伤,有一次36头奶牛同时被雷电击倒。据村民们说,在牛被击倒的同时,他们同样也遭到了雷击,可只是麻了一下,没有一点问题。一头成年奶牛的体重比人要重得

大象遇雷击死亡

多,体形也大得多,抗电击的能力也更强。为什么这么小的电流,连人都没事,能击死奶牛?原来牛的前、后腿之间的距离比人要大得多,所以牛接受的跨步电压比人大得多,可能是人的两倍甚至三倍,所以同样的情况,人只是感觉麻一下,强壮得多的牛或大象却会被击倒在地。

四、雷电灾害的防范

雷电灾害是可以防御的。纵观人类防雷历史已有两个多世纪,从建筑物防雷发展到供电防雷、电气和电子设备防雷,现在已进入第四个阶段,即微电子设备防雷。防雷技术和产品,也随着现代高新技术的发展得到快速发展,除传统的避雷

针引雷拦截技术外,已有消散消减、屏蔽、隔离、抑制分流、疏导、均衡等电位、优化接地泄放和雷电控测定位预警等技术,并相应研制出多种高科技的隔离装置、避雷器、高效防雷降阻剂等设备、器件和产品。这都为有效防御雷电灾害奠定了技术和物质基础。

(一) 雷击事故原因分析

为何雷击事故时有发生?究其原因有二:一方面是人们对雷电的知识了解甚少,对雷电如何能造成灾害更是认识不深;另一方面是没有采取相应的防雷措施,既使采取了防雷措施,但方法不当或不全面,再者就是在建筑物防雷设计过程中没有严格按照规范进行设计,或者是建设中没有按设计施工,或者是按设计施工,但技术质量不符合要求,造成建筑物"先天不足",留下了雷击灾害的隐患。

(二) 雷击的预防

(1) 建筑物的防雷　建筑物防雷装置的建设是整个社会防雷减灾的基础建设工作,确保防雷装置的建设质量十分重要,一定要做好各个环节的工作。对一座建筑物来说,直击雷、侧击雷是指雷电击中建筑物的天面以下、地面以上的部分。主要要保护建筑物本身不受雷电损害以及减弱雷击时巨大的雷电流沿着建筑物外墙引下线泄入大地时对建筑物内部空间产生的各种影响,它的特点是与建筑工程的土建部分同步进行。各种建(构)筑物一定要有防直击雷的设施,即安装避雷带、网、针。建筑物采用避雷带的比较多,各种易燃易爆场所的建筑物(如炸药仓库、鞭炮仓库、液化气站等危险场所)一般安装避雷针。建筑物上的各种金属构件如广告招牌、天线、太阳能热水器等应与避雷带进行搭接,且不应少于两处。

根据国家现行有关的法律法规,一方面对已建建筑物一定要按要求定期进行避雷装置安全性能检测,发现安全隐患要及时整改到位;另一方面,新建(构)筑物的接闪器、引下线、接地体的设计应符合国家标准及相关行业标准。新建(构)筑物的防雷设计图纸必须经过防雷专业技术管理部门审核,施工过程中要经过防雷技术部门进行跟踪技术监测,竣工后防雷部分应通过防雷部门组织专业验收。从而尽可能地提高建(构)筑物承受雷击灾害的能力。

(2) 建筑物内的各种电器设施的防雷　如通信系统、计算机系统、家用电器等,即建筑物防雷装置的感应雷防护部分。它的特点是与建筑内设备的安装同步进行。对电源部分采取安装电源避雷器,信号部分安装相匹配的信号避雷器。家庭最常见的是雷电波侵入损坏电器,电视开着时受雷击,有的虽关着,但电源线或天馈线没有拔掉,也会遭到破坏。若家庭中没有安装避雷器,在电器使用后应拔掉各种插头(电视、电脑不仅要拔掉电源插头,还要拔掉天线、网线)。

(3) 人身雷电击伤的预防　雷击导致人员伤亡,主要在两种环境下发生。一是雷电直接击中建筑物时,导致建筑物内人员伤亡;二是人们置身于建筑物以外,雷电直接或间接击中人体而导致人员伤亡。这些情况与受雷击人员在雷电天气的自我处置有直接关系,因此有必要学习雷击预防知识,并在雷电天气下采取必要的防范措施。

① 室内雷击预防:在雷暴天气条件下,当人处在建筑物内时,防雷应该注意以下四个安全要点:

ⓐ 不能停留在楼(屋)顶上,因为大多数雷击建筑都发生在建筑物的顶部,尤其是在农村。

ⓑ 要注意关闭门窗。对钢筋水泥框架结构的建筑物来说,一般关闭门窗可以预防侧击雷和球雷的侵入。目前,国际国内对球雷的形成机理还众说纷纭,但大多数球雷都是发生在人们看到闪电之后,也就是说,直击雷发生之后产生球雷的概率比较高。球雷直径一般为几厘米到几十厘米,发出红色、黄色或蓝色的光,像一团火球,故称为球雷,一般以每秒几米的速度在离地面数米的高度做水平运动,也可能呈现跳跃式运动,其具有巨大的能量。大多数球雷沿建筑物的烟囱、窗户、门进入室内,在室内运动数秒便逸出,也有从普通民房的瓦面逸出和逸出时引起爆炸的。不少学者认为,球雷运动与空气运动方向有关,关闭门、窗阻隔空气运动途径,可阻止球雷入室,故雷雨天气禁开门窗。

ⓒ 不宜在雷雨天洗澡。这主要是因为万一建筑物发生直击雷现象时,巨大的雷电流将沿着建筑物的外墙、供水管道流入地下,雷电流有可能沿着水流导致沐浴者遭雷击伤亡。同时也不要去触摸水管、煤气管道等金属管道。

ⓓ 不宜靠近建筑物的外墙以及电器设备。建筑物的直击雷的防护设施的目的,主要是使建筑物本身不受雷击损坏和减轻雷击对建筑物内部的影响,却不能

防止沿室外引入建筑物内的金属导体入侵的其他形式的雷电危害。

当然,雷电天气来临时,躲到室内相对于室外来说是安全多了,但还需要注意,最好不要使用任何与市电连接的家用电器,包括电视机、收音机、空调机、计算机、洗衣机、微波炉、电磁炉、有线电话等,最好是拔掉所有的电源线和信号线插头,也不要接听和打出任何电话。

只要了解和掌握上述四个要点,在建筑物内是不必担心遭受雷电伤害的。

② 室外雷击预防:在雷暴天气条件下,当人们在建筑物的外面时,应注意以下六个安全要点:

ⓐ 不宜进入棚屋、岗亭等低矮建筑物。由于低矮的建筑物毫无例外地都没有防雷设施,并且大都在旷野中,是开阔地面中较高的突出物,容易成为尖端放电的对象而吸引闪电过来,遭受雷击的概率特别高。

ⓑ 不宜在大树下避雨。当暴风雨来临时,一般不具备防雷知识的人都会很自然地跑到大树底下去避雨。殊不知,往往是避过雨却惹来了雷击。雷电对停留在树底下的人们的危害主要有三种形式:一是当人的身体与大树的躯干或枝杆接触时,强大的雷电流流经树干入地时产生很高的感应电压可以把人击倒。这是因为人体与这个高电压直接接触的缘故,属于接触电压伤害。二是人没有与大树接触,但雷电流流经大树时产生很高的电压足以通过空气对人体进

行放电而造成伤害,属于旁侧闪击或反击伤害。三是人虽与大树没有直接接触,也距离大树有一定距离,但由于站立在大树底下,当强大的雷电流通过大树流入地下向四周扩散时,会在不同的地方产生不同的电压,而人体站立的两脚之间存在着电压差而造成伤害,即跨步电压伤害。由此可见,当暴风雨来临之际,躲进大树底下是很危险的。应远离树木、电线杆、烟囱等高耸、孤立的物体。如果确实万不得已需要在大树底下停留,则必须与树身和树枝保持 2 m 以上的距离,并且尽可能下蹲,把双脚靠拢,这样既可降低人体的有效高度又可预防跨步电压的危害。

【案例20】 2004年6月26日,浙江省临海市杜桥镇村民在4棵大水杉树下避雨时突遭雷击,造成15人死亡,15人受伤。这即是旁侧闪击所致,当大树遭到雷击,树干各处电压骤然升高,人站在地上,与大地等电位,所以树干对人身产生电弧

预防与应对

放电。电流经过人体的部位不同产生的伤害不同,流经心脏的大都直接导致死亡。

ⓒ 不宜在旷野打雨伞、扛农具等。旷野中,人体本身就已经是一定范围内的突出物体,再高举雨伞等物体容易成为雷击的目标。必须记住,如果你看见闪电或听到雷声,说明你正处在近雷暴的环境中,你就应该停止行走,低打雨伞,两脚并拢立即下蹲。即使没有雨伞,也不宜飞跑狂奔,而应采取上述措施,待到雷声逐渐远去,才可迅速寻找安全的场所避雨。

ⓓ 不宜在水面或水陆交界处作业。因为雷击具有一定的选择性。一方面是水的电导率比较高,较地面其他物体更容易吸引雷电;另一方面是水陆交界处是土壤电阻与水的电阻交汇处,形成一个电阻率变化较大的界面,闪电先导容易趋向这些地方。我国农村不少村庄附近大都有一条小河,村民们常到河边进行洗衣服之类的活动,因此,在村旁小河遭雷击的报道也比较常见。

ⓔ 不宜快速开摩托车、骑自行车。开摩托车而导致雷击伤害的人可能是抱着侥幸心理,以为摩托车的速度快,冲一冲便可避过雨淋了,其实,摩托车再快也不能快过雷电,争分夺秒也无济于事。在暴风雨来临之际或是在雷暴天气条件下,应该尽快就近寻找有防雷安全设施的避雨场所避雨。

ⓕ 不宜进行户外球类运动。在雷暴天气下,不仅足球活动不宜进行,其他球类活动也应慎之又慎。高尔夫球场大都是建立在郊外空旷的山坡地上,人们在高尔夫球场活动时,不但成为该有限范围内的高大物体,而且挥舞着球棍,又使人体的瞬间有效高度增加,自然而然地成了雷电袭击的目标。从科学的观点出发,如遇到暴风雨来临,也应迅速停止比赛,以保障运动员和观众的生命安全。

【案例21】 2007年5月18日,福建晋江发生村民到海上钓鱼遭雷击,造成2死3伤的事件。仅隔10天,在5月28日傍晚,福安又发生市民游泳被雷击,现场2死2伤的重大事件。

2007年8月1日,早晨7时许,钟祥长寿镇71岁的老汉关天仁在自家鱼塘看鱼时,一道闪电过后,关老汉当场倒地不起,其家人赶到时已经身亡。9时许,天门多宝镇曾岭村,41岁的村民曾德琳在回家的路上遭雷击身亡。8月4日晚7点半左右,一陈姓男子在汉口舵落口江堤上骑自行车行走时被雷击中受重伤;同时,江对面蔡店张塆徐尹邓村55岁尹某在江堤上收苦瓜干时被雷电击中身亡。

当然,天有不测风云,很多情况下暴风雨说到就到了,人在野外、在水面怎么办?有三种临时性躲避的场所:一是尽可能迅速躲入有防雷装置保护的建筑物内;二是躲入很深的山洞里面;三是躲入汽车里面。如果正在游泳或在小艇上,应马上上岸,如果是在大船上应躲到船舱里面。

五、雷电击伤的现场急救

雷击致人死亡的主要原因有两个:一是雷电流流经心脏导致心室产生纤维颤动。心室纤维颤动是指人心脏的左、右室壁的肌肉不规则地抽动,心脏已不能像正常时那样同时收缩,不能产生足够使血液在人体里循环的压力,把血液输送到肺部和全身,因而造成人体的血液循环停止。一般情况下,遭雷击呈"假死"现象的人如得不到及时抢救,在 10 min 左右便可能死亡。二是雷电流流经人体大脑下部的呼吸中枢时,使人停止呼吸;即使雷电流不流经人体大脑的呼吸中枢,而是流经人体其他部位,也可能使胸部肌肉异常收缩而形成呼吸障碍。雷击中人体时,雷电流虽然很大,但由于流经人体的时间只是几毫秒,往往只流经皮肤表面甚至在皮外短路。因此,当有人不幸遭到雷击时,最要紧的就是迅速抢救,通常比较切实可行的办法是进行人工呼吸和心脏按摩。大量的雷击抢救实践证明,有一部分遭到雷击后呈现死亡状态的人还未真正死亡,及时采取正确的抢救措施,往往可以死而复生,这就是人们通常所说的雷击"假死"现象。一般人工呼吸的方法有三种:①口对口吹气。②仰卧压胸人工呼吸。③俯卧压背人工呼吸。心脏按摩、胸骨下部心脏按压与口对口吹气同时进行。当然,在实施这些力所能及的现场急救的同时,立即送往医疗机构或者及时呼叫120急救中心,请专业人员迅速施救才是上上之策。

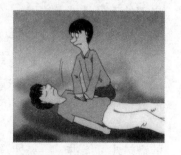

第六节 台 风

一、什么是台风

台风实际上是强烈的热带气旋,在西北太平洋和南海一带的称台风,在大西洋、加勒比海、墨西哥湾以及东太平洋等地区的称飓风,在印度洋和孟加拉湾的称热带风暴,在澳大利亚的则称热带气旋。热带气旋是发生在热带海洋上的强烈天气系统,它像在流动江河中前进的涡旋一样,一边绕自己的中心急速旋转,一边随周围大气向前移动。在北半球热带气旋中的气流绕中心呈逆时针方向旋转,在南半球则相反。越靠近热带气旋中心,气压越低,风力越大。但发展强烈的热带气旋,如台风,其中心却是一片风平浪静的晴空区,即台风眼。

台风眼

根据中国气象局的规定,人们所惯称的台风,现改称为热带气旋。全球每年出现的热带风暴(含台风和飓风)大约有80个,其中约76%发生在北半球。我国沿海、中美洲、加勒比海是经常受台风和飓风袭击的地带。台风是最强烈的灾害性天气系统。它常常带来狂风暴雨,海潮侵袭造成大范围的洪涝灾害和局部地区风暴潮、海啸、山崩、泥石流和滑坡等严重的自然灾害。

二、台风的成因

在热带海洋海面上经常有许多弱小的热带涡旋,称为台风的"胚胎",因为台风总是由这种弱的热带涡旋发展成长起来的。通过气象卫星已经查明,在洋面上出现的大量热带涡旋中,大约只有10%能够发展成台风。

一般说来,一个台风的发生,需要具备以下几个基本条件:

(1) 要有足够广阔的热带洋面,这个洋面不仅要求海水表面温度要高于 $26.5℃$,而且在60米深的海水层里,水温都要超过这个数值。其中广阔的洋面是形成台风时的必要自然环境,因为台风内部空气分子间的摩擦,每平方厘米每天平均要消耗3 100~4 000卡的能量,这个巨大的能量只有广阔的热带海洋释放出的潜热才可能供应。另外,热带气旋周围旋转的强风,会引起中心附近的海水翻腾,在气压降得很低的台风中心甚至可以造成海洋表面向上涌起,继而又向四周散开,于是海水从台风中心向四周翻腾。台风里这种海水翻腾现象能影响到60米的深度。在海水温度低于 $26.5℃$ 的海面上,因热能不够,台风很难维持。为了确保在这种翻腾作用过程中,海面温度始终在 $26.5℃$ 以上,这个暖水层必须有60米左右的厚度。

(2) 在台风形成之前,预先要有一个弱的热带涡旋存在。我们知道,任何一部机器的运转,都要消耗能量,这就要有能量来源。台风也是一部"热机",它以如此巨大的规模和速度在那里转动,要消耗大量的能量,因此要有能量来源。台风的能量来自热带海洋上的水汽。在一个事先已经存在的热带涡旋里,涡旋内的气压比四周低,周围的空气挟带大量的水汽流向涡旋中心,并在涡旋区内产生向上运动;湿空气上升,水汽凝结,释放出巨大的凝结潜热,才能促使台风这部大机器运转。即使有了高温高湿的热带洋面供应水汽,如果没有空气强烈上升,产生凝结释放潜热过程,台风也不可能形成。所以,空气的上升运动是生成和维持台风的一个重要因素。然而,其必要条件则是先存在一个弱的热带涡旋。

(3)要有足够大的地球自转偏向力。因赤道的地转偏向力为零,而向两极逐渐增大,故台风发生地点大约离开赤道5个纬度以上。由于地球的自转,便产生了一个使空气流向改变的力,称为"地球自转偏向力"。在旋转的地球上,地球自转的作用使周围空气很难直接流进低气压,而是沿着低气压的中心作逆时针方向旋转(在北半球)。

(4)在弱低压上方,高低空之间的风向风速差别要小。在这种情况下,上下空气柱一致行动,高层空气中热量容易积聚,从而增暖。气旋一旦生成,在摩擦层以上的环境气流将沿等压线流动,高层增暖作用也就能进一步完成。在北纬20°以北地区,气候条件发生了变化,主要是高层风很大,不利于增暖,台风不易出现。

三、台风可能造成的危害

台风在海上移动,会掀起巨浪,狂风暴雨接踵而来,对航行的船只可造成严重的威胁。当台风登录时,狂风暴雨会给人们的生命财产造成巨大的损失,尤其对农业、建筑物的影响更大。台风主要有如下危害:

(1)暴风 摧毁房屋建筑、电力通讯线路,吹坏作物等。

(2)焚风 常出现在山脉背风坡,高温低湿,使农作物枯萎。

(3)盐风 海风含有大量盐分,导致农作物枯死、电路漏电等。

(4)洪水 河水高涨冲决河堤、道路,毁损农田、房屋建筑。

(5)巨浪 浪高可达20米,造成船只颠覆沉没,海堤被毁。

巨浪冲垮海堤

(6) 暴潮　暴风使海面倾斜,低气压使海面升高,发生海水倒灌。

(7) 暴雨　摧毁农作物,使低洼地区受淹。

(8) 地质灾害　风、雨、洪水引发滑坡泥石流。

(9) 疫病　水灾后常因水源污染引发消化道传染病。

【案例 22】 2005 年台风"麦莎"光顾时,波及江苏 8 个省辖市的 75 个县(市、区),全省受灾人口 543 万人,成灾人口 233 万人;因灾紧急转移安置人口 18.8 万多人;倒塌房屋 9 351 间,其中倒塌民房 3 165 间,损坏房屋 23 743 间;农作物受灾面积 39 万公顷,成灾面积 22 万公顷,绝收面积 8 462 公顷;灾害造成的直接经济损失达 12 亿元。

【案例 23】 "莫拉克"是 2009 年登录我国造成损失最大的台风。受其影响,8 月 6 日 20 时至 9 日 20 时,浙江泰顺九峰雨量达 1 235.3 毫米;福建、浙江、安徽、江西部分站点过程雨量超过 50 年一遇。台湾阿里山过程降水量为 3 139 毫米,连续两天超 1 000 毫米,强降水导致台湾南部地区发生 50 年来最严重水灾,造成重大人员伤亡和财产损失,其中以高雄小林村为最。台风带来的强降雨,导致山洪和泥石流爆发,将小林村整个淹没,600 多村民被埋。

【案例 24】 2010 年第 2 号台风"康森"自三亚登录后,造成海南 8 个市县 68 个乡镇受灾,受灾人口 572 326 人,受灾农作物面积 11.64 万亩,死亡 2 人。"康森"于 2010 年 7 月 16 日 19 时 50 分在亚龙湾登录,登录时中心风力 12 级,之后继续向西北方向沿着海岸线移动,17 日凌晨从乐东县莺歌海进入北部湾。海南岛大部分地区普遍出现 8 级以上阵风,最大为三亚本站 16 级(51.8 米/秒),其次是三亚市田独镇 15 级(46.1 米/秒)。

四、台风灾害的应急避险措施

台风不同于地震、海啸等灾害,目前对台风可以准确预报,因此有足够的时间进行防范准备,但其产生的灾害难以预见,因此一定要慎重对待,不可掉以轻心。

(一)台风来临前的准备

(1)备足食物和饮用水。受台风影响,市民家里很可能遇上停电停水,应准备些方便面、饼干等干粮和饮用水,如果自家地处低洼,可能被困一两天,这时候,这些东西就能派上用场了。

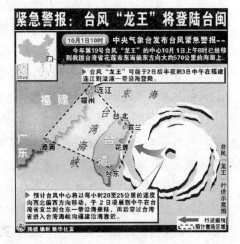

(2)留意气象预报。留意媒体报道,了解台风近况,调整出行时间。

(3)检查高空物的摆放。遇台风时,折断的树枝、楼顶的广告牌、阳台花盆都会扛不住大风从天而降。台风来临之前,大家应清理自家阳台窗口的花盆衣架,检查楼道窗户,如果有破损,应在第一时间修补完整,以免大风刮起时坠落伤人。

(4)准备应急照明设施。家里最好能准备一些诸如手电、蜡烛或蓄电的节能灯等照明设备,因为万一遇上停电或是房屋进水,照明将成问题,如果夜晚出行,没准会有什么被吹倒的东西横在你前方,备用的照明设施就能解决这些问题。最好备足干电池。

(5)疏通下水管防进水。地势低洼的居民区,积水带来的麻烦和危险还是能避则避。趁暴雨来临之前,先检查自家的排水管道,如果有条件最好疏通一遍。特别是住在一楼的住户,更要把一些浸不得水的电器、货物以及衣鞋,尽可能转移到高处,万一房内进了水,损失不至于太大。

(二)台风来临时的注意事项

(1)暴雨来临前拔掉电源插头。暴雨来临时,要迅速切断各类电器的电源,防止雷击。不要在雷雨天使用收音机、手机等无线工具,电波会引来雷击,十分危险。

(2)不要在迎风一侧开窗门。台风来临时,将门窗关严,特别应对玻璃门窗和铝合金门窗采取防护。如遇玻璃松动或有裂缝,请在玻璃上贴上胶条,以免吹碎后碎片四散。不要在玻璃门、玻璃窗附近逗留。千万不要在迎风一侧开窗门,避免强气流进入后吹倒房子。

(3)选择合适的避风避雨地点。在台风来临时,千万不要在危旧住房、工棚、临时建筑、脚手架、电线杆、树木、广告牌、铁塔等容易造成伤亡的地点避风避雨。如果所住的是危房或抗风能力较差的房屋,最好到亲友家中暂避。要听从当地政府部门的安排,要求撤离的话要立即撤离,确保人身安全。

(4) 关照家中老人小孩。老人、孩子尽量不要在台风来袭时出门。如果老人或孩子单独在家,一定要提醒他们不要随便打开紧闭的门窗,也不要接近窗户,以免被强风吹破的窗户玻璃片弄伤。

(5) 地处沿海、山区时应注意山体滑坡、泥石流。如恰逢在海边或山区,应注意及时排除屋内积水,提防因大风和暴雨引发的山体滑坡、泥石流和地面沉降等地质灾害,造成人员伤亡。一旦发现山体滑坡、泥石流等地质灾害征兆时,不要迟疑,尽早撤离危险区,并及时报告有关部门,使周围居民能及时撤离。

(6) 处于危险堤塘内要转移到安全地带。沿海渔船应该回港避风,台风会引发风暴潮,容易冲毁江塘堤防、涵闸、码头、护岸等设施,甚至可能直接冲走附近人员,造成人员伤亡。因此,台风来临前,沿海地区从事塘外养殖的群众和处于危险堤塘内的群众要及时转移到安全地带。

(7) 未撤除安全信号不要大意。当台风信号解除以后,要在撤离地区被宣布为安全以后才可以返回,并要遵守规定,不要涉足危险和未知的区域。在尚未得知是否安全时,不要随意使用煤气、自来水、电气线路等,并随时准备在危险发生时向有关部门求救。

(三) 台风期间外出注意事项

(1) 小心高空坠落物。暴风雨期间,尽量避免外出,并远离迎风门窗。如果一定要外出,要尽量远离海边,遇到风力很大时,要尽量弯腰,注意道路两侧的围墙、行道树、广告牌等易倒物,经过高大建筑物时,留意阳台花盆等高空坠落物,同时小心电线杆倒杆断线、公路塌方、树倒枝折等。

(2) 骑车带雨具须谨慎。如果骑自行车出门,雨具自然必不可少。骑车带雨具有讲究。有些人骑车技术好,喜欢一手把车龙头,一手拿雨伞。这种做法本来就是违反交通规则的,台风天气更加要不得。习惯用雨披的市民也要小心,出门时最好把雨披的前摆用夹子固定在车筐上,这样一来,就不会有风一吹、雨披盖住脸的危险了。

(3) 开车外出要谨慎。出门前,要检查一下自己的爱车,雨刮器、刹车、各种灯一个也不能出岔子,防止关键时候出问题;行车时不要跟车过近,减少频繁并线;转弯时放慢速度轻转方向盘,涉水时不要与前车同时下水,小心前车因故急停车;在选择停车位置的时候,一定要观察一下周围的情况,比如是不是贴近露天广告牌,楼上有没有花盆、杂物,此外,锈迹斑斑的空调外机也要敬而远之。如果你的车子停在地下车库,一定要事先确定车库的排水系统是不是完善,免得台风过后,要到水里去捞车子。开车时要注意力集中,有情况时不要猛踩刹车,以防车辆侧滑跑偏;下大雨、暴雨时,要开启雾灯;路面有积水时,要探明深浅后再驾车通过。在山区公路行驶时,要时刻注意山体滑坡。

第四章　人身伤害风险

第一节　校园常见人身伤害风险

一、寻衅滋事

寻衅滋事罪是指在公共场所无事生非,起哄闹事,殴打伤害无辜,肆意挑衅,横行霸道,破坏公共秩序的行为。

(1) 客体要件　本罪侵犯的客体是公共秩序。所谓公共秩序,包括公共场所秩序和生活中人们应当遵守的共同准则。寻衅滋事犯罪多发生在公共场所(也有一些发生在偏僻隐蔽的地方),常常给公民的人身、人格或公私财产造成损害,但是寻衅滋事罪一般侵犯的并不是特定的人身、人格或公私财产,而主要是指向公共秩序,向整个社会挑战,蔑视社会主义道德和法制。

(2) 客观要件　本罪在客观方面表现为无事生非,起哄捣乱,无理取闹,殴打伤害无辜,肆意挑衅,横行霸道,破坏公共秩序的行为。

行为人只要有下述四种情形中的任意一种,就构成寻衅滋事罪。

① 随意殴打他人,情节恶劣的　随意殴打他人,是指出于耍威风、取乐等不健康动机,无故、无理殴打相识或者素不相识的人。这里"情节恶劣的"是指:随意殴打他人手段残忍的,多次随意殴打他人的;造成被殴打人自杀等严重后果的;等等。

② 追逐、拦截、辱骂他人,情节恶劣的　追逐、拦截、辱骂他人,是指出于取乐、寻求精神刺激等不健康动机,无故无理追赶、拦挡、侮辱、谩骂他人,此多表现为追逐、拦截、辱骂妇女。这里"情节恶劣的"主要是指:经常性追逐、拦截、辱骂他人的;造成恶劣影响或者激起民愤的;造成其他后果的;等等。需要指出的是,如果使用暴力、胁迫或者其他方法强制猥亵或者侮辱妇女的,则构成强制猥亵、侮辱妇女罪。

③ 强拿硬要或者任意损毁、占用公私财物,情节严重的　强拿硬要或者任意损毁、占有公私财物,是指以蛮不讲理的流氓手段,强行索要市场、商店的商品以及他人的财物,或者随心所欲损坏、毁灭、占用公私财物。这里"情节严重的"是指:强拿硬要或者任意损毁、占用的公私财物数量大的;造成恶劣影响的;多次强拿硬要或者任意损毁、占用公私财物的;造成公私财物受到严重损失的;等等。

④ 在公共场所起哄闹事,造成公共场所秩序严重混乱的　在公共场所起哄闹事,是指出于取乐、寻求精神刺激等不健康动机,在公共场所无事生非,制造事端,扰乱公共场所秩序。"造成公共场所秩序严重混乱的",是指公共场所正常的秩序受到破坏,引起群众惊慌、逃离等严重混乱局面的。

(3) 主体要件　本罪的主体为一般主体,凡年满16周岁且具备刑事责任能力的自然人均能构成本罪。

(4) 主观要件　本罪在主观上只能由故意构成,即公然藐视国家法纪和社会公德,其动机是通过寻衅滋事活动,追求精神刺激,填补精神上的空虚。

小贴士:寻衅滋事与故意伤害的区别

两者的区别主要是被侵犯的犯罪客体不同。故意伤害、抢劫等罪侵犯的客体是人身与财产权;寻衅滋事罪虽然也侵犯人身或财产权,但它主要是通过在公共场所侵犯人身或财产权的方式而侵犯社会公共秩序。如果行为的危害性不是表现在对人身的轻度侵犯,也不是表现在对财产的少量占有,而主要表现在对社会公共秩序的侵犯上,那么社会公共秩序这一客体则决定了行为性质。寻衅滋事罪的本质是无端挑衅,其动机是寻求精神刺激。寻衅滋事中的人身侵犯行为,不是出于恩怨仇恨(表现在行为方式上,就是暴力程度轻缓);即便有针对财产的行为,也不是为获得物质的满足。表现在行为方式上,行为人往往只索要定量小额财物,很难认定其行为为贪财而实施。行为人的殴打他人、索要钱财、损毁财物的行为,是为了耍威风,满足征服他人的欲望。行为人确曾实施暴力,但因其行为暴力程度较轻缓,后果也不严重,是以侵犯财产或人身的方式来满足寻求刺激的需要。

二、绑架劫持

(一) 绑架罪

绑架罪,是指为勒索财物或者其他目的,使用暴力、胁迫或者其他方法,绑架他人的行为,或者绑架他人作为人质的行为。

(1) 本罪侵犯的客体是复杂客体,包括他人的人身自由权利、健康、生命权利及公私财产所有权利。

(2) 客观方面表现为使用暴力、胁迫或者其他的方法,绑架他人的行为。"暴力",是指行为人直接对被害人进行捆绑、堵嘴、蒙眼、装麻袋等人身强制或者对被害人进行伤害、殴打等人身攻击手段。"胁迫",是指对被害人实行精神强制,或者对被害人及其家属以实施暴力相威胁。"其他方法",是指除暴力胁迫以外的方法,如利用药物、醉酒等方法使被害人处于昏迷状态等。这三种犯罪手段的共同特征,是使被害人处于不能反抗或者不敢反抗的境地,将被害人非法绑架离开其住所或者所在地,并置于行为人的直接控制之下,使其失去行动自由的行为。法律只要求行为人具有绑架他人其中一种手段就构成本罪。

(3) 犯罪主体为一般主体。已满14周岁不满16岁的人,如果仅参加了绑架的行为,但未参与杀害、伤害被绑架人,没有实施《刑法》第十七第二款规定的故意杀人、故意伤害致人重伤或者死亡行为,该未成年人对这种绑架行为不负刑事责任。但应责令其家长或者监护人加以管教;必要时也可以由政府收容教养。如果在绑架过程中实施了杀害或者伤害(致人重伤或者死亡)被绑架人的,则应按故意杀人罪、故意伤害罪追究其刑事责任。

(4) 主观方面由直接故意构成,并且具有勒索财物或者扣押人质的目的。"以勒索财物为目的的绑架他人",是指采用暴力、胁迫或者麻醉的方法,强行将他人劫持,以杀害、杀伤或者不归还人质相要挟,勒令与人质有关的亲友,在一定期限内交出一定财物,以钱赎人。这里的"财物"应从广义上理解,不局限于钱财,也包括其他财产利益。"绑架他人作为人质",是指出于政治性目的,逃避追捕或者要求司法机关释放罪犯等其他目的,劫持他人作为人质。

(二) 绑架常见伎俩

(1) 绑架者可能会给你些甜头,比如承诺或给你一些你喜欢的东西,让你放松对他的警惕性。

(2) 绑架者可能会突然来找你,声称是你父母的熟人、同事或远房亲戚,以"你父母发了急病或被车撞了"等为理由带你离开家里或学校。

(3) 打着需要帮助的幌子来骗你上钩。比如歹徒开着车子,谎称自己迷了路,要你带路,把你骗上车。这种情况大多是随机选择容易得手的目标。

(4) 事先踩点,有预谋地将你带离安全区域,然后向你的家人提出"赎金"要求。

三、性骚扰或性侵害

性骚扰或性侵害的主要形式有以下几种：

（1）暴力型性侵害　暴力型性侵害是指犯罪分子使用暴力和野蛮的手段，如携带凶器威胁、劫持女性或以暴力威胁加之言语恐吓，从而对女性实施奸淫或调戏、猥亵等。暴力型性侵害的特点如下：

① 手段残暴：当性犯罪者进行性侵害时，必然受到被害者的本能抵抗，所以很多性犯罪者往往要施行暴力且手段野蛮和凶残，以此来达到自己的犯罪目的。

② 行为无耻：为达到侵害女性的目的，犯罪者往往会厚颜无耻、不择手段，疯狂地任意摧残凌辱受害者。

③ 群体性：犯罪分子常采用群体性纠缠方式对女性进行性侵害。这是因为人多势众，容易制服被害人的反抗从而达到目的；还会使原来单个不敢作案的罪犯，因从众心理变得胆大妄为，这种形式危害极大。

④ 容易诱发其他犯罪：性犯罪的同时又常会诱发其他犯罪，如财色兼收、杀人灭口、争风吃醋、聚众斗殴等恶性事件。

（2）胁迫型性侵害　胁迫型性侵害是指利用自己的权势、地位、职务之便，对有求于自己的受害人加以利诱或威胁，从而强迫受害人与其发生非暴力型性行为。其特点如下：

① 利用职务之便或乘人之危而迫使受害人就范。

② 设置圈套，引诱受害人上钩。

③ 利用过错或隐私要挟受害人。

（3）社交型性侵害　社交型性侵害是指在受害人自己的生活圈子里发生的性侵害。与受害人约会的大多是熟人、同学、同乡，甚至是男朋友。受害人身心受到伤害以后，还往往出于各种考虑而不敢加以揭发。

（4）诱惑型性侵害　诱惑型性侵害是指利用受害人追求享乐、贪图钱财的心理，诱惑受害人而使其受到的性侵害。

【案例1】　省城东郊某高校大三学生秦某某，在QQ上认识了网友刘某，经过一段时间的聊天往来，感觉不错，经不住诱惑答应和网友见面，然后一起去公园玩耍，随着时间的推移，玩心极重的小秦慢慢丧失了警惕，装有她个人信息的挎包也任由网友拿着，终于，网友在一次去洗手间以后一去不复返。后来小秦察觉不妙去附近搜寻，很快在洗手间后面的树林里发现自己那漂亮的挎包正孤零零地躺在草地上。

噩梦却并未就此结束。数天后的一个晚上,小秦接到电话,网友刘某称要归还那天不辞而别拿走的现金,约见小秦。心灰意冷的小秦推辞说自己要在教室补作业。对方也就没再说什么。可当晚10时许,刘某带着另外两个社会青年找上门来纠缠、猥亵秦同学。案发后,警方很快将刘某等人捉拿归案。原来刘某是个无业青年,审讯中交代,他也是好玩才上网聊天,继而约见秦同学,后来见她一点防范意识都没有,才渐渐贪财起意的。当他再次打电话给秦同学时,小秦无意中又透露出自己一个人要在教室补作业的信息,促使他最终带着其他两个社会流氓共同前来作案。

【专家点评】:不要轻易透露自己的真实姓名;更不能让不法分子知道自己一个人在教室。

四、故意伤害罪

《刑法》规定,故意伤害罪是指行为人故意伤害他人身体的行为,其主要法律特征有:

(1) 主体是一般主体,达到刑事责任年龄,具备刑事责任能力的人都可能成为犯罪主体。

(2) 主观上是故意,即行为人明知其行为会损坏他人健康,而仍实施的心理态度。故意伤害罪的动机多种多样,如报复、泄私愤、贪利等,动机不影响本罪成立。

(3) 客观上表现为实施了损坏他人健康的行为。掌握这一点需要了解:
① 身体健康是指人身组织的完整性和人体器官的正常功能。
② 必须是他人的身体健康,行为人自伤其身体的,不构成故意伤害罪。
③ 必须是非法伤害他人身体健康,合法行为,如法律允许的正当防卫、医生治疗患者为患者截肢等,不构成此罪。

(4) 客体是他人的身体健康权。

第二节 校园人身伤害风险分析

一、寻衅滋事风险分析

寻衅滋事犯罪多发生在公共场所(也有一些发生在偏僻隐蔽的地方),常常给公民的人身、人格或公私财产造成损害,但是寻衅滋事罪一般侵犯的并不是特定的人身、人格或公私财产,而主要是指向公共秩序,向整个社会挑战,蔑视社会主义道德和法制。

本罪在客观方面表现为无事生非,起哄捣乱,无理取闹,殴打伤害无辜,肆意挑衅,横行霸道,破坏公共秩序的行为。

二、绑架劫持风险分析

因为绑架罪中,行为人以暴力、胁迫等手段对他人实施绑架,直接危害被害人的生命健康。在司法实践中,行为人常常以危害被害者相威胁,迫使其家属交付赎金;在绑架过程中,被害人往往受虐待、重伤甚至惨遭杀害;还有的将被害人危害后再勒索财物。立法者将绑架他人的行为放在侵犯公民人身权利、民主权利罪这一章中,表明强调的也是对公民人身权利的保护。这种犯罪实际上就是旧社会甚为猖獗的"绑票"行为,新中国成立后已经绝迹,近些年来又重新出现,并有发展的趋势,对社会危害极大。为了有力惩治这种犯罪,刑法将绑架行为单立为罪名。犯罪对象是"他人"。"他人"既包括妇女、儿童,也包括妇女、儿童以外的人。

三、性骚扰或性侵害风险分析

女性易遭到性骚扰或性侵害的时间和场所如下:

(1)夏天　夏天是女性容易遭受性侵害的季节。夏天天气炎热,夜生活时间延长,外出机会增多。夏季校园内绿树成荫,罪犯作案后容易藏身或逃脱。同时,由于夏季气温比较高,女性衣着单薄,裸露部分较多,因而对异性的刺激增多。

(2)夜晚　夜晚是女性容易遭受性侵害的时间。这是因为夜间光线暗,犯罪分子作案时不容易被人发现。所以,在夜间,女性应尽量减少外出。

(3)公共场所和僻静处所　公共场所和僻静处所是女性容易遭受性侵害的地方。这是因为公共场所如礼堂、溜冰场、游泳池、车站、码头、影院等场所人多拥挤,不法分子常伺机袭击女性;僻静之处,如公园假山、树林深处、楼顶晒台、没有路灯的街道楼边,尚未交付使用的新建筑物内以及电梯内,无人居住的小屋、陋室、茅棚等,若女性

单独逗留,很容易遭到袭击。所以,女性最好不要单独行走或逗留在上述这些地方。

【案例2】 南京某大学城一辆公交车上,几名大学生为抢占一个空座位而闹纠纷,结果导致双方群殴,数名大学生在此事件中受伤。目击者称,下午5时许,王同学和4名同伴在长途汽车东站坐165路公交车返校。王和一同学先上车,帮另3名同学占了座位。这时,另一所高校的李某也挤上车来,欲到王同学占的座位上为他的女朋友占座。

"这已经有人了。"王同学讲。"有人又怎么样?"李某回了一句,后双方发生争执,并有推搡,李某因为是一个人,在推搡的过程中吃了点亏。李某不想在女朋友面前丢面子,于是便掏出电话"喊人来帮忙"。

当公交车行驶到某高校门口时,公交车被二三十名李某的同学强行拦下,他们将王同学等5人拖下公交车暴揍一顿,打完人后这群人便迅速向自己学校跑去。

王同学几人不服气,便打电话喊来十几名同学,要到李某学校去报仇,结果在学院门口被值班老师发现,值班老师及时报警并通知王同学的学校派员前去了解处理此事。随后赶到的警车,将几名受伤的同学送往医院检查,并将双方人员带回派出所做进一步的调查处理。

【想一想】

① 如果你是李某,上车后你会怎么做?

② 王同学的做法对不对? 如果你是王同学,你该如何处理这件事?

③ 这个事件对你有什么启发?

【案例3】 南京某高职院校大三学生佟某,见原女友祝某和自己分手后很快就又与卢某谈朋友,颇感郁闷,多次发短信并屡次要找祝谈话,让其不要和卢君来往,请求和好,遭祝婉拒。2010年初夏的一天中午,佟某和卢某在校园内不期而遇,卢请佟不要再骚扰祝某,佟更觉没面子,就约定择日一并解决。数天后双方各纠集几个人约谈,并很快由言语不合演变为肢体冲突。事后卢某感觉下腹疼痛,经江苏省人民医院诊断为左肾周血肿、左肾挫伤,仅医疗费用就花了数万元。有关方面介入调查后,双方都为自己的鲁莽追悔莫及,并积极就赔偿事宜达成一致意见。虽然最后没有追究各自刑事责任,但都被校方处以留校察看的纪律处分。

【案例4】 张某是某知名高校大四学生,临近毕业,社会事务较多,经常忙到很晚才能回自己宿舍。2009年第二学期刚开学不久,有一天晚上他回宿舍时已经快半夜了,因手脚较重,不慎将上铺的李同学吵醒。李同学也没说什么,只是指责他不该把香烟烟灰弹到废纸篓中,因口气较重引起张某不满,先是口角,继而推搡。其间张某左眼被眼镜支架不慎挤压,造成视网膜脱落。后经多次治疗,不仅治疗费用花了近 3 万元,张某还因需配合治疗不得不休学一年。

第三节 校园人身伤害风险控制

一、寻衅滋事风险控制

(一) 积极防范,避免发生恶意滋扰

(1) 交友须知 不要在网吧、街头等公共场所结识不良之徒,更不要把自己的联系方式或家庭住址、学校名称及宿舍告知对方。

(2) 慎独善行,宽容大度 不要因一些小事造成他人滋事的起因。某学院大一男生吴某,有一次在学校附近网吧上网时,遇到两个社会青年,双方因争位子出言不逊,导致动武。最终吴某被迫支付医药费、误工费、营养费等近 4 000 元。

(3) 防范敲诈勒索 校园敲诈的主要形式有两种:一是预谋性的敲诈勒索,包括利用被害人的某些过错或隐私进行敲诈勒索,制造假象进行敲诈勒索等;二是突发性的敲诈勒索,例如有人在路上假装被你撞了一下,要你赔付医药费。

(二) 遇到寻衅滋事时的应对策略

(1) 学会保护自己,尽量不与其正面冲突。如果对方扣押了你的东西,不要独自去找他要,肯定有陷阱在等着你。他们扣押的东西显然不如你的身体重要。

(2) 如果对方想要与你私下解决,千万不可"私了"。因为你越是愿意私下解决,他们越会觉得你容易欺负,不敢惹他们,在今后他们会不断纠缠你,将你当成他们的提款机。

(3) 外出时结伴而行,遇到危机,团结一致,互相帮助。施暴者靠的就是人多势众,恃强凌弱,如果这两点优势都没有了,他们的气焰就不会那么嚣张。

(4) 一定要记住:人身安全第一。如果势单力薄,不可与对方起任何冲突,以免受到伤害。

(5) 应当及时向学校或警方报告校园施暴者们经常实施暴力的地方。

(6) 对于一般的坏学生,你要不卑不亢,不必怕他。如果可能,当耳闻目睹他做坏事的时候,要义正词严地劝告他。这样的学生有很大一部分是单亲家庭。要尽量想办法给他帮助,帮助他先从做一个不令人讨厌的人做起,纠正他的不良习惯;然后帮助他与同学友好地交往。

(7) 不要以暴制暴。不要把暴力当作是解决问题的唯一途径,如果你也这样做,那你跟施暴者就没有什么区别了。

对对方威胁性的语言则应提高警惕,一旦发现校园内外有陌生人非正常集结,应立即向"校园110"报告。

(8) 如果看见自己的同学们正在斗殴,不能冲上去帮忙,理智的做法是:尽快通知老师、学校保卫部门或警察。

二、绑架或劫持风险控制

(一) 绑架劫持的防范

(1) 如果有人突然来找你,要带你离开,无论出于何种原因、理由,无论认识与否都要设法与家人取得联系,并尽可能将此事告诉老师、邻居或父母的熟人、同事。这个时候你也可以伺机问他几个问题,比如:"你是怎么知道这件事的?"你可以要求他给出一个可证实自己的电话号码,这个号码的拥有者必须是你认识并且熟悉的人。确认后,把这件事告诉你的老师、同学或朋友。

(2) 如果有陌生人跟你搭讪,要有警惕防备之心,不要轻信他人。可以提供他要的信息,以免对方是真正需要帮助的人,但是最好不要跟他走,以免落入圈套。

(3) 要准时回家或学校,如果晚归要打电话讲明原因。

(4) 离开学校或出门在外要搭伴而行,要告诉老师或家人自己的行踪,并约定回来的时间。

(5) 不要在公共场所炫耀自己家里有钱,不要泄露家里的电话号码和家里的情况,比如"家里的阳台过几天就要装防盗网","今天晚上爸妈都不回家","今天我家换了新电话号码,你记下"等等。

(6) 如果怀疑有人跟踪,应该迅速向人多的地方、商店或警察走去,尽量打电话通知家人来接,或者跟身边的陌生人装作很熟的样子,让歹徒误以为你还有同伴在身边。

(二) 遭遇绑架或误入传销组织时的应对措施

(1) 记住歹徒的外表特征、口音、口头禅,以便将来指证。

(2) 尽量不要与歹徒做正面反抗,用能表现出绝不会逃跑的神态和肢体语言,让歹徒放松警惕。尝试与歹徒聊天,让歹徒对你完全放心,以免受到伤害。比如:"放心,家里一定会拿钱给你们的。"

（3）不要绝食或少食,尽量多吃东西来保持体力充沛,但要装作虚弱无力的样子,等待时机并做好随时逃脱的准备。

（4）偷偷观察周围环境,甚至找一些借口去辨认环境,比如说"我要上洗手间",勾画一个逃跑的路线。

（5）尽量在路过的地方丢下一些求救的物件,让别人有踪迹可寻。

（6）如果歹徒要你跟父母对话,要抓住机会,巧妙地暗示自己身在何处。

（7）一旦逃脱,立刻报警。

（8）遭遇绑架或劫持,首先要做到的是冷静,被绑架后一旦有机会跟家人或老师、同学说话,就要设法透露出绑匪尽可能详细的信息。可以事先商量好,比如电话里不透露被绑架了,说跟几个同学一起玩。这样就可以迷惑绑匪,同时可以安全地将信息传递出去。这些是应对绑架的有效手段。

错误的做法:在周围无人的情况下,被绑架后仍大声哭喊、挣扎、反抗;表示认识或者能够认出绑架者;轻易食用绑架者"单独"给的食物(应提防掺有某些药品)。

【案例5】 虚与周旋赢时间　神兵天将特警来

2004年2月2日晚,电影演员吴若甫与制片人陈勇等四人在北京豹豪酒吧洽谈一部电视剧。午夜过后,大约1点左右,四人从酒吧出来。这时有三个人突然出现在吴若甫的宝马车旁,他们出示了警官证后声称,吴若甫的车是一辆撞了人后肇事逃匿的车,并要求吴若甫出示驾照。吴若甫一边出示驾照一边解释道:"你们肯定是弄错了,我这人别说是撞了人,就是撞了木头也不会逃走。"但那三人坚持要带人走,吴若甫马上予以拒绝,他说:"我现在不能肯定你们的身份。要不我们现在打110报警,来了警车我们一起走。"那三人立刻翻脸,掏出手铐准备强行锁人,于是双方发生冲突。就在这时,那三人突然掏出手枪,直指众人,军人出身的吴若甫立刻意识到这几把五四手枪绝非假货,"我当时一看,这要是真开了枪,我这几位朋友肯定出事"。于是,吴若甫马上表示,"我跟你们走。"

就这样,吴若甫被两人押上了一辆桑塔纳的后排座,另一人负责开车。一上车,吴若甫的头便被强行压下,令他无法看到车外。据他描述:"当时车开得飞快,转弯时几乎根本不减速。"大约40分后,该车停在了郊外,吴若甫被押进一间平房。在那里,他看见了另一位被绑架来的20岁左右的青年。这时,绑匪公开表示:"你说对了,我们确实不是警察,就是绑架。"

在随后的交涉中,吴若甫终于弄明白了真相。原来,这个犯罪团伙已经作案多起,专门劫持开高档轿车的人,通过绑架的形式索取高额赎金。当天他们原本要劫持的是另一辆载有一男两女的宝马车,原本那车都已经被迫停下了,但就在他们准备拉开车门时,那车突然启动跑掉了。一怒之下,他们转至豹豪酒吧,看上了一辆大奔(陈勇的车),于是以警察的身份询问旁边的一位看车人,那人说,这辆奔驰里坐了三个人,他们一想,三个人没法劫,这时又看到了大奔前面的宝马,一问得知这是一个明星的车。于是他们觉得这回"抄了个大的"……从始至终,吴若甫与那名青年被手铐、脚镣锁着,由六名劫匪轮番看管。

当劫匪开始要求吴若甫给家人打电话时,吴若甫已经通过与那个年轻人的简单交流得知,原来那个年轻人开的宝马车只是从一个女孩那里借来的,而被绑架到这里的两天来,他始终未能与他哥哥联系上,因此赎金几乎是不可能送到了,于是,吴若甫毅然表示:"我可以把我的全部积蓄给你们,但我只有一个要求,就是要保证我和这个孩子两个人的安全。"在得到绑匪的同意后,吴若甫这才答应打电话,不过,他最终还是把取钱交款的事交给了他的一位很有办事能力的二十多年的好友X。当然,X最终并没有简单地直接去提款,而是选择与警方进行通力合作。

在与绑匪对峙的22个小时里,吴若甫始终没有放弃希望。精通枪支使用方法的他,一度试图抢枪反抗。"他们并不知道我曾经是军人,因此他们对把枪放在哪儿并没有在意,有一把枪离我就几米,但我反复想过之后还是放弃了这个计划,因为我想我抢到枪后,虽然有把握能立刻击毙三个匪徒,但他们有六个人,我戴着手铐、脚镣无法保证在接下来的反击中获胜,另外,我和那个孩子之间其实还有一段铁链连着。"但即便如此,吴若甫依旧在无望中坚信着希望。他当时对那个年轻人说:"不用怕,不管结果怎样,有大哥我陪着你。"

话虽如此,绑匪"撕票"的威胁始终萦绕不去。吴若甫说:"当时我可以肯定的是,我的那几个朋友肯定是报案了,但我唯一感到担忧的是,警察怎么能知道我们的位置?"但是,警察偏偏就洞悉了一切。

3日深夜23点多,当所有绑匪都在昏昏欲睡的时候,小屋的所有门窗突然一齐爆裂,霎时间,特警一拥而入,绑匪们还没有反应过来便已全被制服。"整个过程也就两秒的时间。那些绑匪的枪其实就在他们身边,他们却连摸枪的机会都没有,"吴若甫回想道,"等我被营救出房门后,我一看,满院子全是警察。而此前我竟没有察觉到一点动静。"

【案例6】 女老板被绑"拉家常" 劝得绑匪流泪自首

重庆江津珞璜男子施平在赌场上欠下一笔高利贷。2007年11月,他和赌友、33岁的江津男子李成偶遇。李成也因嗜赌欠下几十万元的高利贷。李成告诉他,他村里的女子艳艳(化名)在渝北某知名餐饮企业打工,曾提到她的女老板刘美不但人长得漂亮,而且家里还相当富有。两人密谋绑架女老板刘美搞钱。

随后,李成了解了刘美的身高、外形等体貌特征,并以就餐为由,经艳艳指点认识了刘美。

12月7日早晨,李成开着一辆借来的银灰色长安面包车,带着从朝天门买来的一把假手枪和以前捡到的一副手铐等作案工具,和施平一道在刘美上班的必经之路守候着。

12月7日上午9时30分左右,当刘美经过两人身边时,李成和施平采取持刀和仿真枪威胁恐吓等手段,一左一右地把刘美架上面包车。李成还把刘美双手反铐起来,施平也用黑布把她的双眼蒙上,然后两人驾车逃离现场。

两绑匪在逃离过程中,曾3次打电话给刘美的丈夫索要100万元赎金。李成还恶狠狠地威胁说,若不付赎金或报警,就马上杀害人质刘美。当天下午6时左右,两人把刘美转移到南岸区某工厂附近后,因担心用手机打电话索钱被警方发现,李成便打的到南坪,找到一部公用电话再次向刘美的丈夫索要100万元赎金。

"兄弟,我知道你家肯定缺钱吧。"趁李成不在,刘美对看守她的施平展开了心理攻势。长相斯文的施平抬头看了一眼刘美,叹了口气摇了摇头。

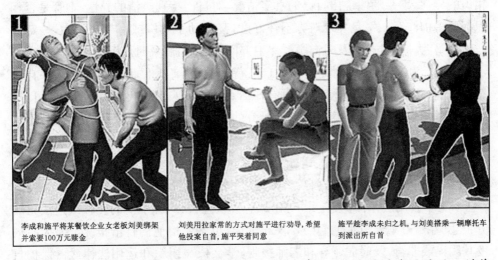

李成和施平将某餐饮企业女老板刘美绑架并索要100万元赎金

刘美用拉家常的方式对施平进行劝导,希望他投案自首,施平哭着同意

施平趁李成未归之机,与刘美搭乘一辆摩托车到派出所自首

见施平并不制止她说话,刘美和他拉起了"家常"。施平慢慢地开腔了。刘美说:"人心都是肉长的,你在家是一个乖儿子,走到这一步肯定并非你主观愿意,如果你爸爸妈妈知道你犯罪了,他们该作何想呢?"听到这些话后,施平挨着刘美坐了下来,深深地长叹了一声,对刘美说道,"其实我也知道犯罪的后果,但自己是因为欠赌债无力偿还,因此参与绑架想弄点钱。"

随后,刘美继续用"拉家常"的方式对施平进行劝导,希望他放弃犯罪,去投案自首。施平随后哭着表示愿意随她到警方去自首。

当天晚上,施平与刘美一道搭乘一辆摩托车来到南坪派出所自首,并向警方如实交代了受李成之邀参与绑架刘美的犯罪事实。

据办案人员称,当李成打完电话回来时,发现施平和女老板都不见了,知道事已败露,立即潜逃外地。两周后,渝北警方将其从深圳抓捕归案。

2008年3月19日,渝北区检察院指控李成和施平犯绑架罪,向渝北区法院提起公诉。渝北区法院在庭审时认为,两人以勒索财物为目的,采取暴力及胁迫方法绑架他人,其行为构成绑架罪,此外施平具有自首情节,可减轻处罚,法院最后以绑架罪分别判处李成、施平11年和5年有期徒刑。

三、性骚扰或性侵害风险控制

(一) 性骚扰或性侵害的预防

(1) 筑起思想防线,提高识别能力。女大学生特别应当消除贪图小便宜的心理,对一般异性的馈赠和邀请应婉言拒绝,以免因小失大。谨慎待人处事,对于不相识的异性,不要随便说出自己的真实情况,对自己特别热情的异性,不管是否相识都要多加注意。一旦发现对方不怀好意,甚至动手动脚或有越轨行为,一定要严厉拒绝、大胆反抗,并及时向学校保卫部门报告,以便及时加以制止。

(2) 行为端正,态度明朗。如果自己行为端正,坏人便无机可乘。如果自己态度明朗,对方则会打消念头,不再有任何企图。若自己态度暧昧,模棱两可,对方就会增加幻想、继续纠缠。在拒绝对方的要求时,要讲明道理、耐心说服,不宜嘲笑挖苦。中止恋爱关系后,若对方仍然是同学、同事,不能结怨成仇人,在节制不必要往来的同时仍可保持一般正常往来关系。参加社交活动与男性单独交往时,要理智地有节制地把握好自己,尤其应注意不能过量饮酒。

(3) 学会用法律保护自己。对于那些失去理智、纠缠不清的无赖或违法犯罪分子,女性千万不要惧怕他们的要挟和讹诈,也不要怕他们打击报复。要大胆揭发其阴谋或罪行,及时向领导和老师报告,学会依靠组织和运用法律武器保护自己。千万注意不能"私了","私了"的结果常会使犯罪分子得寸进尺、没完没了。

(4) 学点防身术,提高自我防范的有效性。一般女性的体力均弱于男性,防身时要把握时机,出奇制胜,"狠、准、快"地出击其要害部位,即使不能制服对方,也可制造逃离险境的机会。人的身体各部位都可以用来进行自卫反击。头的前部和后部可用来顶撞,用膝盖对罪犯的脸和腹股沟猛击相当有效果,用脚飞快踢对方胫骨、膝盖和阴部也非常有效。同时,要注意设法在案犯身上留下印记或痕迹,以备追查、辨认案犯时作证据。

(二) 性骚扰或性侵害的应对措施

(1) 被害前预防——女性生命的"安全岛"。从多起案件来看,很多女性往往心存侥幸,人身安全防范意识不强,本该有效的防范被她们忽视了,导致了遗憾终生的悲剧。女性无论在社交场合还是在生活和工作中,都要注重仪表的稳重、端庄、大方。着装要适合自身的职业特点,不要穿太暴露的衣服。很多事例说明,性感的外表和举动在客观上是造成居心不良之徒产生冲动的一个触发因素。

(2) 被害中智防——女性生命的保障。如果女性遭遇不法侵害,无论是遭遇公开还是隐秘的骚扰时,都要勇敢地站出来说"不"。要有勇有谋,以谋为主,勇敢地与犯罪行为作斗争,这样能减轻被侵害程度,也可能完全避免被侵害。

(3) 被侵害后维权——惩罚罪犯。被侵害后维权是指当女性遭遇歹徒侵害后所采取的积极措施。要积极配合公安机关及时抓获犯罪嫌疑人,以防自己和他人再度被侵害。被害后维权主要是两个方面:一是快速报案;二是被害后保护现场。作为女性要有这方面的法律意识,一旦自己遭劫持,解脱侵害后报警的同时,要保护好现场,尽可能地向公安机关提供有价值的证据,协助破案,争取早日抓获歹徒。

【案例7】 巧施计甩脱歹徒

某晚,晓君驾驶着刚买不久的爱车拐过胡同时被两个醉意熏熏的歹徒拦截。车门一打开,一高个男子抢先坐到副驾驶座位上,抽出刀子搁在晓君的胸前,威胁说:"我俩不劫车,也不要你的钱,就想要你跟我们开开心。"晓君灵机一动说:"行啊。"坐在后边的歹徒似乎有些戒心,说:"你别耍花招,不然就在这儿废了你!"晓君对那家伙一笑:"哪儿的话!我丈夫去美国3年了,家里就我一个人,你们俩到我家去吧?"那俩歹徒听她这么一说便收起了刀子。她驾车一会儿左拐,一会儿右转弯。当拐过一高墙胡同与大街的交会处时,晓君刹车后迅速下车,对歹徒说:"下车呀,我家就在这儿。"两个歹徒顺势一看她指的地方敞着门,门口亮着灯,一块巨大的警徽竖在牌匾上,歹徒脱口而出:"妈呀!公安局!"两人连滚带爬跑进

胡同溜走了。

【案例8】 毕业班女生晓倩外出实习,上完夜班后路遇歹徒,歹徒挟抱着她往公路旁的工地窜去,晓倩急中生智,说:"大哥,就在这儿吧!你带安全套了吗?我有性病。"并对那色狼说,"不信你看看,我兜里还有治性病的药。"那色狼闻言松开了晓倩,自言自语道:"真他妈倒霉。"便消失在夜色中。晓倩因此得救,免遭蹂躏。

这两个例子告诉女性朋友们,在遭遇侵害时要保持冷静,仔细观察歹徒的举动和周围的环境。如果对周围环境比较熟悉,如不远处有居民区、单位或公安政法机关,要想方设法拖延时间,找借口向这些地方靠近。因为这样一方面可以通过呼救引来外援或传递信息;另一方面也有机会逃脱。如果一旦被劫持,想一想有没有搏斗反击的工具,有没有可以作为防范或摆脱歹徒的工具,哪怕一枚发卡也很有用。只要充分利用智谋或身边的武器,就能得到很多逃脱的机会。万一没有反抗逃脱的机会,也应尽可能和歹徒周旋,尽量麻痹对方,将被侵害的损失降到最低。要暗中留神歹徒的相貌、衣着、语言、作案工具(如车牌号码)等特征。值得提醒的是,切不可用"我认识你们"、"我熟悉你们"这类话来威吓犯罪人,以免刺激犯罪人因害怕事情败露而杀人灭口。

【专家指点】遭遇歹徒尾随怎么办?

女生晚上最好不要孤身一人在僻静的道路上行走,万不得已的情况下,可以考虑在包中装一瓶喷发胶或用矿泉水瓶装一瓶辣椒水(盖子事先打好小孔)。当遇歹徒劫财劫色时,趁歹徒疏忽之际,将发胶或辣椒水喷向歹徒的眼睛,然后迅速脱身。或者利用发夹上锋利的钢针、高跟鞋鞋跟做防身武器,猛刺(击)犯罪分子的要害部位,然后脱身报警。

如在电梯内遭遇歹徒,感觉有异时,应尽可能靠近电梯门,如果时间允许应按遍所有按键,这样每层都会停下,有利于你呼救。

总之女生遇到危险时,要做到保持镇定、临危不乱、巧妙周旋,绝不能诚惶诚恐,俯首顺从。

四、正当防卫

正当防卫是法律赋予公民在遭遇不法侵害时,为保护自身人身和财产免遭损失而采取的一定防卫手段,即使对实施不法侵害的人造成了一定的伤害,也依然受法律保护的一种权利。

正当防卫的要素如下：

(1) 防卫对象必须是针对正在进行的不法伤害。

(2) 防卫的行为必须针对不法侵害者本人实施。

(3) 防卫的目的必须是为了保护合法利益免受不法伤害。

(4) 防卫行为不能明显超过必要的限度，造成重大伤害。

【案例9】 一天晚上,20岁的李同学与男友冯某沿西安市南郊雁环路步行返回学校,当走到南姜村附近时,男友发现身后有两人跟踪,随即拉着李某要跑。就在此时,后面跟踪他们的两人追了上来,矮个子劫匪手持匕首,另一劫匪手持木棒,直接朝冯某扑了上去。冯某边推李某让其快跑,边和两名劫匪搏斗。李某吓得高声呼救,矮个子劫匪见李某呼救,挥刀朝李某扑了过来。李某情急之下随手摸出一把小水果刀来,闭着眼睛朝扑来的劫匪乱挥。在反抗中,矮个子劫匪拽住了李某的挎包,包带被拉断,劫匪抢走了挎包。李某也不知道水果刀刺在了劫匪身体的哪个部位,只知道乱挥一气后,自己手上也满是鲜血,吓得她更是惊呼不已。两劫匪见状,拔腿朝路边已收割的麦田跑去。当时冯某已被劫匪打倒在地,满身是血,但却挣扎着起来去追赶劫匪,在追出几步后,李某拦住了男友,在路人的帮助下,将其送往附近医院抢救。

当晚9时40分,当地警方接到群众报警,称"南姜村附近靠近麦田的路边,趴着一个满身是血的男子",经西安市公安局雁塔公安分局刑警队民警勘查,该男子已经死亡。男子腰间别着一把长30多厘米的带血匕首。法医现场鉴定,死者左胸上方有两处刀伤,系因失血过多死亡。根据案发时间、地点,经调查民警确定,死者为抢劫李某的劫匪。

几天后,西安市公安局雁塔分局会同雁塔区检察院认定:女大学生李某的行为属正当防卫,不负任何法律责任。

【案例10】 四川某高职院校学生肖昌勇被同学骗至西安某"广告公司"后即失去自由,原来这是一个传销组织。肖昌勇发现不对后,曾经逃跑过几次,但都被发现后抓回,作为惩罚,迎接他的是传销组织内的打手们凶残的折磨。他最后一次也是在忍无可忍的情况下跑的,他暗下决心,绝对不能再回到那个传销点,肖昌勇决定不惜任何代价逃出去。当打手们又围过来抓捕他时,肖昌勇闭上眼睛手握水果刀一阵乱挥,杀死一人重伤一人后逃出。被抓获后,法院以正当防卫过当、过失致人死亡罪被从轻发落——当庭释放。公诉人如是说:传销比毒品为祸尤烈,在于其对个人的强迫性拉入,对于家庭的绝对性摧毁,无数案例中多少无辜的鲜血印证了传销的邪恶。因此公诉人认为被告人的行为虽然构成犯罪,但应当减轻或免除处罚。

第四节　自我防卫术

在日常生活中,我们有时会受到他人的不法侵害,生命财产安全受到威胁。特别是当遭遇袭击、抢劫、强奸等非法暴力侵害时,为了保护自己、抵御犯罪、惩治邪恶,就要学习、掌握一些自我防卫的方法与技巧。在这里要特别指出的是,只有自己生命财产安全受到威胁或危害时,才能使用这些方法和技巧,不得随便使用。

一、当暴徒右手抓住你头发时的防卫

当暴徒右手抓住你头发时,你应将右臂上举屈肘,右手握住暴徒右手手背,右脚向后侧撤步,右手翻暴徒右手手腕,左臂屈抬,用左小臂下压(砸)暴徒右臂肘关节。

要点:在做翻腕压肘动作时,先用右手迅速扣握住暴徒抓发之手,撤步时注意身体右转,翻腕有力、压(砸)肘突然。

二、当暴徒用右手抓住你胸前衣领时的防卫(1)

当暴徒用右手抓住你胸前衣领时,你应将右臂屈肘,右手扣握住暴徒抓衣领之右手,左脚向暴徒右腿前上步,同时右转体,用左腿别(打)其右小腿,左手成掌推压暴徒右臂肘关节。

要点:在做翻腕压肘动作时,先看清暴徒抓衣领之右臂是否屈肘,如屈肘,可将其手腕后拉,暴徒右臂即伸直。扣腕要牢,上步、转体、别腿迅速,推压肘有力,上下肢配合协调。

三、当暴徒用右手抓住你胸前衣领时的防卫(2)

当暴徒用右手抓住你胸前衣领时,你应立即屈左臂上抬,左手扣住暴徒右手手背,随后右手抓握住暴徒手腕,左手向外翻暴徒右手,同时右手向外拧暴徒右手腕,迅速屈抬右脚,弹踢暴徒裆部。

要点:做翻拧踢裆动作时,双手抓握暴徒手腕要快、要牢,翻拧有力,踢裆突然。如暴徒用左手打你时,你可向左侧闪身,也可以用右小臂格挡后再踢裆。

四、当暴徒在你背后用右手抓住你颈后衣领时的防卫

当暴徒在你背后用右手抓住你颈后衣领时,你应立即向后撤左步,左转身,右手扣握暴徒右手腕,左小臂从暴徒右臂上穿过,用左小臂压其右肘关节随即屈抬右腿,用右膝上顶暴徒头(面)部。

要点:做圈臂顶头动作时,首先要判断暴徒用哪一只手抓衣领,随后撤步、转身,扣腕要紧、圈臂要快,下压有力、顶头(面)部突然。

五、当暴徒在你正前方用双手抓握你右手腕时的防卫

当暴徒在你正前方用双手抓握你右手腕时,你应立即向右前上左手,右转体,左臂下伸,由暴徒双臂之间穿过,右手回拉,左臂伸直,用左小臂下压暴徒左小臂,用左大臂别其右臂肘关节。

要点:在做穿臂别肘动作时,应先向前上步,左臂穿臂快,别压肘有力,协调自然。

六、当暴徒在背后用左手抓握住你左手腕时的防卫

当暴徒在背后用左手抓握住你左手腕时,你应将左臂突然前伸,解脱被暴徒控制的左手腕,然后左臂迅速屈肘,左后转体,用左肘猛顶暴徒右侧肋部或腹部。

要点:在做屈臂顶肋时,首先要解脱暴徒对你左手腕的控制,而后突然屈臂、转体,顶肋(腹)要准、狠。

七、当暴徒在背后用右手抓握你左臂肘关节时的防卫

当暴徒在背后用右手抓握你左臂肘关节时,你应将右脚向左前上步,身体向左后扭转,左臂后摆,右手握拳,用下勾拳猛击暴徒腹部。

要点:在做转身击腹动作时,首先要上步,转身快,左臂自然后摆,出拳击腹快而有力。

八、当暴徒在正前方用右手抓住你左臂肘关节时的防卫

当暴徒在正前方用右手抓住你左臂肘关节时,你应立即向后撤右步,左小臂上屈,右手从暴徒右臂上穿过,手翻其右肘关节;左小臂、大臂夹住暴徒抓握你肘之右手,右手向下翻拉(压)其右肘关节,同时屈抬右腿,用右膝上顶暴徒面(头)部。

要点:在做翻肘顶头动作时,首先要屈肘,夹手要快、要牢,翻拉(压)肘要协调、有力,用膝顶头部要突然。

九、当暴徒在正前方用双臂(手)抱住你双臂及腰时的防卫

当暴徒在正前方用双臂(手)抱住你双臂及腰时,你应将上体后仰,而后向前勾头,用前额撞击暴徒面(鼻)部,然后上体后仰,屈抬右腿,用右膝上顶暴徒裆部。

要点:在做撞面顶裆动作时,是在你被抱双臂(手)不能活动条件下采用的,先用头撞其面部,而后用膝顶裆。动作应连贯、有力。

十、当暴徒在正前方用双手掐你颈喉时的防卫

当暴徒在正前方用双手掐你颈喉时,你应立即向后撤右步,双臂上屈抬,双小臂由里向外格挡暴徒左、右小臂;双手成掌,左、右掌同时砍暴徒颈部;双手砍颈后握住暴徒后颈部用力回拉,同时屈抬右腿,用右膝顶其裆部。

要点:在做拉颈顶裆动作时,首先应屈臂格挡,砍颈要突然,顶裆要准、狠,拉颈要及时。

第五章 财产安全风险

第一节 财产被盗风险

学习需要成本！我们应始终牢记，切莫因自己的不良习惯给不法分子带来方便，增加我们的学习成本。本章将帮助你有效、妥善保护好自己的财物，降低成本，顺利完成学业。

据统计，高校发生的各类案件中盗窃案约占90%以上。校园被盗案件多数发生在宿舍、图书馆、教室，且内部盗窃案件占主要比例。究其原因，一方面是学生自我防范意识不强，给犯罪分子以可乘之机；另一方面是少数大学生对自己要求不严，守法意识淡薄，人生观和价值观发生扭曲，不顾家庭和自己的经济承受能力，追求享乐，盲目攀比，没有钱就去偷，见到好东西就拿，违法乱纪，有的甚至逐步走上犯罪道路。

一、常见盗窃案例分析

【案例1】 2006年3月3日，某高校学生刘某，违反宿舍管理规定，擅自将毕业班学生王君（已在苏州工作）留在宿舍过夜。王君早上起来，发现该宿舍的学生都去上课了，就拿刘某放在宿舍的钥匙打开他的抽屉，偷走现金2 600元后迅速返回苏州。

从此案中，可以发现两个安全隐患：一是宿舍里存放大量现金；二是在宿舍里留宿外人。该案说明，许多盗窃案件的发生，都是因为有些学生自己不严格遵守校规校纪，给他人以可乘之机造成的。

【案例2】 2006年3月29日，某学院学生仓某，趁同学都在上课，悄悄回到宿舍，将同学孙某的笔记本电脑偷走并转移至他处。

案发后，他说，有同学经常将贵重物品随意放在宿舍里，一点防范措施也没有,所以在宿舍作案很容易得手。而当天孙某恰恰是习惯性地将笔记本电脑随意放在床上,终于被偷。

这个案例告诉我们,宿舍中的盗窃案件,特别是内盗案件和学生们的生活习惯有关,日常生活中的疏忽大意常常给作案人提供机会。

【案例3】 2006年3月14日,某学院女生顾某发现自己的太平洋卡(交通银行借记卡)上被人取走1 000元钱,遂报案。后查明是同宿舍的同学张某所为。人们不禁会问,张某是如何取得顾同学的太平洋卡密码的呢?原来,有一次顾同学要去银行取钱,约张某同往,张某发现顾同学的密码就是她自己的生日,就暗暗记住,加上作案那天顾同学抽屉未锁,那张太平洋卡赫然在目,才轻易得手。

类似案件也在其他同学身上屡有发生。有的同学使用的银行卡还是原始的密码"111111"或"666666",更容易被窃,可见防范意识多么薄弱。

【案例4】 2008年5月,南京某大学城多所高校学生宿舍频发盗窃案,丢失的是清一色的笔记本电脑,在各院校中引起较大恐慌,更引起了警方的高度重视,并投入较强警力破案。很快,犯罪嫌疑人周某被抓获。调查发现,该犯采取攀爬阳台等手法,专门瞄准那些夜间阳台门不关的宿舍,屡试不爽。被抓获前短短一周时间,已成功窃取40余部笔记本电脑,每次得手后都会当日就将赃物卖往外地,致使警方追赃困难重重。这位湖南籍大盗被判有期徒刑12年。

二、盗窃罪与一般盗窃行为

(一) 盗窃罪

根据我国现行《刑法》的规定,盗窃罪是指以非法占有为目的,秘密地窃取数额较大的公私财物的行为。其主要特征必须满足以下四个要件,缺一不可:

(1) 犯罪客体,是受刑法保护的,他人对公私财产的占有权。

(2) 盗窃犯罪的客观方面,表现为秘密窃取数额较大的公私财物的行为。所谓"秘密窃取",是指行为人采取自认为不会被财物的所有者发现的方法,暗中窃取财物。盗窃的手段可以多种多样,如撬门扭锁、挖洞跳窗、溜门蹿户,或在公共场所掏兜割包、顺手牵羊等。

客观方面是否秘密窃取财物,是盗窃罪与抢劫罪、诈骗罪相区别的主要标志。盗窃数额较大,是构成盗窃罪的法定必要条件,盗窃财物数额的大小,反映着行为人对社会危害程度的大小,是区别罪与非罪和罪刑轻重的重要标志之一。对于盗窃财物数额不大、情节显著轻微,社会危害性不大的,例如小偷小摸行为等,可以认为不构成犯罪,刑法将盗窃数额划分为数额较大、数额巨大、数额特别巨大三个层次,以此作为盗窃罪定罪量刑的标准。

(3) 盗窃犯罪的主体为一般主体,只要具有法定刑事责任能力的自然人,即可成为盗窃罪的主体。

(4) 在主观方面只能是直接故意。行为人必须意识到自己窃取的是公共财物或他人财物,并有非法占有的目的,否则就不构成盗窃罪。

关于盗窃罪的处罚,《刑法》第二百六十四条规定,盗窃公私财物数额较大或多次盗窃的,处3年以下有期徒刑、拘役或者管制,并处或者单处罚金;数额巨大或者有其他严重情节的,处3年以上10年以下有期徒刑,并处罚金;数额特别巨大或者有其他特别严重情节的,处10年以上有期徒刑或者无期徒刑,并处罚金或没收财产;盗窃金融机构,数额特别巨大及盗窃珍贵文物,情节严重的,处无期徒刑或者死刑,并处没收财产。

(二) 一般盗窃行为

一般盗窃行为,是指以非法占有为目的,秘密窃取公私财物,数额较小,尚不够刑事处罚的行为。

(三) 一般盗窃行为和盗窃罪的区别

(1) 盗窃数额不同　一般盗窃行为的盗窃数额尚未达到《刑法》关于盗窃罪规定的"较大数额"。

(2) 性质不同　一般盗窃行为是一般的违法行为;而盗窃罪所侵犯的是受刑法保护的公私财产,是犯罪行为。

(3) 处罚的依据不同　对一般盗窃行为的处罚依据是《中华人民共和国治安管理处罚法》,这种处罚是国家行政机关的行政处罚;而对盗窃罪的处罚依据是《刑法》,这种处罚是国家司法机关的刑事处罚。

(4) 法律后果不同　一般盗窃行为在行政处罚后被认为有违法记录,不构成累犯;盗窃罪在刑事处罚中被认为有犯罪前科,在法定期限内可构成累犯而被从重处罚。

(四) 一般盗窃行为与未经同意擅自借用他人物品行为的区别和联系

一般盗窃行为与未经同意擅自借用他人物品行为主要的区别如下:

(1) 在行为目的上,前者在主观上以非法占有为目的,后者不具有此目的。

(2) 在行为方式上,前者对盗窃的物品,或秘密使用或转移他处;后者则公开使用。

（3）在行为结果上，前者一般不会将盗取的物品归还失主，即使归还一般也只是一种悔过的表现，不影响盗窃行为的成立；后者则是有借有还。

两者也存在一定的联系：行为人擅自借用他人物品之后，客观上已经对被借物品实施了掌控，如决意占为已有、秘密使用或转移他人物品，就可能转化成为一般盗窃行为。

三、高校盗窃案件的常见行窃方式

行窃方式，是指盗窃案件中，作案人窃得他人财物的方法，包括作案人入室、窃得财物、逃离现场所选择的方法。

（一）顺手牵羊

顺手牵羊行窃方式是指作案人本无盗窃的意图，偶然发现宿舍无人，对放在桌上、床上等处的现金、校园卡等贵重物品临时起意，信手拈来，迅速离开。由于作案人本无盗窃的预谋，也就谈不上行窃方式的选择，盗窃的成功完全是宿舍同学防范意识薄弱、疏忽大意造成的。

（二）溜门蹿户

溜门蹿户行窃方式是指作案人的作案地点不确定，以找人、推销为名，发现房门未锁，宿舍无人，便趁机入室行窃。作案人明白，宿舍门未锁，主人必定离开不远，随时可能回来，故作案时间很短，作案人之所以选择这种行窃方式，是因为无论同学们防范意识有多强，总会有个别同学一时疏忽，给作案人以可乘之机。

（三）翻窗入室

翻窗入室行窃方式是指作案人翻越一、二层未装防盗网的宿舍窗户或爬越走廊气窗入室行窃，作案人窃得财物后，常常堂而皇之地从大门离去。作案人之所以选择这种行窃方式，主要是因为一些高校学生宿舍的防范设施客观上存在问题，对此应及时改进。

（四）撬门别锁

撬门别锁行窃方式是指作案人利用金属撬棍，插入门缝，将暗锁撬开；或者直接将明锁别开入室行窃。作案人入室能力很强，几乎畅行无阻，但是必须携带作案工具，易被人发现，风险较大。作案人之所以选择这种行窃方式，往往是已经掌握盗窃目标的情况，目标指向明确，不管遇到多大的阻力，都能志在必得。

(五) 窗外钓鱼

窗外钓鱼行窃方式是指作案人用竹(木)竿等工具在窗外将宿舍内的衣服或其他物品钩走行窃。住在一楼或其他楼层宿舍窗户靠近走廊的同学,如果缺乏警惕性很容易受害。此类案件的发生有两个特点:一是发案时间具有不确定性;二是盗窃目标具有不确定性,主要是一些生活用品,窃得的物品一般供自己挥霍和留用。

(六) 插片开门

插片开门行窃行为是指作案人利用身份证、饭卡等工具,插入门缝当中,使暗锁锁舌缩进,将门打开行窃。目前,有些高校的宿舍楼已使用多年,楼内的设施老化,宿舍门修修补补,缝隙较大。门锁大多是老式暗锁,没有反锁功能,插片开门很容易。许多学生自己忘带钥匙,也采用这种方法,以图方便。近年来,利用这种方式行窃的盗窃案件呈逐步上升趋势。

(七) 偷配钥匙

偷配钥匙行窃方式是指作案人用同学随手乱扔的钥匙,秘密配置相同的门钥匙或橱柜钥匙,伺机作案行窃,有的甚至直接用同学的钥匙打开橱柜,窃得财物。被盗同学不良的生活习惯,给了作案人可乘之机。

四、盗窃案件防范及应对措施

预防和打击高校盗窃案件,防止被盗被抢,不仅是公安机关和学校保卫部门的重要任务,也是每个大学生的责任。因此,了解高校盗窃案件的基本情况、规律和特点,掌握防盗的基本常识、方法和技能,提高防范意识,是保证财产安全的基础。

(一) 如何保管好自己的钱物

(1) 大量现金存银行。办银行卡,设密码,请牢记,要保密。切莫简单地用自己的生日或公开的数据作密码。可以选择以下任一种方法设置密码:

① 函数法:就是设置一常数乘以某组数据(可以是家人的生日或纪念日)。

② 组合法:把家人的生日组合起来记忆(如父母生日分别为1960年5月和1962年7月,密码可设为605627)。

(2) 银行卡密码泄露后,应立即修改密码。

(3) 防止银行卡被盗提

① 办卡时要警惕犯罪分子与你接触,伺机盗取你的身份资料,伪造你的身份

证去银行挂失,再办理新卡,非法占有你的资金。

② 在银行填单据时,警惕犯罪分子偷窥你的银行卡密码、卡号,采用调卡等手段诈骗。手续办完,请将废单据撕碎扔进纸篓。不要因自己的疏忽而给不法分子以可乘之机。如某校计算机系学生李某,就曾经利用客户取完钱以后遗弃的单子上留存的账号等信息,

取款后不要将取款单乱扔

再改写在空白信用卡上,伺机破译密码(有的客户密码为初始的 123456 或 666666 等常见号码),轻而易举地将他人的资金窃为己有。

③ 警惕犯罪分子故意人为导致取款机产生"吃卡"现象,然后再在取款机上张贴"紧急告示",要求用户按通告要求进行操作,以此来获取用户的资料信息,结果导致用户资金恶性转移,进入犯罪分子虚设的银行账户中。而这些账户往往是预先用假证件注册的,查处起来很困难。

④ 应凭身份证去银行办卡。如银行卡不慎遗失,应立即持本人身份证去银行挂失,防止存款被冒领。

⑤ 存折或银行卡要妥善保管,不可随意放置。不要与有效证件放在一起,更不能把密码写在卡上。例如,张某因平时怕记密码麻烦,就把 7 张银行卡的密码全部写在装信用卡的袋上,其信用卡失窃后,犯罪分子轻而易举就得手了。

如果您遇到柜员机"吃卡"现象,请与当地银行联系,不要轻易相信招贴

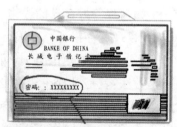

不能把密码写在卡上

⑥ 如果学校免费提供密码保险箱,贵重物品可存放在宿舍的保险柜中,不要怕麻烦。

⑦ 必需的周转现金可存放于柜中某件衣裤的某几个口袋中,避免随身携带。

⑧ 存放个人物品的桌柜钥匙要妥善保管,不要随便借给他人使用。如随身携带,最好放在贴身口袋里。

⑨ 平时养成随手关门关窗的习惯,不管是谁,只要是最后一个离开宿舍或教室,就必须关好门窗再走。

(二) 如何防止自行车被盗

(1) 在指定地点存放自行车并妥善加锁。不要贪图方便停放于无人值守处或偏僻处。

(2) 保存好购车发票,记住自行车的型号、规格、牌照号码,以便认领。

(3) 车被盗后应立即报告公安部门并到学校保卫部门备案。

(三) 如何预防贵重物品被盗

(1) 手机　手机是你与家人和外界联系的重要工具,由于便于携带,也是不法分子盗窃的常见目标。请你一定注意,不可人机分离!例如:某校学生徐某,就因上体育课嫌不方便而把手机随手放在教室里充电,由于教室里门窗都未关闭最终手机失窃。

(2) 笔记本电脑　请勿将电脑随手放在无人教室或宿舍,如确需离开或暂时不用时,务必锁进箱柜,并关好宿舍门窗,妥善保管。千万不可嫌麻烦而放松警惕。

离开教室,不要乱放手机等贵重物品,更要关好门窗以防失窃

预防与应对

其他贵重物品如随身听、便携式VCD的保管相同。

（四）如何预防其他小偷小摸

（1）外出时,应与同学结伴而行,同学间相互保护,防止在公共场所遭遇扒窃。尤其是在上下公共汽车以及人流拥挤处,当莫名遭遇拥挤时,更应提高警惕,提防现金及贵重物品成为不法分子的偷窃目标。

（2）在校园内发现小偷不要慌张,可联合几位同学齐心协力,力求人赃俱获。

（3）如果小偷用暴力威胁,可大声呼叫"抓小偷"寻求支援。

（4）遇到形迹可疑的人出现在教室或宿舍,应加以询问,并立即报告老师或门卫师傅,也可直接向学校保卫部门报告。

（5）养成尊重自己和他人隐私的习惯,对了解自己钱物存放习惯的人也应做必要的防范。

（五）公共场所防扒

扒窃是一种较为常见的盗窃行为。通常发生在公交车上、食堂、体育馆、电子阅览室等公共场所。随着城市和公共交通事业的发展,乘坐公交车的人越来越多。扒手往往利用公交车人多拥挤的情况,里应外合,扒乘客衣裤口袋或身后背包里的钱物,使人难以防范。我们平时应多注意观察,发现神色诡秘、东张西望或手里拿着报纸、臂上搭着衣服装模作样的人,一定要小心。不妨在口袋、背包上缝上刺毛搭扣,打开时会发出响声,以惊动小偷,使其不便下手。背包里应尽量少放贵重物品,以防不测。

（1）扒手作案的常用手法

① "拥门"：这是扒手惯用的手法,他们善于在乱中下手。扒手常常是藏身人群中,公交车一靠站,拼命往门口挤,但眼睛却四处张望,手到处摸,或是伸进事主的衣袋裤袋扒钱包和手机,或是拉开事主提包的拉链掏财物,或是将事主挂在腰带上的手机偷走。等乘客都上车了,他们嘴里嘟囔着"搭错车"掉头下车,到一边去分赃。

② "贴身紧逼"：一些扒手喜欢先选择目标,然后跟事主上车,伺机扒窃。这类扒手跟事主上车后,会紧跟事主左右,眼睛盯着事主的衣袋、裤袋和提包。一旦事主放松警惕,钱包、手机便会不翼而飞。

③"女色勾引"：这是聋哑人扒手常用的手法。他们通常是四五个人上车,然后由女同伙挤到男乘客旁,搔首弄姿,故意用胸部或身体其他部位去碰男事主的身体,分散其注意力,其他同伙趁事主心猿意马之际下手扒窃。

④"镊子功"：扒手利用医用镊子,扒窃起来"得心应手"。他们大多在乘客上车之际扒窃,或在车上人较少时下手。他们所用的医用镊子短的有十多厘米,长的有二三十厘米。

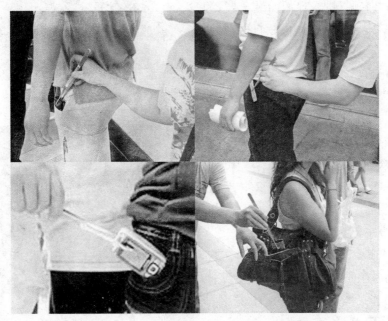

⑤"博同情"：这类扒手大多抱着仅一两岁的幼童作掩护,在公交车站和公交车上挤来挤去,一旦得手,就将赃款赃物塞进小孩的衣服里。如果被人发现,他们就动用手中"法宝",使劲拧小孩的屁股,利用小孩的哭声掩护撤退。

⑥"障眼法"：扒手往往想尽方法进行掩护,常见的是"起鸡翅"：一只手抓着车顶吊环,手臂弯曲起来挡住事主的视线,另一只手悄悄扒窃。此外,用报纸、雨伞、旅行袋或塑料袋挡住事主视线进行扒窃,也是"障眼法"的手法。

⑦"开天窗"：一些扒手喜欢用东西包着刀片,或将一小片刀片藏在指甲内,专割事主的提

预防与应对

包、衣袋和裤袋,将里面的财物盗走,有时还会伤及事主的身体。

⑧"隔山取火":扒手穿着西装或夹克衫,手揣在衣袋里,但衣袋是穿底的,手可以从衣服里伸出来,神不知鬼不觉地扒窃。

⑨"白领打扮":他们西装革履,浑身名牌,拿着公文包,一副白领打扮,以此迷惑事主。这些扒手作案往往讲"功夫",看准了目标再下手。

⑩"偷不到就抢":通常是五六个人挤上车,在车上围着事主,趁事主不注意扒窃,如果扒不到或被事主发现,便依靠人多势众,逼事主就范。

⑪"反弹琵琶":扒手与事主背靠背,将手伸到后面扒事主装在后裤袋的钱包,或拉开事主提包的拉链掏走财物。

⑫"飞象过河":扒手坐在事主座位后面,趁事主不注意,从椅背的空隙伸手过去,掏事主裤袋的钱包,或干脆用刀片割开裤袋窃走钱包。

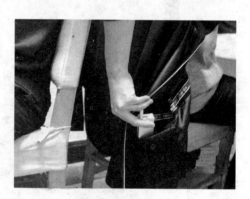

(2)公交车实战防扒五招

① 要有较强的防盗意识,事先准备好坐车的零钱,尽量不要在公共场所翻弄钱包,以免引起扒手注意,尾随作案。上下车时不要抢先拥挤,要注意周围人员的动作,警惕财物被扒。

② 若身带较多的现款或贵重财物,最好不要去挤公共汽车,改乘出租车或者步行。

③ 乘公共汽车一定要把钱包或钱装在外衣内兜里,千万不要装在裤兜或外衣的外兜里。

④ 不管车上多拥挤一定要将挎包、手提包放到自己身前并护卫好,千万不要放在身后。

⑤ 车转弯摆动、晚上光线不好、上下车拥挤混乱时(有些时候是扒窃团伙故意制造的混乱),要特别提高警惕,保护好自己的财物。因为这些时候往往是扒窃分子下手作案的最好时机。应特别注意故意碰撞你的人及你周围两三个紧贴你的人。

(3) 怎样识别扒手

① 看神色:扒手寻找行窃目标时,两眼总是注视顾客的衣兜、皮包、背包,特别留心外地人、妇女、中老年人。选准目标后,一般环顾四周,若无他人注意便迅速下手。此时扒手因精神比较紧张,往往会出现两眼发直、发呆、脸色时红时白等现象。

② 观举止:扒手选择侵犯目标时,往往在人群中窜动,选定目标后即咬住不放,紧紧尾随,趁人拥挤或车体晃动的机会,用胳膊和手背试探"目标"的衣兜。

③ 识衣着:扒手大多数衣着入时,或长发、光头或流里流气。那些三五成群作案的,衣着打扮往往相似。少数打扮平常、衣着朴素的,则是老扒手。

④ 听语言:扒手之间为了方便联系,常常使用"黑话"或隐语。他们把掏包称为"背壳子""找光阴";他们互称"匠人""钳工";把上车行窃叫"上车找光阴";把上衣兜叫"天窗",下衣口袋称"平台",裤兜称"地道";把妇女的裤兜称"二夹皮"等。

⑤ 看动作:扒手在动手作案时,一般借车体运行晃动或乘客(顾客)拥挤的机会,紧贴被窃对象的身体,利用他人或同伙作掩护或用自己的胳膊、提包、衣服或书报等遮住被窃对象的视线。作案得手后,离开事主,尽快逃离现场。有的扒手发现侦查员跟踪,便做一个"八"字手势或摸一下上唇胡须,暗示同伙停止作案。

(六) 财物被盗后的应对办法

(1) 一旦发现财物被盗,一定要保持头脑冷静。迅速回忆一下刚才是否已经见到了嫌疑人。如果有,马上追赶;如果时间允许的话,最好叫上同学,以便寻找和围堵嫌疑人。

（2）保护好盗窃现场，安排人专门负责，不准任何人进入。万一进入现场后才发现被盗，应马上撤离现场，切忌翻动现场物品，查看损失情况。现场保护对公安人员现场勘察及以后的侦破工作具有十分重要的意义。

（3）发现存折、银行卡或校园卡被盗，应立即挂失。

（4）配合公安、保卫部门的侦察和调查访问工作。发现线索，应积极主动地向学校保卫部门或院系组织汇报，必要时，可以请求有关部门予以保密。

第二节 抢劫抢夺风险

一、抢劫抢夺案例分析

【案例5】 北大方正软件学院陈立宏在校期间，花光了父母给的钱，还向一台球厅老板借了近5 000元没法还，遂产生抢劫念头。2004年6月5日下午1时许，他闯入朝阳区一小区武姓女士家中，采用扼勒颈部、持刀威胁等手段实施抢劫。为制服武女士的反抗，陈立宏残忍地将她杀死，抢走武女士内有10元钱存款的存折及身份证等物。12月28日，北京中二院以抢劫罪判处陈立宏死刑（《现代快报》2004.12.29）。

【案例6】 2009年7月12日，北京科技大学学生黎立在校内中国银行内，挟持人质抢劫了银行10万元。5小时后，他被警方控制。11月，黎立被海淀区检察院批准逮捕。经鉴定，黎立患有抑郁症、强迫症和口吃，属于限制责任能力。

许刚是黎立在大学期间最好的朋友，也是室友。许刚眼里的黎立是："他虽然穷，但自尊心很强。他不太愿意接受别人的帮助。大学里同学之间相互借钱很常见，但从来没听说黎立向谁借过钱。"

黎立的转变，是从大四开始的。到了大四以后，黎立突然想赚钱了。

"他一直觉得花家里钱是很惭愧的一件事，他想改变自己的生活。"许刚说，黎立拼命打工挣钱其实并不多，反而透支了自己所有的时间，把一向最引以为豪的学业抛在脑后。恶果很快就出现了，这位曾以高分考入北科大的优等生，在大四"挂"了很多科，只能延期毕业。后来黎立重修的几门课成绩也没过，学校通知他去领取肄业证。在这段时间，黎立变得极为烦躁。

出事前的一两个月,黎立开始有些不太正常,经常自言自语,还会无缘无故地摔鼠标。2009年7月11日,黎立看到合租的其他延期学习的同学都顺利地拿到毕业证,他再也坐不住了,收拾东西准备搬走,并跟室友说"我去取点钱"。

黎立因抢劫罪最终被判有期徒刑10年。

【案例7】 某高校外语教师余某,在大学城一僻静处等车,背在肩上的包内有3 600元现金和信用卡等,被两骑摩托车的男子趁其不备抢走。

二、抢劫罪与抢夺罪

(一) 抢劫罪

抢劫罪,是指以非法占有为目的,以暴力、胁迫或者其他方法,强行劫取财物的行为。抢劫罪的主要特征是:

(1) 犯罪客体是复杂客体,即不仅侵犯了公私财产的所有权,同时也侵犯了被害人的人身权利,往往造成人身伤亡。这是抢劫罪区别于其他侵犯财产罪或侵犯人身权利罪的主要标志,也是构成抢劫罪的一个必要条件。

(2) 客观方面,行为人对公私财物的所有者、保管者或者守护者当场使用暴力、胁迫或者其他对人身实施强制的方法,立即抢走财物或者迫使被害人立即交出财物。这种当场对被害人身体实施强制而强行劫取财物的犯罪行为与犯罪手段,是抢劫罪的本质特征,也是该罪与盗窃罪、诈骗罪、敲诈勒索罪和抢夺罪的最显著的区别。

(3) 主观方面只能是直接故意,并以非法占有公私财物为目的。直接故意包含两层意思:一是对公私财产非法占有的直接故意;二是对使用暴力的直接故意。如果行为人只是抢回自己被他人非法占有的财物,而不具有非法占有他人财物的目的,即使造成伤害,也不构成抢劫罪,但有可能构成伤害罪。

(4) 犯罪主体为一般主体,根据刑法,只要具备了法定刑事责任能力的人犯抢劫罪的,应当负刑事责任。

抢劫罪是侵犯财产罪中危害大、性质严重的犯罪。《刑法》规定限制刑事责任能力人(14~16周岁)都应对抢劫罪负刑事责任,说明了《刑法》对抢劫罪的严厉态度。抢劫罪的最低法定刑是3年有期徒刑并处罚金,最高法定刑是死刑并处罚金。

(二) 抢夺罪

抢夺罪,是指以非法占有为目的,乘人不备,公开夺取数额较大公私财物的行为。抢夺罪的主要构成要件是:

(1) 犯罪客体是公私财产所有权。

(2) 在客观方面表现为趁人不备,公开夺取数额较大的公私财物的行为。一般是趁财物所有者或保管者不备的情况下抢夺财物。行为发生的时间短暂,被害人会立即意识到财物的损失,这是抢夺罪的重要特点。根据《刑法》规定,抢夺的财物必须数额较大,才能构成抢夺罪;数额不大、情节显著轻微的,不构成犯罪。

(3) 在主观方面是直接故意,并具有非法占有公私财物的目的,但不具有使用暴力的故意。

(4) 主体为一般主体,即年满16周岁具有完全刑事责任能力的人即负刑事责任。

根据《刑法》规定,抢夺公私财物数额较大的,处3年以下有期徒刑、拘役或者管制,并处或者单处罚金;数额巨大或者有其他严重情节的,处3年以上10年以下有期徒刑,并处罚金;数额特别巨大或者有其他特别严重情节的,处10年以上有期徒刑或者无期徒刑,并处罚金或者没收财产。携带凶器抢夺的,按照抢劫罪处罚。

(三) 抢劫罪与抢夺罪的主要区别

(1) 侵犯的客体不同 抢劫罪侵犯的是复杂客体,即公私财产所有权和公民人身权;而抢夺罪侵犯的仅为财产所有权。

(2) 客观方面的表现不同 在实施犯罪的过程中,抢劫罪是对被害人采用暴力、胁迫或其他强制方法,而抢夺罪始终不使用这些方法。尽管抢夺财物也使用一定暴力,但它只作用于被抢夺的财物,不是作用于被害人人身,故不直接侵犯被害人的人身权利。如果行为人在抢夺财物过程中,因用力过猛,无意中造成被害人受伤的,因不属于故意使用暴力仍应定为抢夺罪,应按抢夺罪从重情节论处。

(3) 对构成犯罪的财物数额的要求不同 构成抢夺罪须"数额较大",构成抢劫罪无此要求。抢夺罪重在保护公民的财产权利,抢劫罪重在保护公民的人身权利。

(4) 处罚不同 《刑法》对抢劫罪的处罚重于对抢夺罪的处罚。抢劫罪的最低法定刑是3年有期徒刑并处罚金,最高法定刑是死刑并处罚金;抢夺罪的最低法定刑是3年以下有期徒刑、拘役或者管制,并处或者单处罚金,最高法定刑是无期徒刑并处罚金或者没收财产。

三、校园抢劫、抢夺案件的特点

(1) 案发时间多为晚上,特别是校园内夜深人静、行人稀少时;午休时间也可能发案。

(2) 案发地点多为校内比较偏僻、人少的地段。比如树林中、小山上、小湖边、远离宿舍区的教学楼周围、无灯少人的小道、正在兴建的建筑物等。

(3) 抢劫、抢夺的对象多为携带贵重物品的人或滞留在阴暗处的恋爱男女或独自一人的女学生。

(4) 犯罪分子攻击的目标多为现金、贵重物品(例如金项链、手表、钱包、手袋等)。

(5) 犯罪分子多对案发现场较为熟悉。

(6) 抢劫的犯罪分子较凶残,多携带凶器,极具危害性。

四、抢劫抢夺案件的防范措施

近几年,抢劫、抢夺案件在高校校园时有发生,影响十分恶劣,已引起公安机关和学校保卫部门的高度重视。有效地预防和处置抢劫和抢夺案件,是高校师生必须面对的新课题。

(一) 实用防抢五招

(1) 提取较大数额现金时,尽量在柜面点清楚,避免在大厅旁若无人地反复清点。露富的结局往往是成为歹徒袭击的目标。一般最好两人同行。

(2) 不要将装有贵重物品的包随便放在自行车前车篓里。有案例证明,车篓不是保险箱,很容易被抢夺。有些歹徒盯上目标后,还常常会在目标自行车轮上缠绕麻绳、铁丝等,一旦车主埋头清理时,就飞快地将车篓内物品抢走。

(3) 改变挎包姿势,最好将包斜挎,因为单肩直挎,歹徒很容易趁其不备时轻易得手。如果靠右行,包最好也在右边;如是两人同行,则包最好是在两人中间。

(4) 行走最好靠马路内侧,因为歹徒作案后须迅速逃离,通常会使用摩托车等交通工具,靠内侧行走无疑会增加其作案难度。

(5) 大多抢夺是针对贵重物品,因此,单独外出时尽量避免将昂贵首饰、手机等简单挂在脖子上。

(二) 遭遇抢劫抢夺怎么办

(1) 有制服犯罪分子的可能性的话,应大胆采取反击措施。因为抢劫犯的目的是为了获取钱财,必然要对受害人实施搜身搜包,与你进行直接、正面的接触,加上这时犯罪分子求财心切,又想尽量缩短作案时间,往往只顾搜查,而忽视或不能顾及你的防范。这时对你来说,则是不可多得的机会,应不失时机地制服罪犯。反击的要领:一是充分利用一切可利用的手段,如倒地后抓沙石朝歹徒脸上撒去,用身边可利用的一切器材如木棍、水瓶、石头等击打对方等;二是以最大的力量攻击敌人要害部位,如眼睛、太阳穴、鼻、裆部等;三是打击时应做到"稳、准、狠",不反击则已,一反击则要达到使对方暂时无力攻击的目的。

(2) 确无能力或无办法时,应"舍财不舍命",切不可打无把握之仗,拿自己的生命作赌注,按犯罪分子的要求交出部分财物,要保持镇定,与犯罪分子"套近乎",表示自己并无反抗的意图,使犯罪分子放松警惕,看准时机反抗或逃跑。当遇到极凶残的歹徒时,必须"破财挡灾",千万不能硬碰硬。

(3) 有可能的话,可大声呼救、高声呵斥或故意与犯罪分子说话,从心理上战胜犯罪分子。犯罪分子虽凶残,但心理上也有脆弱的一面,可以利用这一点进行"语言反抗",在心理上战胜对手。

(4) 要谨记犯罪分子的特征和其他情况,尽可能准确地记下犯罪分子的身高、年龄、体态、衣着、疤痕等特征及逃跑方向。

(5) 在最短的时间内向公安机关、学校保卫部门报案。报案时应迅速准确地说清案发地点、犯罪分子的特征及有关情况,为公安、保卫部门提供线索,以便公安、保卫部门能马上组织力量追捕犯罪分子。

(6) 犯罪分子逃跑时,应大声呼叫,并奋力追赶犯罪分子,但要注意与犯罪分子保持一定的距离。同时充分发动周围的群众、师生进行堵截、追捕,迫使犯罪分子放弃所抢的物品。

第三节 财产被骗风险

诈骗是指以非法占有为目的、用虚构事实或隐瞒真相的方法骗取数额较大的公私财物的行为。由于它一般不使用暴力,甚至是在平静"互惠"的气氛下,使受害者上当受骗。此类案件大多具有异地、多地、团伙及流窜作案的特点,加之部分受害人贪财心理、盲目同情心理、被骗后不及时报案等原因,致使各种类型的诈骗案件屡发不止,并呈阶段性多发态势。本章试图通过具体案例帮助广大师生认清各类诈骗者的作案伎俩,谨防上当受骗。

一、常见骗局介绍

(一) 传统骗局

(1) 以参与投资致富为诱饵

【案例8】 一位女研究生,在为撰写毕业论文进行调研的途中,在郑州火车站对面的旅社里认识了一个自称是开饭店的年方十七八岁的姑娘。两人一见如故,谈得十分投机。那姑娘邀女研究生去山东贩银元,说是来回大半天就可赚200元钱。女研究生经不起诱惑,见对方年轻便未存戒心,于是同她结伴去了郓城。她万万没想到:堂堂大学高材生,竟被这个小姑娘以2 480元的身价卖给了一个弓腰驼背的中年人为"妻",失去自由竟长达71天。

(2) 以不慎被扒博同情

【案例9】 作案人往往乔装遭遇突发困境,要求人们给予援助。南京某师范大学一澳门籍女研究生王某,在游玩时,遇到一自称是来宁考研的厦门女学生,"急需交注册费8 000元,却因手机欠费,和家里失去了联系"。先是借用王某的手机佯装和家里联系,声称很快就会有钱汇出,并把自己的信用卡交给王某"保管"。随着熟悉程度加深,王某逐渐失去警惕,最终"借"给该女生8 000余元,等第二天再和该女生联系时,却杳无音信。

(3) 伪装弱者,假装求助

【案例10】 作案人朱某于2011年5月窜入南京某高校,在学生宿舍楼公告栏内,看到江西籍老乡联络名单(上有3位同学的家庭地址、班级、宿舍等),分别找到这3人,冒充江西籍老乡,借口出差,因所带"光大银行卡"在此地无法使用,请求帮助。3位同学出于好心,分别借给他回江西的路费。朱某得手后,继续以同样手法,连续作案,后被警惕性高的同学识破,扭送至学校保卫处。

(4) 编造事故骗家人

【案例11】 2009年4月,某高校一位学生家长在家中接到一个自称是南京"110"的电话,称其子因车祸在某医院抢救,要求速汇5 000元到南京某银行。该生家长紧急筹款,按要求汇出。随后赶到南京,方知上当受骗。去银行查款,已被人取走。经查明,作案人此前曾以社会调查、勤工助学方式,发动在校大学生填写登记表,获取大量学生的家庭地址、家庭电话等信息,然后挑选"合适"对象,编造"事故",利用家长远在外地,真相不明以及救子心切的心理骗取钱财。

(二) 新型骗局揭秘

(1) 网上银行诈骗

警方通报,网上曾出现假冒网站,以 mybank.iclc.com.cn 为网址,模仿中国工商银行的网页(http://www.icbc.com.cn),目的是非法获取网上银行账号和密码,从而骗取个人账户内的资金。据国际反网页工作组 APWG 的报告显示,中国已经成为仅次于美国的世界上第二大拥有仿冒域名及网页最多的国家,占全球仿冒总量的12%。

【案例12】 随着网络迅猛发展,时下年轻人的生活方式也随之越来越网络化,都市白领成为网络银行使用的中坚力量。在上海一家日资企业工作的何小姐就属于这个族群。何小姐平时工作比较忙,接触到网络购物后,发现既节约时间又有趣味。她经常在网上购买一些东西,然后通过网上银行汇款给卖家。

但是,一次出差中的疏失,导致何小姐损失了1 000多元。由于在安徽出差,网络银行域名储存在办公室电脑里,何小姐又急于拍下一件网上出售的商品,于是,她突然想起用常用的搜索引擎搜索该银行。点开网页后,何小姐在页面上熟悉的位置填入自己的用户名和密码。没想到这就中了网络假银行网站的圈套。原来何小姐通过搜索引擎点开的实际上是一个假银行网站,由于没有看清楚该网站域名,又被看起来熟悉的页面蒙蔽了判断力,何小姐被骗取了个人网络银行信息。

(2) 电话诈骗

① 响一声:屡次听到铃声,一接电话又挂。

这些未接来电表面上看是普通的手机号码,实际是不法分子设置的自动语音呼叫系统,如果收到开头为0941或0951的未接电话,一回拨即收费500元。

② 账户"欠费"或"透支"

ⓐ "我是××电信局(公安局、检察院),您的电话已欠费,而且您的银行账户涉嫌洗钱、诈骗等犯罪,请配合"。犯罪分子冒充电信局工作人员拨打你的电话,告诉你的身份信息被他人冒用,所申领的电话已欠费。随后由一名自称是公安局的工作人员接听电话,称你名下登记的电话和银行账户涉嫌洗钱、诈骗等犯罪活动,为确保不受损失,需将本人存款转移至一个"安全账户",并且频频催促你赶紧通过电话或就近转账,不然损失更大。

ⓑ "顾客你好! 你已经在××超市透支消费××元,垂询电话×××××"。犯罪分子向你发送"银行卡刷卡消费"、"信用卡透支"等内容短信,当你电话"垂询"时,几名同伙便分别扮演"银行"、"警方"、"银联管理中心"层层设下圈套,只要确定你卡上有大量资金,他们便会"忠告"把钱转移到"安全账户"内。而所谓的"安全账户",就是犯罪分子事先用假身份证开设的诈骗账户。

③ 返还税金:"我是××税务局(财政局、车管所),现在国家下调了购车附加税率(购房契税),向你退还税金"。犯罪分子冒充税务、财政、车管所工作人员拨打你的电话,称"国家已经下调购房契税、购车附加税率,要退还税金",让你提供

银行卡号直接通过银行 ATM 机转账获取税款。当你到银行 ATM 机后,犯罪分子称自助银行退税系统只支持英文界面,让你按照犯罪分子电话提示操作,然后乘机划走你的钱。

④ 猜我是谁:"喂,猜猜我是谁?我是你老朋友哎!贵人多忘事,连我都记不得了?改日再联系。"犯罪分子先拨通你电话,让受害者"猜猜我是谁",受害人往往碍于情面在自己的亲友中联想猜测对方身份,此时犯罪分子顺势答应,并称近期要来宁看望受害人,为下一步诈骗作为铺垫。次日再编来宁途中出车祸、嫖娼、吸毒被抓被发现等谎言向受害人借钱,让受害者汇钱到指定账户。

(3) 短信诈骗

我国移动用户总数已经超过了 2.8 亿,是世界手机第一用户大国。平均每天有超过 3 亿条短信在用户的拇指尖传递。就在人们分享着高科技带来便利的同时,犯罪分子也在利用通信进步的科技成果作为敛财的手段进行诈骗活动。他们频繁利用手机、电话和互联网实施诈骗犯罪,严重危害社会治安,给群众财产造成了重大损失。此类犯罪手段不断翻新,欺骗性和再生性极强,常见手段如下:

① 点歌:"您的朋友 139……为您点播了一首歌曲,以此表达他的思念和祝福,请您拨打 9……收听"。

如果您回电话收听了,将会造成巨额话费。

② 伪造中介:"××公司出售手枪、防弹衣,帮您聘请杀手以及代办各种文凭、身份证、公章等一切证件。出售……考题"。

瞄准有特殊需要的"消费群体",伪造中介公司和商品信息,吸引他们将购物资金汇到指定账户中,然后迅速从银行把钱转移。而这种消费者而往往因各种顾虑不会报警。

③ 招聘陷阱:"某酒店高薪招聘男女公关,月薪保底1万元,联系电话……"

骗子伪造招聘信息,吸引谋求高薪待遇的接待服务的男孩女孩,然后骗取他们的报名费,被骗者通常因社会经验匮乏、找工作心切,容易被骗。

④ 上网陷阱:"史上最强笑话、魅力图片,寂寞吗?陪我聊聊,寻找姓氏起源只要回复短信就会拥有。"

网络骗子骗用户掉进上网陷阱,产生包月服务费用,月月都要扣除包月费。市民对这样的短信千万不要回复,如果回复了请立即找到客服部进行消除。

⑤ 骗话费:"××,我在外面出差,手机马上快没钱了,麻烦帮我买张充值卡,再用短信告知卡号和密码。"实际上该机已经被盗,现有持机人用盗得的手机发送短信给原手机通信录里的联系人骗取话费。

⑥ "线路检测":"您好,移动公司现在将对您的手机进行线路检测,请您暂时关闭手机3小时。"这类诈骗犯罪通常是因某种原因泄露了家庭电话号码,行骗者可能企图在您关机的时候编撰事由诈骗您的家人和朋友。

⑦ 骗取SIM卡号:骗子往往冒充移动工作人员:"我是××移动公司的工程师,现在将对您的手机进行检查,为配合检查,请按♯90或90♯。"

若按指示进行按键,SIM卡卡号可能会被骗取。

⑧ 中奖骗局:"我是×某公证处公证员××,恭喜你的号码在××抽奖活动中荣获二等奖,奖品是价值8.8万元的小轿车,请您带着本人身份证和800元手续费去××处领奖。"

利用人们的贪利心理设计"巨奖陷阱",很容

易导致被骗人以缴纳手续费、所得税等方式造成财产损失。

⑨ 代办缴费:"尊敬的用户您好,某银行提醒你我行现已开通代缴水、电、气费,电话费业务。每月从您的银行账户上自动扣除当月的水、电、气及话费。详情请拨打固定电话×××××。"

一旦依照指令回拨这个电话,即可能轻者带来话费损失,重者因泄露账号密码造成资金被骗。

⑩ 直接指令:"请把钱直接汇到××银行账号就可以了,户名××"。犯罪分子大批群发短信,称"我自己银行卡消磁了,把钱直接汇到我同事的账户,账号××",碰巧你正打算汇款,收到此类汇款诈骗信息后,可能直接把钱汇到犯罪分子的银行账号上。

⑪ 提供贷款:"免费提供长期贷款,无担保,立等可办。电话××"。犯罪分子通过手机信息或者报纸、网站发布信息,称能够提供免担保贷款,如果你与之联系,他会声称贷款必须先付保证金或者部分利息,并要求你自己办理一张银行卡,先打一笔"企业验资款"在账户上,证明企业的还款能力,然后开通电话查询功能供他查询。而实际上犯罪分子利用新办银行卡的初始密码,瞬间就能把钱转走。

不管骗子前面铺垫了多少内容,编撰了什么天花乱坠的故事,他的最终目的是要忽悠你将资金转入他提供的账户上去。谨防上当受骗最简单有效的办法,就是对这类电话或短信不予理睬、立即挂断!决不可随便泄露自己的账号和密码,更不能轻易将自己的钱款汇出去。需要特别提醒的是,即便真的欠费了,有关部门也只电话通知,电信和公安系统的电话并非一个总机,两个部门之间不可能实现电话转接。更不会电话指导设密码和转账。交费也是在指定单位固定窗口办理。请切记以下防止短信诈骗五不要:

不要轻信虚假信息;

不要因贪小利而受违法短信诱惑;

不要拨打短信提供的陌生电话以防受骗;

不要泄露个人信息,特别是姓名、身份证号、银行卡等关键信息;

不要将资金转入陌生账户。

(4) 信用卡诈骗

① 利用黑客软件、网络病毒盗取客户银行卡号、密码。

② "网络钓鱼",即在互联网上设立假的金融机构网站,骗取银行卡号、密码。北京、广西等地公安机关曾先后破获假冒银行网站盗划资金的案件。犯罪嫌疑人在

互联网上向用户发送虚假电子邮件,诱骗银行卡客户登录与真银行网站页面完全一致的假网站,诱骗受害人填写个人资料、账户号码及密码等内容。黑龙江一犯罪嫌疑人利用购物网站窃取持卡人的信息,累计推算出156万个有效银行卡卡号,破解了其中7万多个密码,伪造了8 800多张银行卡,流窜到陕西、安徽、河北等地,多次作案,涉案金额几十万元。

③ 使用高科技手段在ATM机上做手脚。2005年4月,广东省河源市出现了犯罪嫌疑人在ATM机键盘上加装银行卡密码器的新型犯罪手段。该密码器表面类似另一个"键盘",但其背面却是一个配有液晶装置屏幕的制作精细的电路板,可以自动记录银行卡客户输入的密码,令银行卡客户防不胜防,甚至导致个别地区全面停止使用ATM机。

④ 用假卡大宗购物行骗。2006年1月,上海市公安机关抓获5名马来西亚籍犯罪嫌疑人,缴获其伪造的"VISA"、"MASTERCARD"国际信用卡42张,该犯罪团伙通过持假卡大肆骗购黄金珠宝、名牌数码产品、名牌服装等高档商品。

二、校园骗局

(一)"高招陷阱"

每年高考过后,总有部分考生和家长因急于解决考生学业问题,屡屡落入高招陷阱。常见以招生为幌子的骗术有以下几种:

(1) 冒充高校人员谎称有"内部指标" 招生骗子和家长见面时,会拿出一些伪造的证件和学校的空白录取通知书,谎称手中掌握有某些高校"内部指标",要家长先付一部分定金,其余部分等录取通知书到手后再交。当家长给了定金后,他们给家长的是伪造的通知书,或者干脆逃之夭夭。

提醒:高招部门不会委托其他任何单位和个人从事招生录取活动。教育部也严禁高校委托其他单位和个人从事招生录取工作。另外,现在普通高校招生工作全部通过计算机网络传输信息,按分数和志愿由计算机来排序投档,任何人

为因素都不能影响录取结果。

（2）**声称有熟人能够"低分高录"**　骗子自称是招生院校某领导的熟人或者亲戚，声称自己有办法让不够第一批本科线的考生录取到第一批本科院校，只有专科分数线的录取到本科专业，从考生手里骗取大量钱财。

提醒：实行网上录取后，目前全国绝大部分省市招生录取都是招生信息管理系统，这个系统对于录取过程的各个环节及步骤做了逻辑限定，所谓的人为因素在这样的系统中基本起不到什么作用。

（3）**以"自主招生"为幌子行骗**　一些骗子误导家长，声称自主招生，花上数万元即可搞定。

提醒：经教育部批准进行自主招生的高校已对社会公布，参加自主招生的考生要提前填报志愿，参加考试，达到规定的分数线，并经过省教育考试院统一办理录取手续，除此之外所谓的自主招生行为都是骗人的。

（4）**冒充招生工作人员收"录取费"**　如有人提出将"录取费"交给个人或中介，肯定是陷阱。

提醒：实行网上录取后，录取通知书都是由高校直接寄给考生。需交纳的费用都在学生入学报到时交到学校财务部门。

（二）假冒老师骗取钱财

犯罪分子假冒学校老师，以收取计算机押金、图书馆借书证押金或班级名义活动费等为幌子，对新生实施诈骗。此类案件通常发生在新生刚入学的头几天，狡猾的犯罪分子会选择早晨5点多钟作案，大多数新生是在懵懵懂懂睡意浓浓的状态下被叫醒，由于初来乍到，人生地不熟，通常无意去判断真伪。因此面对这种诈骗，大多数新生几乎没有防御意识，很容易上当受骗。

预防方法：请牢记只有在认识的班主任或辅导员安排下才可以收取钱款，对其他任何人的交款要求绝对不予理睬！有条件时应及时报案。

（三）假冒"勤工俭学的代理商"骗钱

大一学生小章家住苏北，自幼勤奋好学，考入某大学后，一直想找个勤工俭学的机会以减轻家庭负担。某日看到一则广告说有个商家在招募"校内代理商"。经了解，原来是该商家在"让利销售"，即"代理商"可从商家先以较低价购入商品，再以略低于市场价格出售，其间差价收益不菲。于是小章一次性购买了3 000元的"洗发水、洗面奶组合"在校内推销。可很快就有学生投诉说使用该产品后皮肤刺痛搔痒难受,经查是典型的三无产品,有关部门责令小章立即停止销售。后来发现校园内竟然有好几个同品牌"代理商"。章同学等"代理商"找到商家要求按协议退货,商家表示"退货可以,但资金周转不过来,要等一等",数天后,干脆连电话也不接了。章同学等不仅没有收获预期的回报,看着一堆垃圾欲哭无泪。可恨的骗子让他们为自己的轻率付出了代价。

(四)巧立名目,销售假卡

新生刚入学时,不法分子会上门推销各种面值50元或100元的电信、电话卡,只卖30元或70元。可很快人们发现那些便宜卡要么是打电话单次收费很高,有的干脆就是张废卡。还有人上门推销"同学e时代"的打折卡,说能在本市所有旅游景点打折,并且能在各大名牌店打折,价格为16元。买了的同学却发现,只凭学生证就能享受景点折扣,而各大名牌店只认专用的贵宾卡。

有些同学也曾采取了一些防骗措施,如扣下对方证件(通常是假证)或用手机拍下对方肖像等。但几乎都没有实质上的约束力。骗子之所以能得逞,多半是利用人们贪小利的心理。只要警惕不劳而获的心态,一定可以识破骗局。切不可因初来乍到家长给的钱较多,就急功近利,对兼职等充满好奇,最终上当受骗。

【案例13】 南京某高校冯同学,周日上午9时上网时,她QQ上的一位"好友"主动与她打招呼。在两人的聊天中,她发现这位好友的聊天语气以及某些习惯似乎与平时有些不一样,但当时并没多在意。当该"好友"提出要用她的QQ号测试一个网络游戏时,她虽然有些疑问,但碍于情面还是答应了。之后发生的事出乎冯同学的意料。向对方告知自己的QQ密码后,冯同学使用中的QQ马上掉线且密码也立刻被更改了。这时,冯同学才觉得事情有点不对,她马上打电话联系了该好友,该好友告诉冯同学,自己的QQ号刚被盗。显然,刚才和冯同学聊天的很可能就是这个偷盗朋友QQ号的人。

事情并未就此结束,接着发生的事更令冯同学吃惊。几分钟后,陆续有同学、朋友和家人联系冯同学,着急地询问:"你到底出了什么事,需要钱应急啊?"原来,这个骗子以冯同学的名义向QQ群里的所有好友群发了一条求助消息,内容是需要钱救急,要大家把钱存入一个银行账号。冯同学尽快联系了自己QQ群里的每一位好友,告知自己一切平安,但100多位好友中还是有一位同学受骗,已经汇出750元。经过查询,从IP地址来看,这个骗子可能在湖南长沙,但开户的银行账号又显示在深圳。"我已经算得上很谨慎了,没想到还是中了招。"冯同学希望通过自己的经历,告诫大家,上网时不要轻易泄露自己的任何私人信息。

【案例14】 家住上新河的小玲同学,10天前在QQ上聊天时认识了一位马鞍山的男网友。一天,网友提出趁放假要到南京来看望小玲,小玲高兴地答应了。当天晚上,两人在新街口某卡拉OK厅见面后一起去唱歌,中途男网友以自己的手机没电了为由向小玲借手机用,结果一去不复返。而此时的小玲,连他的真实姓名都不知道。

【案例15】 南京某高校的大三男生小王有个在网上聊了半年多的辽宁女网友,对方一直自称24岁,是当地一家保险公司的白领。某日,女网友打电话给小王,说自己出差路过南京要和他见一面,可等小王到火车站接站时才发现,女网友的真实年龄至少有40岁。当晚,女网友在小王学校附近的一家旅馆住下后,说自己人生地不熟,让小王陪自己聊天,结果小王喝下她递上的可乐后,直到第二天中午才醒来。醒来后,小王发现自己身上的钱包(内有1 200多元钱及一张银行卡)和CD机不翼而飞,到总台一查,女网友登记的身份证竟是假的!

来自检察机关的数字表明,节假日中发生于网友之间的诈骗案较往常高出三成,作案人都是以见网友的名义实施诈骗,而受害人此前对他们的真实情况几乎都不了解,这给司法机关办案增加了相当的难度。为此有关部门提醒"聊友",和网友见面一定要慎之又慎,要对网友有个起码的了解,对网友提出的要求也不要轻易答应。

【案例16】 近年来,犯罪分子不断翻新网银诈骗手段,"中行e令升级"便是典型的一例。仅2011年第一季度,国内就发生100多起"中行e令升级"网银诈骗。苏州市民T某便是受害人之一。

2011年1月16日,苏州市民T某接到一条短信,称其"中行e令"将于次日失效,要求立即上网升级,T某立即上网,输入用户名、密码、动态口令等信息,后发现中行卡内198万元人民币被分两次转走。

【案例17】 韩同学在网上购物时,即时交流工具突然收到一信息称,某数码网站正在搞优惠活动,他看中的一款手机仅售850元。随后他查询了该网站,发现该网站不仅有备案,而且网民评价也不错。于是,他就按照该网页提示,通过所谓的"工商银行"网上银行支付货款,可是不知为什么,每次到输入口令密码时就发生错误。无奈之下他便到银行询问,这才发现卡上的1000多元已被骗子转移。

小贴士

再次强调:不要在QQ、搜索引擎和相关链接中登录网银地址,而要在地址栏中直接输入www.boc.cn(中行官网地址)等网银地址以确保登录安全。统计表明,被诈骗用户均是登录了犯罪分子设置的"钓鱼网站"www.bocqg.com等,因其与中国银行官网非常相似,且页面中大多数内容均能自动连接到中国银行官网,犯罪分子只是在页面上加入一个"登录中行网银e令升级"栏目,诱使当事人点击后上当被骗。犯罪分子在用户输入个人信息后,会利用预先设置的木马或盗码软件,在短短几分钟之内将用户资金转走。

【案例18】 这是发生在南京的一起电信诈骗案。2011年6月27日,南京某单位的女会计张某手机接到一个来电显示为02500110的电话,对方自称南京市公安局民警:"你叫张××吗?我们接到市公安局电话,说你涉嫌一起案件,主犯已经抓到,武汉市公安局寄给你的单子你有没有收到?等会武汉市公安局民警会和你联系的"。几分钟后,受害人张某手机接到来电显示为002785874400的电话,自称是武汉市公安局民警:"你叫张××吗,你是××年××月××日出生的吗?我们这里抓了一个叫王强的人,他用你的身份证办了2张银行卡,欠了200多万元巨款,案件非常大,你现在哪里,讲话是否方便?"骗子继续忽悠。听到对方说出了自己的出生年月,张某更加确信对方是公安局民警无疑。张某此时正在单位,骗子让她不要关机,立即回家接电话。半小时后,张某到家,骗子电话随即打了过来:"你在银行里办了多少张卡,卡里有多少钱,我们要对卡内资金进行检查,否则将立即全部没收。"

在对方的恫吓威胁下,受害人张某精神紧张,逐步掉入圈套。张某如实说出银行存款情况后,骗子威胁她不要对家人提到此事,并将电话给了另一自称李警

预防与应对

官的骗子。这两名骗子轮流、不间断地对张某进行威胁,要她将所有的钱转到指定的公安局账户,以便进行核查。张某相信后,赶到银行转账,期间骗子一直与她保持通话,骗她将两张银行卡上的290万元转到骗子提供的4个银行账户内。诈骗成功后,骗子挂断电话,张某才想到与家人联系,发现被骗。

骗子在电话中对张某反复强调:造成身份资料被他人利用涉嫌犯罪就是银行所为,银行员工谁也不能相信,并要她手机保持全程接通状态,进行所谓手机监听"记录银行员工犯罪证据",骗子们这样做的目的,一是切断了张某和外人联系的渠道,二是防止银行员工劝阻成功,确保作案得手。

【警方提示】

真实"110"在电话上永远不显示。

警方调查发现,尽管此前已做过相应的防范提示,但从上当受骗的对象来看,他们大多是不看报纸、不听广播、不看电视的一个群体,如果家人或亲友发现身边有这样的人,要及时提醒他们。其实,面对花样百出的电信诈骗,如果大家都能牢记下面四点内容,是完全可以成功识破当下所有电信类诈骗的。

首先,"110"作为国家规定的特殊号码,从来不设定区号,而且一般也不会用这个号码拨打市民的电话,即便是拨打,也永远不会显示"110"。此外,需要牢记的是,00019、00、+号开头的号码,都是网络电话,国家机关不会使用此类号码。

其次,接到电话欠费、银行卡欠费、法院传票等电话,市民要自己去拨打114,查询来电中声称的有关单位、部门联系电话,然后再打查询到的电话,是不是骗局一问就知。

第三,如果市民收到手机短信,声称欠费、转账、交年费等内容,只要打银行客服或咨询当地110,即可辨别真假。

最后,面对陌生来电,不要在电话中透露自己的个人信息,如身份信息、银行存款等情况,以防被骗子利用。千万牢记警方提示:"不信任,不汇钱",就可以成功防骗。

三、大学生上当受骗的主要原因分析

(一) 思想单纯,防范意识较差

从小学到中学的十几年,他们的学习、生活都是在父母和老师的呵护之下。进了大学后开始独立生活,由于青春充满激情,容易感情用事,加上自我防范意识较差,客观上给诈骗分子造成了可乘之机。在学生宿舍,经常有一些前来寻访的熟人、老乡和同学,甚至有朋友的朋友、同学的同学、亲戚的同事、熟人的老乡等各类人物。这其中,有的真有的假,不少同学缺少刨根问底的习惯,在未辨明的情况下宁可信其有而不信其无,热情接待,助人为乐。

【案例19】 新生池某初进校门就受到"本校研究生"卞某的热情照顾,交谈中又得知两人"毕业于一个中学",于是感觉亲上加亲。卞某对池某百般关心,嘱咐他把钱存到校内自动储蓄点,用起来安全方便。卞某在陪池某存钱途中,诡称要买电脑暂借3 400元,池某便非常爽快地借给了卞某。卞某拿到钱后遂坐上"的士"扬长而去,池某发现上当受骗时却为时已晚。

【案例20】 南京某高校一学生坐火车时,邻座的男青年自称是北京大学学生,在南下社会实践的途中和老师走散了,所有的行李和钱都给老师带走了,恳求他帮忙——借点钱,并保证一个星期后归还。这位同学一听,立即将身上的2 000元现金给了他,下车后又到邮局取了3 000元借给他。那位青年自从走后再无音讯。好心的同学根据那个青年留下的电话号码打到北大询问,北大告知查无此人,还告知已有10多人来问过该人的情况。这位同学这才如梦方醒,大呼受骗。

(二) 贪图虚荣,遇事不够理智

某女生在火车上遇到一"高干子弟"主动搭讪,聊得十分投机,便互留通讯地址,希望到时能有个靠山。"高干子弟"表示十分喜欢她,并与她热恋起来,带她外出旅游并与其发生了性关系。当"高干子弟"案发被捕时,该女生还正在为自己找到靠山而展开想象的翅膀构思自己的未来呢!

（三）有求于人,交友行事轻率

每个人都免不了有事求人相助,能否帮助需要根据求助何事和求助对象的情况而定,如果不问青红皂白一味地为了达到自己的目的而轻率交友行事,弄不好就会上当受骗。高校诈骗案中的被害人,都是文化层次较高的大学生、硕士生、博士生以及有名望的学者和干部。他们由于轻信谎言而上当受骗后虽然追悔莫及,但又羞于自己被骗的事张扬出去有失体面。特别是女生在上当受骗后,为了顾全名誉常宁可忍受其害而不愿报案。有些犯罪分子,正是利用人们的这种心理屡屡作案而却逍遥法外。

（四）贪小便宜,急功近利

贪心是受害者最大的心理缺点,很多诈骗分子之所以屡骗屡成,正是利用了人们的这种不良心态。学历程度并不代表智力水平的高低,一些同学往往为诈骗分子所开的"好处"、"利益"所吸引,有的自认用最小的代价获得最大的利益和好处,结果却落得个"鸡飞蛋打"的结局。

四、诈骗风险控制

（一）防止受骗

（1）始终保持清醒头脑　一些诈骗分子往往称自己陷入了困境,向过往行人以超低的价格兜售一些名表、手机、项链之类的物品,其诱惑性极大。若遇此情况,一定要能够保持清醒头脑,万万不能因一点小便宜而蒙住了自己的双眼,冲昏自己的头脑。

遇到此种情况,第一,要向兜售者索要所兜售物品的发票或购物凭证,证明物品的合法性。其次,查看兜售者的身份证件,以备不测。第三,找有专业鉴别知识的部门或人员鉴别物品的质量,以防假冒伪劣。如果是诈骗分子,运用以上三种方法中的任何一种都可以使其原形毕露。确定遭到诈骗后,要及时与校保卫处及公安机关联系,将诈骗分子绳之以法。

从警方已经侦破的案件中发现,不法分子抓住被害人的贪图小利、粗心大意、盲目轻信等弱点,诱骗被害人轻信谎言后自愿将现金存入指定账户;作案人通过发送短信方式引诱受害人上当,不需与被害人正面接触,其作案具有很强的隐蔽性。随着群众警觉性的提高,短信诈骗犯罪已由最初的单人作案向组织更严密、犯罪设计更精心的集团犯罪转型。不轻信、不贪婪、不着急、不回复,这是手机用户对付诈骗短信最有效的办法。

（2）"停、看、听"三大绝招防止被骗　尽管各种诈骗花招百出，但只要不存贪念，遇事遵行"停、看、听"守则，冷静对待，受骗机会就会减少。"恭喜你中大奖了！"听到这样的好消息，你别高兴太早；"可怜可怜我吧，我现在急需花钱，把你的现金借给我，我拿我的存折做抵押。"听到这样的话，你也请先别为之动容。

"停"就是使自己冷静下来，不要处于一种激动、亢奋状态。"看"就是看所讲的事物是否可信，对方讲话的神态表情是否过于夸张。"听"就是提几个问题听对方的回答。一般而言，骗术经不起推敲，盘问得越多漏洞越多，骗子越心慌。上街遇到稀罕事要"停、看、听"，骗子便拿你无计可施。

（3）九"不"助你有效防骗

① 不要将个人证件借给他人，以防被冒用。

② 不要将个人信息资料如存折（或银行卡）密码、住址、电话、手机等随意提供给他人，以防被人利用。

③ 对陌生人切不可轻信，更不要将钱借给陌生人。

④ 防止以求助或利诱为名的诈骗行为，一旦发现可疑，应及时向父母、老师或保卫处（派出所）报告。

⑤ 切不可轻信广告、网络、电话（手机）上的勤工助学、求职中奖等信息，防止上当受骗。

⑥ 不贪横财，做老实人，要有强烈的防骗意识。

⑦ 敢于说"不",要学会察言观色。旅途中对陌生人提供的香烟、饮料、食品等,要婉言谢绝,防止犯罪分子的"迷魂药"。

⑧ 不要到街头地摊上"测字"、"看相"、"算命",那些都是骗人的把戏。对街头向您求助或乞讨的"可怜人",要细加识别,防止上当受骗。

⑨ 遭到骗子的"暗算",一定要就近快速报案,万万不要"哑巴吃黄连"。

(二)如何分辨真假网上银行

假银行网站具有很强的隐蔽性,通常只是域名相差一个字母或数字,主页则与真银行网站非常相似。当用户登录网上银行时,必须再三审核银行网站的真伪,尽量不要通过搜索来登录银行网站,防止用户名和密码被假银行网站骗取。

建设银行推荐用户设置与信用卡密码不同的网上银行密码,上"双密码"保险;而工商银行则推出了USBKEY服务以保网络安全。USBKEY在外形和用法上类似可移动磁盘,一旦用户登录网上银行进行网上转账,除了需要密码外,必须在USB接口上插入USBKEY,确认后方可实现操作。但目前USBKEY在网银用户中的使用率并不高。

使用数字证书也是一种防范,如中国金融认证中心作为独立于交易行为第三方,推出了CFCA网上银行数字证书,可保证交易双方身份真实确定及交易数据完整、不可篡改。

此外还要戒备不明电子邮件诈骗。这类网络欺诈邮件会提供一个与银行或购物网站极为相似的链接。收到此类邮件的用户一旦点击此链接,紧接着页面会提示用户继续输入自己的账户信息。如果用户填写了此类信息,这些信息将最终落入诈骗者手中。实际上,除了电子邮件以外,电话和手机短信也成了骗取账户信息的工具。电话和短信中"注册网银中大奖"等信息,往往不是银行发出,而是不法分子骗取网络银行用户名和密码的手段。

(三)识别短信诈骗的主要特征

从警方已经侦破的案件中发现,不法分子抓住被害人的贪图小利、粗心大意、盲目轻信等弱点,诱骗被害人轻信谎言后自愿将现金存入指定账户。作案人通过发送短信方式引诱受害人上当,不需与被害人正面接触,其作案具有很强的隐蔽性。随着群众警觉性的提高,短信诈骗犯罪已由最初的单人作案向组织更严密、犯罪设计更精心的集团犯罪转型。不轻信、不贪婪、不着急、不回复,这是手机用户对付诈骗短信最有效的办法。

尽管各种诈骗花招百出,但只要不存贪念,遇事遵行"停、看、听"守则,冷静以对,受骗机会就会减少。"恭喜你中大奖了!"听到这样的好消息,你别高兴太早;"可怜可怜我吧,我现在急需用钱,把你的现金借给我,我拿我的存折做抵押……"当你听到这样的话,你也请先别为之动容。

(四) 五项措施保安全

通常网上银行客户被欺诈主要原因包括使用弱密码、将网银密码设为与其他网站密码相同的密码、登录假网站上当受骗、被木马病毒盗取密码等,而克隆的假网站则是客户最不易防范的陷阱。但如果你能做到以下五点,就能确保资金安全。

(1) 你登录时应直接在浏览器的地址栏输入正确的网银地址,而不要点击其他网页上的链接,特别是不明邮件中给出的链接。这是确保你登录正确网站的最直接的方法。

(2) 网上银行一般都分别设置登录密码和交易密码,这两个密码应设置为两个独立不同的密码,这样,即使你不慎登录了假的网站,不法分子单凭窃取的登录密码是不可能在网上对你的资金作任何转移的,也不可能通过仿制你的银行卡,在 ATM 机上窃取现金。

(3) 一些银行的网上银行还有一个"预留验证信息"的设置,你在柜台上或初次登录网银的页面上可以设置一个自己独有的"预留验证信息",可以是一个词也可以是一句话。若你以后登录网银或在特约的购物网站上支付时,网银页面会显示预留信息,未显示预留信息的网页,则很可能是假网站。

(4) 很多银行的网银都有个性化设置账户的功能,你可以通过这个功能设置个性化的登录名以代替常规的登录账号。比如你可以将登录名设置为一个自己熟悉的单词、字母组合、数字组合等。使用个性化登录名登录网银时,你无需在登录页面输入账号信息。即便这个登录时的信息被不法分子知道了,他们也无法仿制你的银行卡,在 ATM 机上盗取你的资金。

(5) 在网络世界中数字证书是分辨真假网站的有效工具。当你登录网站时,数字证书有一种"用户和银行互相确认对方身份"的机制,能够帮助你检查出这个网站的真假,这样你就大可不必担心会登录到假的银行网站而使自己的资金账户受到不法分子的侵扰了。什么是数字证书呢?数字证书本身是一个包含个人身份信息的特殊电子文件,它是国内外普遍采用的一整套成熟的信息安全保护机制。

除此之外,你还要养成良好的网络使用习惯,比如不在不安全的网络环境中(比如网吧)登录网上银行,定期更新杀毒软件,不随便点击不明邮件中的链接等等。

五、大学生交往中的其他安全问题

（一）遇到丢包陷阱怎么办

丢包陷阱的情形通常如下：一个人在你面前"无意"丢下一个包，包里往往装满"钞票"、"首饰"；另一个人上前假意与你一起发现被丢的包，并要求平分你拾到的东西，并花言巧语让你得大部分，但要你拿出身上的钱或佩戴的首饰抵押。这时不要贪图小利，利令智昏，应将拾到的东西送交派出所或打110报警，这是你的第一选择。有可能的话稳住骗子，以利公安机关打击违法犯罪。

（二）外出旅行时，遇到热情同路人请你共饮共餐怎么办

不要被他人的盛情迷惑，要谢谢他的好意，然后婉言拒绝。一般来说，不管什么原因，只要曾因故离开过桌子，回来后就不要再继续用餐和饮水，以防被人在食物中做手脚而遭遇不测。

（三）遇到免费推销商品"中奖"怎么办

当你行走在街头，遇到有人向你免费赠送产品，当你打开产品，发现自己"中奖"时，你可千万别上当。因为当你领取奖品时，骗子常会谎称奖品必须交纳一部分税金，从而骗取你的钱财。

（四）遇到无赖讹诈怎么办

当你外出，有时会遇到无赖突然歪倒在你的车前，谎称你将他撞倒，要求你给予医药费、损失费；或是他们故意与你迎面相撞，将不值几文的变色镜、所谓的"金表"扔到地上，说是你撞坏了，必须赔他。这时你不必跟他争吵，要求到派出所去处理或拨打110报警；也可佯称身上没带钱，请他们跟回住处取等方法与之周旋，并寻机向附近的派出所报案。

（五）防范陌生人的搭讪

犯罪分子往往利用同路、找人或搭乘出租车等方式接近犯罪目标，用递烟、送饮料等方式实施药物麻醉,抢劫或诈骗财物。对于预防麻醉抢劫或诈骗,我们在日常生活中要注意做到:第一,对主动前来搭讪的陌生人要提高警惕,注意从其讲话的语气中捕捉不安定的信息。第二,绝对不能贪小便宜而吸食陌生人"热情"递送的烟或饮料。第三,谨防陌生人提供"发财点子"的诱饵或以迷信施加的恐吓,保持清醒头脑,切勿上当。第四,凡遇麻醉抢劫或诈骗,应及时报警,惩治罪犯。

(六)网上慎交友

近十几年来,计算机网络飞速发展,正改变着人们的工作、学习和生活,但网络也给人们留下了安全隐患。如某学院一镇江籍女生,通过聊天认识了一网友,并把自己家庭地址和手机号等信息告知了对方,后该网友得知女生暑假在家,竟跑到女生家附近的小镇住下,并设法将该女生骗至江西。当家人费尽心机找到她时,发现她已变得精神恍惚,连生活都无法自理,更别说继续学业了。

大学生在网络上交友,一定要注意加强自我防范和保护意识。一是不要过分信赖对方,无所保留地暴露自己的信息;二是交往中要保持与对方的距离,时刻提高警惕;三是既不要轻视忽略对方,过高地估计自身的能力,也不要过分依赖对方;四是尽量不要单独与对方接触,特别是女生更应避免在夜晚、陌生、人迹稀少且孤立无援等情况下与对方见面。

六、被骗后的应对办法

发现被骗后,尽量不露出怀疑对方的破绽,稳住对方,拖延时间,周围有同学的话,可以请他们协助将骗子扭送保卫处或拨打校园报警电话;如是在校外,可立即拨打110报警,积极配合公安机关、保卫部门调查情况。

预防与应对

第六章 出行安全风险

交通线历来有生命线之称。现代交通给人们带来了高效和便利的同时,也带来了无数危及生命和财产安全的交通事故。在我们身边,交通事故以及由此而带来的悲剧,几乎每天都在上演。全世界每年有120万人死于交通事故,其中约10.5万人是中国人。据统计我国平均每天发生交通事故1 131起,每天有300人因此死于非命,这相当于每天都从天上掉下一架波音飞机的损失。交通事故和它所带来的严重后果,不是耸人听闻,它就像一只伺机捕食的猛兽,随时准备吞噬那些敢于违反交通规则的人们。

第一节 出行交通安全风险概述

近年来,高校校园内外人流量、车流量急剧增加,周边的交通环境日益复杂,交通事故时有发生。来自公安部交通管理局的信息,截至2011年6月底,全国机动车总保有量达2.17亿辆,其中私家车(多为非职业驾驶员驾驶)保有量达7 206万辆。据有关部门统计,随着机动车的逐年增加,道路交通事故明显呈逐年上升态势。2009年,全国共发生道路交通事故238 351起,造成67 759人死亡、275 125人受伤,直接财产损失9.1亿元。2010年,全国共发生道路交通事故3 906 164起,死亡65 225人,伤254 075人,直接财产损失达9.3亿元。广东、浙江、江苏、山东四省交通事故死亡人数均超过4 000人,位居全国前四。统计数据显示,人们交通安全意识的普遍淡薄是造成交通事故发生率居高不下的重要原因,可见随着现代交通的发展,交通安全问题越来越重要了。大学生作为社会的一分子,必然要面临交通安全问题。如何面对出行危机？是我们不能回避的严峻问题。

【案例1】 居民蔡某在热河南路129号附近过街时，为避让洒水车，调头猛跑被避让不及的公交车撞倒碾压致死。

【案例2】 青年李某在城郊公路上骑车时因疏于观察，被后面疾驶而来的卡车当场撞死。

【案例3】 2006年4月20日，一位拥有硕士学位的女白领在上海乱穿马路后抗拒处罚，推搡、大骂交警，也为自己的行为付出了代价，被卢湾公安分局处行政拘留10天。她也因此成为上海有史以来第一个因乱穿马路后妨碍交警执法而被拘留的行人。

【案例4】 2006年6月2日晚8时30分许，三亚市一学生赵某和几名同学在某酒店附近马路上溜冰，赵某不慎滑入一辆正在行驶的小轿车底，小轿车从他身上驶过。后来赵某被送往三亚市人民医院抢救无效死亡。

第二节　预防交通事故

交通事故的发生，大多是因为交通违章造成的，有的是车辆违规，有的是行人违规，也有的是骑自行车违规等。在校园内发生的交通事故主要原因是思想上麻痹和安全意识淡薄。有的同学注意力不集中，边走路边看书边听音乐或边走路边发短信心不在焉；有的同学在路上蹦蹦跳跳，嬉戏打闹，甚至在路面进行球类活动；有的同学购买了自行车在校内道路上"飞速"飙车，埋下安全祸根。在校园外，大学生离校、返校、外出旅游、社会实践、寻找工作等外出活动中的交通事故也时有发生。

以不闯红灯为荣

一、常见行人交通违规现象

我们生活在这个社会，每天都要走路，每天都要过马路，但我们是否真的会过马路呢？下面看一看行人过马路违反交通规则的常见情况。

（1）不遵守信号灯的信号乱穿马路。
（2）不走天桥或地下通道，翻越隔离栏杆，随意招呼出租车。
（3）不注意观察过往车辆，过马路时吃东西、打手机、追逐嬉闹。
（4）过马路时不走人行横道线。

【案例5】 2006年4月，南京东郊大学城某知名高校一男一女两个大三学生，乘坐无证经营的黑车，与公交相撞后一死一伤，伤者基本呈植物人状态，巨额医疗费用索赔无门。

二、骑自行车安全须知

我国堪称自行车王国，自行车是我们中国人最常用、最普遍的交通工具，大多数人上下班、出门办事等都骑自行车。在校学生也有不少同学经常骑自行车出校

行人横过车行道，有人行横道、过街天桥或地道的，
必须走人行横道、过街天桥和地道。

门,到校外游玩、办事等。如果我们不能有效避免下列行为,就时刻有可能的交通事故在威胁着我们:在快车道上骑自行车,抢道争先,追逐竞驰;骑车带人;逆向行驶;双手脱把及不遵守信号,乱骑乱闯等都是造成事故的高频起因。

自行车行驶应做到"十不":

(1) 转弯前须减速慢行,前后注意,伸手示意,不准突然猛拐。

(2) 超越前车时,不准妨碍被超车的正常行驶。

(3) 通过陡坡、横过4条以上机动车道或途中车闸失效时,须下车推行,不准快速行驶。

(4) 下车前须伸手上下摆动示意,不准妨碍后面的车辆行驶。

(5) 双手不准离把或攀扶其他车辆或手中持物。

(6) 不准扶身并行,互相追逐或曲折竞驶。

(7) 大、中城市市区不准骑自行车带人。

(8) 切记不能酒后骑车。因酒后骑车发生事故致伤、致残、致死者屡见不鲜。

骑车人要随时提高警惕,不要以为自己不违章不冒险就万无一失了,还要防止机动车、其他非机动车或行人的违章行为可能发生的事故。

(9) 在慢车道骑自行车正常行驶时,要注意避让驶入慢车道的机动车,不得与之抢道。因为公共汽车或其他车辆在停车前都要驶入慢车道,还有右转弯的机动车需要并线,这就会与自行车发生冲突,如果骑自行车时不注意避让机动车,就很容易发生交通事故。

(10) 骑车载物不超宽,即载物宽度不能超出车把宽度15厘米。

骑车不得并驾与嬉戏打闹

有时也会有机动车失控闯入慢车道与自行车相撞。骑自行车从停着的汽车旁通过时,应十分留神,要按铃降低车速,发现情况及时捏闸,因为常常会发生汽车左侧车门突然打开,致使骑车人倒向路中间,被驶来的汽车碾轧的情况。

另外,骑自行车时要注意避让执行任务的警车、消防车、工程救险车、救护车,与这些特种车争道抢行是非常危险的。

【专家提示】

作为一名大学生,应认真学习《中华人民共和国道路交通安全法》,自觉严守交通规则,杜绝和避免交通安全事故。

三、乘坐火车安全须知

火车在我国是旅行的主要交通工具。它的特点是载客量大,车次准确,费用低廉,中途可以换乘、停留(在车票有效期内),具有一定的灵活性。此外,还有夜间行车的优越性,既可节省时间,又可节省住宿费,在途中能得到休息。

乘火车时应注意下列问题:

(1)当旅客进站上车时,应该走规定的检票口,通过天桥或地道,不可穿行铁路、钻车或跳车。还要特别注意严禁携带易燃品、易爆品和危险品上车。易燃物品一般指煤油、汽油、香水等。易爆物品一是指爆破器材,包括各类炸药、雷管、导火线、非电导爆系统、起爆药和爆破剂;二是指黑火药、烟火剂、信号弹和烟花爆竹。

(2)当列车进站时,旅客和送旅客的人都应退离站台安全线以外。因为列车进站时速度较快,风力大,如离得太近就有可能被卷入站台下发生危险。在列车还没停稳时,不要往前拥挤,更不要爬窗而入,应该先下后上,按顺序上车。

(3)当列车开动时,送行者一定不要越过站台的安全线,更不可随车向前跑动,不可跟车上的亲友握手或递东西。

(4)当列车开动时,不要把手、脚、头部伸到车窗外,以防被信号机、隧道以及路线旁的树木刮伤。行车架上的物品要放牢,避免掉下来砸伤人。睡在卧铺车厢上铺时,要将车上的安全带挂好,防止睡觉时掉下来摔伤。在列车上不宜饮酒,因为喝酒过量,头脑失控,容易碰伤摔伤,甚至造成伤亡事故。

(5) 列车停靠站时,经常出现三多,即上下乘客多,换座位的人多,找行李空地的多。此时,要特别注意犯罪分子浑水摸鱼,要看好自己的行李物品。不论白天还是晚上,尤其是夜间,要特别注意防范犯罪分子盗走你的行包、财物等。夏季乘坐空调火车时,还应注意防感冒,因为火车在夜间行驶时车厢的温度不到20℃,只穿短袖衬衫难以忍受,应备好衣服。

四、乘坐汽车安全须知

(1) 乘坐公共汽车和长途汽车,须在站台或指定地点依次候车,待车停稳后,先下后上。要特别注意的是,有的乘客下车后往往急于赶路,突然从车前或车后猛跑穿越马路,这样极易被来往车辆撞到,造成伤亡。为了安全,乘车人下车后,应先走上人行横道,再从人行横道过马路。

(2) 乘车人乘坐小轿车,在停车后准备下车时应观察后面有无来车(包括自行车),再开右侧车门,因为右侧靠非机动车道和人行道。如果确需开左侧门,应在确信无来车的情况下开车门下车,并迅速、安全地向人行道方向走,切不可直接穿越马路。

(3) 不要携带易燃、易爆物等危险物品乘坐公共汽车、电车、出租车和长途汽车等交通工具。

(4) 乘车人不要与司机攀谈,不应催司机开快车,或用其他方式妨碍司机正常驾驶。车辆行进中,不要将身体的任何部位伸出车外,也不能跳车。

(5) 乘汽车旅行,需时时刻刻注意自己人身及随身携带财物的安全,尽量不要在车内打瞌睡。汽车内空间相对狭小,方便犯罪分子作案,因此,一定要看管好自己随身携带的钱财和贵重物品,防止被盗。

(6) 防止晕车,及早预防。如以往有晕车情况发生,应提前预防,可在上车前半个小时服用晕车药以防止晕车。

小贴士:车祸发生后如何现场自救

(1) 出血:可以把身上的衣服撕成布片,对出血的伤口进行局部加压止血。

(2) 肢体骨折:现场可以找块小夹板、树枝等物,对患肢进行包扎固定。

(3) 头部创伤:把伤者的头偏向一边,不要仰着,防止呕吐物引起呼吸道堵塞,造成伤者窒息。

(4) 腹部创伤：应把内脏尽量在原来的部位，拿一个容器扣在腹壁上，不要把内脏放回腹腔内，以免造成腹腔感染。

(5) 呼吸心跳停止：及时对伤者进行口对口的人工呼吸，进行简单的心脏按压术。

（详见第八章）

五、乘坐飞机安全须知

（一）合理饮食

登机前，不要吃得酒足饭饱，那样，会给你空中旅行带来不适之感，或发生恶心、呕吐。乘机前，不要吃含纤维素较多和易产生气体的食物，如汽水、薯类、豆类、生菜、黄瓜、胡萝卜及花生等；也不要吃高脂肪、高蛋白食物。最好是选择一些热量高、易消化的食品，如面包、蛋糕、面条、酸牛奶、瘦肉、水果糖、巧克力以及水果等。民航客机上一般会免费供应果汁、冷饮、各类水果糖和巧克力等食物。

（二）运输行李小常识

(1) 国家规定的禁运物品、限制运输物品、危险物品以及具有异味或容易污损飞机的其他物品，不能作为行李或加入行李内托运。承运人在收运行李前或在运输过程中，发现行李中装有不得作为行李或夹入行李内运输的任何物品，可以拒绝收运或随时终止运输。

(2) 乘客携带的除管制刀具外的利器或钝器，应随托运行李托运，不能随身携带。

(3) 大件行李切勿随身携带上飞机。有许多乘客为了节省候领行李的时间，喜欢随身带大件行李上飞机，这实际上不利于安全。发生紧急事故时，座位上方储物柜会因承受不了重量而裂开，导致大件行李掉落，从而危及乘客的安全。

（三）提前办理登机手续

在办完登机手续后到飞机滑行到跑道头的 30 分钟内，民航工作人员要进行以下三个方面的工作：

(1) 值机人员要结算旅客人数、行李件数、货物件数、重量、邮件等，并根据以上数据进行载重平衡的结算（载重平衡结算要画平衡图，计算重心位置），然后做好舱单，送上飞机交机组，飞机方可放行，这些工作大约需要 15 分钟。

(2) 在进行上述工作的同时，广播室通知乘客开始登机，乘务员要核对登机牌，清点人数。乘客上了飞机后，乘务员要再次清点人数，防止有人漏乘，然后进行飞机起飞前的准备工作,给乘客讲解有关注意事项和机上设备使用方法,检查行李架上的行李是否放好,乘客的安全带是否系好等工作。搬运队还要往机舱内装行李、货物、邮件,以上工作虽是同步进行,但全部完成需要 20 分钟。

(3) 剩下 10 分钟是飞机关好舱门滑行到跑道起始点所需的时间,所以飞机离开地面前 30 分钟应停办乘机手续,否则航班就会延误。

(四) 关掉手机

《民航安全保卫条例》中明确规定:乘客登机要关掉移动电话、电脑和游戏机。移动电话不仅在拨打或接听过程中会发射电磁波信号,在待机状态下也在不停地和地面基站联系。在它的搜索过程中,虽然每次发射信号的时间很短,但具有很强的连续性,所以手机发出的电磁波就会对飞机的导航系统造成干扰,在能见度低的情况下影响更大。飞机在平稳飞行时,距地面 6 000 米至 12 000 米,此时手机根本接收不到信号,无法使用,在起飞和降落过程中,手机才有可能与地面基站取得联系,但此时干扰导航系统产生的后果最为严重。

(五) 听从机组人员指挥

(1) 登机前,乘客及其随身携带的一切行李物品,必须接受机场安检部门的安全检查。乘客要按所购机票的机舱类别、座号就座,除上厕所等某些必要的活动外,一般不要随便走动。不要串舱,更不要接近驾驶舱。

(2) 熟记空中乘务员做的飞行安全示范。各种飞机机型都有紧急出口,乘客上飞机后应细心聆听乘务员讲解的飞行安全须知,熟悉紧急出口的位置及其他安全避险措施,以免遇到紧急情况时手足无措。

(3) 在飞机起飞、降落和飞行颠簸时要系好安全带。身体不适时,应及时与乘务员联系,可请乘务员帮助调整座位和坐椅靠背,闭目休息。机上备有常用的急救药品,乘务员会在必要时向你提供。

(4) 机舱内配有救生设施,乘务员会将这些设施的使用方法向乘客介绍和示范,在发生紧急情况时,由机组人员组织乘客使用。未经机组人员的许可,任何人都不可随意运用。当遇到紧急情况时,乘客应保持镇定,绝对听从机组人员的指挥。

(5) 乘飞机时要尽量穿棉质的衣服,最好不要穿容易燃烧的化纤衣服。少喝酒及含酒精的饮料,酒精可使人的紧急应变能力下降,因此,坐飞机时自我约束酒量非常重要。

【案例 6】 2010 年 6 月 28 日下午,杭州飞南宁的 MF8377 次航班起飞后没多久就紧急返航。原来航班起飞10分钟后,驾驶舱的应急装置突然报警,机舱压力有点失衡,机长检查后发现,飞机的安全逃生门有被动过的痕迹,于是赶紧和地面联系,请求立即返航。飞机安全落地后,机场公安人员经过详细检查,确定坐在13排A座的童某嫌疑最大,于是把他带回公安局,接受调查。经查乘客童某因从未看过紧急疏散舱门使用情况,登机后忍不住好奇曾擅自打开舱门,"试试安全门能不能用",但由于没有专业知识,没有经过严格的专业培训,未将该紧急疏散门关闭到位,才造成飞机升空后出现异常,紧急迫降返回机场的重大事故。机场警方在详细调查了解后,认定童某的行为虽然不是故意,但已经扰乱了公共秩序,所以对他处以5天的行政拘留处罚。

第三节 旅游安全风险应对

随着我国经济的发展和人民生活水平的不断提高,外出旅游已成为人们日常生活的重要组成部分。旅游(途)中正确应对各种危机,包括人身安全、财产安全和旅途的疾病预防等,是旅途顺畅的基本保证。

一、旅游安全常识

(1) 应了解和选择有安全保障的正规旅行社提供的交通工具,并严格遵守安全乘载规定。到旅游地住宿要到正规的饭店、酒店,并应首先熟悉居住环境及消防疏散路线,如发现疏散通道堵塞,应立即要求导游出面予以协调解决。

(2) 户外活动要量力而行,携带必备的行李用具,穿合适的鞋,走安全的路,不可冒险。避免夜晚单独外出活动,不接受陌生人的饮料和食品。

(3) 在乘载车船、飞机时,不要将自己的行李交由不相识的人看管,要注意保管好贵重物品,不外露,防扒窃。旅游途中,到达景区,贵重物品随身携带,不放在所乘车上。

(4) 入住旅店,贵重物品或大量现金可交由旅店的服务台代为保管。随身携带的现金,只留少量零用,大部分应放于内衣口袋或不易被外人发现的地方。

(5) 中国幅员辽阔,地域差异较大,到远处旅游可能会因身体对其他环境的不适应而产生水土不服,一般在适应环境后即可缓解,情况严重的要服药。

(6) 预防食物中毒。旅游途中就餐大多不规则,尤其是旅游景点的用餐环境差,卫生条件也不是很好,用餐时可吃生大蒜、喝生醋,尽量少用公共餐具,饭前要洗手。

(7) 预防风寒。旅游在外,旅途疲劳,抵抗力下降易受风寒,要根据气候的变化,及时添减衣服,预防受凉或中暑。

二、登山安全常识

我国幅员辽阔,游览名山大川无疑是旅游的一个重要内容,在登山过程中,该如何预防和应对各种危机呢?

(1) 切记一般人不要去攀登高峻险要、人们不常去的大山,不要单独攀行,应结伴而行。攀行前要搞清楚上山的路线,备好食品和登山用具,最好穿登山专用鞋或者适合登山的旅游鞋、运动鞋,带上水壶等。上山要有向导带路,不能盲目行动。否则,容易迷路或发生意外事故。应随身配备通讯工具,如将手机电池充足。

(2) 走路不观景,观景脚步停,精神要集中。旅游胜地的山大都有路可循,只要具备一定的体力,上下山并不是非常困难。在一些陡险地段,要谨慎缓行,精神集中。俗话说"上山容易下山难",走山路,特别是走下山的陡险地段,精神更要集中,每一步都得看准、走稳,严防踏踩活动石块导致身体失去平衡而滑滚、摔伤。

(3) 最好随身携带一些急救外伤药品,如碘伏、消毒纱布、急救包、创可贴、清凉油、防蚊虫叮咬药水以及蛇药等。山上气温变化大,高处山风大,气温低,应带足衣服。山上常常云雾缭绕,时晴时雨,因此,雨具也是不可缺少的。旅游登山,还要注意山林防火。要自觉遵守护林防火的规章制度,做爱树护树的模范。

(4) 登山时不宜饮酒,禁止吸烟。因为酒能加速心跳或提高血压,增加心脏耗氧量,降低心脏功能,减弱体力,对登山很不利,宜携带适量的饮用水、食物和水果等。吸烟易引发森林火灾。

(5) 防中暑。中暑时体温升高到38℃以上,面色潮红,伴有胸闷、皮肤干热、恶心及呕吐等症状,严重者痉挛、昏迷等,如条件不允许及时送往医院时,应到阴凉的地方休息,并服清凉饮料,也可服用仁丹、十滴水、解暑片等,还可冷敷或用冷水擦身,以帮助散热(详见第八章《紧急救助》)。

三、住宿安全常识

(1) 外出时,贵重物品应随身携带,保管好自己的财物,住宿期间如有贵重物品又携带不便,可交到宾馆服务台办理保管手续。

(2) 不要在宾馆房间里使用电炉、电饭煲或电熨斗等。也不要躺在床上吸烟,以防止发生火灾。不要携带易燃易爆品、放射性危险品进住宾馆。严禁在酒店进行赌博等违法犯罪活动。

(3) 注意在睡觉前关好门,外出时锁好门,如果与不认识的人同住一间房,既要注意文明礼貌、热情大方,又要提高警惕,不要轻信他人,万一发生失窃,应尽快通知服务台。

(4) 在宾馆内居住,要注意开窗通风,更换新鲜空气,注意卧具的清洁卫生。住带有空调设备的宾馆房间,应根据个人的生活习惯和要求,调到适宜的温度。外出归来身上有汗或洗热水澡后,应避免冷风直吹身体,以防止出现关节疼痛,或因腹部受凉发生腹泻。另外,还要保证旅行期间的休息和睡眠。

(5) 注意保管好自己房间的钥匙,不要随便借给他人。若钥匙丢失了,应及时告诉宾馆服务台,防止财物丢失。

四、游泳安全风险控制

(一) 游泳时应记住的几点常识

(1) 天热时,先喝点冷饮,降低一下体温,之后再下水。

(2) 下水前一定要充分活动,如能做一套体操更好。

(3) 在水中不可持续地拼速度,要一会儿慢一会儿快地变换泳姿。如果出现抽筋的现象,要把脚尖尽量上翘,缓解后,游到岸边休息。

(4) 应急口诀 游泳抽筋皆因凉,一旦抽筋别着慌,跷脚蹬地求缓解,吸取教训莫逞强。

【案例7】 突发抽筋,脚趾上翘

暑假里,晓莹与同学赵兰去游泳。到了游泳池,晓莹换上泳装,草草冲了澡,便跳进了泳池。赵兰则冲淋浴,做操,活动身体,直到晓莹游完50米,她才下水。在游第2个50米时,晓莹感到不对劲了,她的小腿越来越沉重,抽筋了,最后小腿竟伸不能伸,屈不能屈,疼得她侧身抓住池壁,被赵兰扶上了岸,经医务室医生做了按摩,才恢复正常。

【案例8】 不慎落水,恐慌遇难

一位大四学生,不慎掉进了河里。河不深,但水流很急。他吓坏了,被水冲着,顺流而下。流经一个大河滩时,本来他完全可以趁机站起来,因为水只有小腿那么一点深,但他没有抓住这个机会。以后又有几次经过大石块、树桩的机会,他都没能利用。结果,他被冲进了一个大水库,最终遇难。

【专家点评】 遭遇落水,首先要趁着冷静,依靠智慧和勇气求得生存机会。

(二)不慎落水求生技巧

(1)憋气　首先要憋住气,可用手捏住鼻子,避免呛水。

(2)轻装　及时甩掉鞋子,扔掉口袋里的重物。

(3)站起　当漂到水浅的地方,要抓住时机及时站起,遇到河边固定植物等也应及时抓住,不可坐失良机。

(4)漂游　顺着水流,边漂边游,不要径直游向对岸,最好是顺流方向稍偏向岸边。

(5)呼救　不会游泳的,要边拍水边呼救。如有人相救,自己要尽量放松,配合施救者,切不可紧紧抓住施救者。

(6)应急口诀　掉进水中莫慌乱,狂喊力气会耗光,顺水漂流寻时机,冷静观察好脱险。

五、迷路风险应对

【案例9】 赵同学利用暑假到森林中参加生物夏令营,他看什么都感到新鲜。突然,他发现一只美丽的大蝴蝶,他想也没想,抄起捕虫网就追了过去。也不知道跑了多长时间,当小赵如愿以偿抓到那只大蝴蝶时,周围已经找不到一个同学了,也听不到一点同学们的谈笑声,甚至连那条森林中的小路也不知去向了。他迷路了。这时,他想起老师说过的话:"在森林中迷路时,千万不要惊慌,一定要冷静。"想到这,他做了几次深呼吸,平静了一下心情,开始为如何走出困境思索起来。不久,他就制订了一套方案:他先是回忆起自己离开队伍的时间,然后仔细观察附近的地形地貌,找到自己跑来时踩出的脚印,沿着脚印慢慢往回走,终于走回到来时的那条小路。沿着路没走多久,就听到了老师和同学们的呼喊声,小赵激动得都要哭了。他成功了!

迷路时要做到以下几点:

(1)冷静回忆　立即停下,回忆走过的道路,尽快确定方向。

(2)细心观察　看看四周的野草。刚走过的路,草会被踩倒且倒向某一方向;确定了来时的方向就有可能找到来时的路。

(3)登高判断　爬上最近的山脊,一是确定自己的位置,二是可以发现人活动的迹象。

(4) 寻找水流　在林区,道路和居民点常常临水而建,沿着水流的方向,就有可能找到人家,也容易走出山区。

(5) 应急口诀　林中迷路要镇静,登高寻人看究竟,沿着山川寻路走,伏草蛛丝指你行。

【专家指点】

当你外出时候,最好能做到下列几点:

(1) 告诉同伴自己去哪里,大约何时回来,与谁在一起,联系方法是什么。

(2) 尽可能结伴而行。

(3) 单独外出要走灯光明亮的大道,不抄近道,不走小路。

(4) 夜晚单独外出,要带手电筒等物品,万一被袭击,可用手电照射歹徒面部。

(5) 不搭乘陌生人的顺路车。

(6) 乘公共汽车,尽量靠近司机和售票员。

外出活动不要怕,结伴而行正气大,电筒哨子手中拿,胆大心细巧筹划。

六、预防拥挤踩踏事故风险

踩踏事故,是指在聚众集会中,特别是在整个队伍拥挤移动时,有人意外跌倒后,后面不明真相的人群依然在前行,对跌倒的人产生踩踏,从而产生惊慌、加剧的拥挤和新的跌倒者,并恶性循环的群体伤害性意外事件。

天有不测风云,谁都不能保证不出事故,但只要我们加强防范,就有可能避免造成我们受到伤害的各类事故。现代大学生,参加社会上及校园内举办大型集会的机会很多,学会预防拥挤踩踏事故很有必要。

【案例10】　北京密云踩踏事故。从农历正月初十开始举办的密云县第二届迎春灯展计划举办10天,2004年2月5日是第六天。平日观灯游人约3 000人,但由于5日是农历正月十五,观灯人数骤增至3万多人。场面一度失控,该踩踏事件造成37人死亡。

【案例11】　伊拉克巴格达东北部的卡希米亚惨案。2005年8月31,当时大批人群正在前往清真寺出席一个重要的

事故现场留下了成堆的鞋子

宗教仪式，突然有人惊呼人群当中有自杀式袭击者，恐慌的人群在逃散时造成拥挤。有人直接从底格里斯河上的一座大桥跳下逃生。巴格达警方称此次踩踏事故至少造成635人死亡，1000余人受伤。

【案例12】 印度曼德拉德维踩踏事故。印度教徒每年都会在月圆之夜在曼德拉德维的神庙附近举行大规模庆祝活动，当年的庆典日子正好是1月25日。约20万人参加了宗教庆典，然而，因一临时商店起火引起恐慌，正在举行的庆典于中午时分发生踩踏事故，造成至少300人死亡，另有数百人受伤。

【案例13】 柬埔寨金边踩踏事故。22日是柬埔寨传统送水节最后一天，在为期3天的时间中，柬埔寨全国各地有200~300万人涌向金边，观看王宫附近洞里萨河上举行的龙舟大赛，并参加在金边钻石岛等地举行的庆祝活动。

2010年当地时间11月22日晚，当大批人群涌过连接金边4个钻石岛的一座吊桥时，大桥的晃动引发人群恐慌逃离，继而酿成惨烈的拥挤踩踏事故，造成378人死亡，受伤人数达755人。

【案例14】 印度西南喀拉拉邦重大踩踏事故。印度境内寺庙在举行各类节日庆典时往往要吸引成千上万的信众前往参加。这些人拥挤在狭小的空间内，很容易发生踩踏事故（2010年3月，曾有63名印度人在一次踩踏事故中遇难）。2011年1月14日是本次为期两个月的宗教节日最后一天，当天共有15万人前往山顶朝拜。

众多信徒在喀拉拉邦伊杜基地区一座山顶庙宇参加完宗教活动后，只能沿着一条狭窄的森林小路返回。当一辆吉普车从人群中强行通过时突然翻车，惊慌失措的人群立即开始四散奔逃，结果引发严重踩踏事故，造成至少100人死亡，数十人受伤。

【案例15】 德国杜伊斯堡市踩踏事故。2010年7月24日，杜伊斯堡市举办一年一度的"爱的大游戏"（Love Parade）电音舞会音乐节，事发当时，会场内至少有140万人在狂欢舞蹈，但只能从狭窄的单一的地下通道入口进入会场，发生群众在狭窄隧道入口拥挤踩踏事故，19人死亡，342人受伤。事后主办单位表示，音乐节将永久停止举行。

杜伊斯堡踩踏事故中,人们试图爬上栏杆躲避拥挤

第四节 遭遇事故如何自救

一、列车事故自救

(1) 发生列车事故时,应该马上趴下来,抓住牢固的物体,以防被其他硬物击伤,最好的位置是在过道上,方便逃离,要预防被车的冲击力抛动受伤。

① 人在座位上:当火车发生倾斜、摇动、侧翻时,只要来得及,应立即平躺在地上,面朝下,手抱后脖颈,等候事故发生后,再采取相应的逃生措施。

② 人在走道里:发生撞击时,立即躺倒在地上,背部贴地,脚朝火车头的方向,双手抱在脑后,脚顶住任何坚实的东西,膝盖弯曲。

③ 人在卫生间里:发生撞击时,如果有时间反应,坐在地上,背对着车头的方向。膝盖弯曲,手放在脑后抱着,尽力支撑住身体。

列车发生事故时,车厢连接处是高危风险区域,应尽快离开。

(2) 发生事故的时候一定要低下头,

把下巴紧贴在胸前,以防止头部受伤。

(3) 列车经过剧烈颠簸碰撞,停止不动后,应迅速活动自己的肢体,如有受伤先进行自救。车停下来后,车厢很可能起火,不要贸然在原地停留观察,应该打碎玻璃逃离车厢。

(4) 发生事故时,选择车窗4角中任意一个角靠近窗框位置的地方,垂直方向击打玻璃,如果是带胶层的玻璃,一般情况下不会一次就被砸碎,在砸碎第一层玻璃后,再向下拉一下,将夹胶膜拉破才行;紧急时可用高跟鞋的鞋跟尖锐部分或其他尖锐坚固的物品砸玻璃。

(5) 如果发生火灾,首先要冷静,切勿盲目跳车,否则无异于自杀。先尝试将现有明火扑灭,如果发现火势太大,应利用随身携带的手帕、餐巾纸、衣物等用品堵住口鼻,遮住裸露皮肤,用水或饮料将手帕、餐巾纸、衣物等用品浸湿使用。必须顺列车运行方向撤离,因为在通常情况下,列车在运行中火势是向后部车厢蔓延的。

二、乘船遇险自救逃生

不管水性好坏,游客出发前最好在行囊中预备一个便携式气枕或者充气式救生圈,尤其是携带儿童出游,只有有备而来才能心中有数。上船的第一件事就是留意观察救生设备的位置和紧急逃生路径。发现船上出现超载要保持警惕,尤其是船体剧烈颠簸时,要高度戒备,换上轻装,将重要财物随身携带。如果乘船时遇险了,应在最短时间内奔到通向甲板的最近出口,尽快跑到甲板上。

记住,危急时刻您能想起的任何一个电话可能都有帮助,不管是110、120、119还是SOS,或者家人的电话都可以拨打。打电话的时候尽量保持冷静,告诉对方自己的位置和出现的险情。

不管情况多么紧急,均不可盲目乱窜,要听从指挥,保持船体平衡,延缓下沉速度,争取更多的救护时间。如果不得不弃船逃生,一定要穿好救生衣,跳水时尽量选择较低的位置,同时要避开水面上的漂浮物,从船的上风舷跳下。如果船左右倾斜则应从船首或船尾跳下。

(一) 游船失火

(1) 船上一旦失火,由于空间有限,火势蔓延的速度惊人,此时应立即关闭引擎。

(2) 若是甲板下失火,船上的人须立即撤到甲板上,关上舱门、舱盖和气窗等所有的通风口。

(3) 若火势无法控制,抓紧时间寻找救生设备,从船尾逃生,弃船后应尽快远离。

(4) 弃船后,请注意均匀地深呼吸以保持镇静,游泳或者踩水时,动作要均匀舒缓。

(二) 游船下沉

船艇撞到礁石、浮木或其他船只,都可能导致船体洞穿,但是并不一定马上下沉,也许根本不会下沉。此时应该迅速穿上救生衣,发出求救信号,手机、信号弹和燃烧的衣物都可以发出求救信号。

除非是别无他法,否则不要弃船。一旦决定弃船,请在工作人员的指挥下,先让妇女儿童登上救生筏或者穿上救生衣,按顺序离开事故船只。注意:穿着救生衣要像系鞋带那样打两个结。

如果来不及登上救生筏或者救生筏不够用,不得不跳下水里时,一定要远离船边跳水,跳船的正确位置应该是船尾,并尽可能跳得远一些,不然船下沉时涡流会把人吸进船底下。

应迎着风向跳,以免下水后遭漂浮物的撞击。跳水时双臂交叠在胸前,压住救生衣,双手捂住口鼻,以防跳下时呛水。眼睛望前方,双腿并拢伸直,脚先下水。不要向下望,否则身体会向前扑摔进水里,容易使人受伤。如果跳法正确,并深吸一口气,救生衣会使人在几秒钟之内浮出水面,如果救生衣上有防溅兜帽,应该解开套在头上,使头颈露出水面,这样做对保持体温很重要。

跳进水中要保持镇定,既要防止被水上漂浮物撞伤,又不要离出事船只太远,以免搜救人员找不到你。如果事故船在海中遇险,请耐心等待救援,看到救援船只挥动手臂示意自己的位置。如果在江河湖泊中遇险,若水流不急,要尽快游到岸边;若是水流很急,不要直接朝岸边游去,而应该顺着水流游向下游岸边;如果河流弯曲,应向内弯处游,通常那里较浅并且水流速度较慢,有利于上岸等待救援。

在放松身体的同时试试能否踩到水底,因为很多河流并不是很深。为了节省体力,一般落水者都要脱掉沉重的鞋子,扔掉口袋里沉重的东西,不要贪恋财物,不要有侥幸心理。

由于溺水者往往惊慌失措,死命地抓住一切够得着的东西当作救命稻草,因此施救者在进行救护时一定要注意观察,不要被溺水者抓住,除非万不得已,不要下水进行救护。不得已下水救护时,一般要先在溺水者的后脖颈处用手掌砍一下,避免被溺水者抓住一同沉入水底。

三、空难逃生

飞机内的联络和避难装置,是以机内全体人员在 100 s 内全部脱离飞机为标准而设计的,因此,必须抢在这个时间内完成避难动作。

当飞机准备紧急着陆或降落水面时,往往容易产生混乱。一定要保持镇静,迅速穿好救生衣,然后看一眼飞机是迫降在陆地还是海面。

如果是降落在陆地,就得赶紧拉一下救生衣下部左右两边的拉手,使其自动充气膨胀,以减少着陆产生的冲击力。

如果飞机迫降在海上,救生衣先不要充气,因为这时充气,飞机内走道比较狭窄,救生衣会变成逃生的障碍。

飞机开始迫降时,要将背部紧贴椅背上,再拿一个枕头放在下腹部,将安全带系于腰部,这时不要系得过紧,将充气救生衣围在头部四周,再用毛毯包起来,代替安全帽,这时要盘坐在椅子上,因为飞机会因剧烈冲撞使椅子向前移动,身体大部分保护在椅子内,可以避免被撞死或夹死。

飞机迫降前,要迅速取下眼镜,脱下高跟鞋,取出口袋里其他硬物,以防止飞机落地时这些物品碰撞伤及你的身体。

如果飞机迫降前,机内有火焰,若情况允许,头部尽量低一些,因为下层空气较新鲜,呼吸也容易些。

如果飞机迫降成功,就要赶快逃生,这时要打开飞机紧急舱门(太平门),充气自动滑梯会自动膨胀,用坐的姿势坐上去,千万不要怕摔而犹豫,因为每秒都很宝贵,犹豫会丧失逃生的机会。

如果飞机迫降在海上,除利用救生衣外,飞机上的坐垫也可作为浮袋使用。另外,充气滑梯就成了救生艇,艇上备有发动机。一般情况下,艇上有三天的干粮,因此不必惊慌。现代信息社会,一旦飞机失事,几小时内全球都知道,事故发生地得到情况首先就会立即前去营救。要通过各种方式向外界传递信息。逃离飞机后,千万不要回飞机取东西,因为飞机的危险没有解除,说不上什么时间会爆炸。如果受伤,要及时告诉乘务员,他们受过训练,懂得急救知识。

如果飞机没有起火、爆炸危险,不要逃离飞机,因为飞机的目标比人大,容易被营救人员发现。如果飞机已起火,应尽快逃出来,迅速离开现场。如果受伤不能跑,应背向现场,俯身卧地,防止油箱爆炸给自己造成伤害。如果受伤,要赶紧包扎止血,尽量延续生命,以等待救援。如果救援无望时,要计划好行动路线,一般不要一个人行动,要和大家一起行动,可以互相照顾,互相商量。

四、踩踏事故的预防与应对

牢记以下几点,将帮助你有效避免类似事故。

(1) 组织者事先一定要做好预案,做好预防处置各类突发事件的准备。

(2) 一旦发生拥挤,发现拥挤的人群向自己涌来时,应该马上避到一旁,但不要奔跑,以免摔倒。

(3) 如果路边有商店、咖啡屋或其他可以暂时躲避的地方,应暂避一时。切记:不可逆着人流前进。

(4) 如有可能,抓住一样坚固牢靠的东西,例如路灯柱、大树等,待人群过去后,迅速而镇静地离开现场。

(5) 若身不由己卷入拥挤的人群中,一定要先稳住双脚,切记:一定要远离店铺的玻璃窗,以免因玻璃破碎而扎伤身体。

(6) 在拥挤的人群中,要时刻保持警惕,当发现有人情绪不对,或人群开始骚动时,要立即做好保护自己和他人的准备。

(7) 当发现前面突然有人摔倒,要马上停下脚步,同时大声呼救,告知后面人不要再向前靠近。

(8) 当有弱小同学遭遇拥挤人流时,要互相帮助,保护其不在混乱中被踩伤。

(9) 遭遇拥挤人流时,千万不要采取体位前倾或者低重心的姿势,即使鞋子被踩掉,也不要贸然弯腰提鞋或系鞋带,以免被挤倒踩踏。一定要让自己与行进的人群保持同样的行进速度。

(10) 若不慎被挤倒,要设法靠近墙壁,面向墙壁,身体卷成球状,双手紧扣在颈后,以保护身体最脆弱的头部、心脏和胸腔等部位。

注意:自护的关键是有效保护身体的脆弱部位,如太阳穴、眼睛、颈部、心脏、腹腔和阴部等,同时保持呼吸畅通以防窒息或是被踩成重伤死亡;原则是尽量站立不要倒地,一旦倒地应保护好脆弱部位。

错误做法:遇到拥挤马上抱头蹲下,在人流中弯腰提鞋、捡东西。

(11) 如果在不经意间被卷入拥挤的人群中,要用一手紧握另一手腕,双肘撑开,平置于胸前,腰向前微弯,形成一些空间,使呼吸顺畅,避免受挤压以至呼吸困难而晕倒。必要时,屈膝、提起双脚,即便完全离地,也勿慌张,只要不失去重心,即可避免脚趾受到踩踏。

第七章 常见传染病风险

校园是人口密度相对较大的场所,一旦发生传染性疾病,很容易造成大面积的流行,所以必须注意防止各种疾病的传播。阅读本章,将有助于你有效地防止疾病的侵扰。

第一节 传染病概述

传染病不同于一般的疾病,它是由病原体引起的,能在人与人、动物与动物或人与动物之间相互传播,或是暴发流行,给社会造成巨大危害。像鼠疫、霍乱、传染性肝炎、艾滋病等都属于传染病。

一、传染病的流行环节

传染病流行有三个基本环节,三者相互存在、相互作用,造成流行。

(一) 传染源

传染源是指能散布病原体的人或动物。能排出病原体的人和动物都是传染源,包括患者、生病好转的人、表面健康而带有病原体的人,受感染的人和动物(老鼠、猫、狗等)。传染源不一定都是传染病患者,有些没有临床症状的病原携带者因不易被发现,更容易成为传染源。

(二) 传播途径

传播途径是指病原体离开传染源重新侵犯另一机体所经历的途径。

(三) 易感人群

易感人群是指对某种传染病缺乏抵抗力而易受该病感染的人群。一般情况下,老人和小孩是多数传染病的易感人群。在易感者较多的情况下,一旦引入传

染源极易引起流行。如学校新生入学、部队新兵入伍等人口增加、易感者的集中或进入疫区,容易引起传染病流行。而病后获得免疫、人群隐性感染、人工免疫,则均会使人群易感性降低,阻止传染病流行或终止其流行。

二、传染病的传播途径

传染病的发生是有一定规律的,掌握了规律,就便于采取预防措施。

(一) 水与食物传播

水与食物传播是指病原体借粪便排出体外,污染水和食物,易感者通过污染的水和食物受染。菌痢、伤寒、霍乱、甲型病毒性肝炎等病通过此方式传播。

(二) 虫媒传播

虫媒传播是指病原体在昆虫体内繁殖,完成其生长周期,通过不同的侵入方式进入易感者体内。蚊、蚤、蜱、恙虫、蝇等昆虫为重要传播媒介。如蚊传播疟疾、丝虫病、乙型脑炎,蜱传播回归热,虱传播斑疹伤寒,蚤传播鼠疫,恙虫传播恙虫病等。由于病原体在昆虫体内的繁殖周期中的某一阶段才能造成传播,故称生物传播。病原体通过蝇机械携带传播于易感者则称机械传播,如菌痢、伤寒的传播等。

(三) 空气飞沫传播

空气飞沫传播是指病原体由传染源通过咳嗽、喷嚏、谈话排出的分泌物和飞沫,使易感者吸入受染。流脑、猩红热、百日咳、流感、麻疹等病,通过此方式传播。

(四) 接触传播

接触传播有直接接触与间接接触两种传播方式。如皮肤炭疽、狂犬病等均为直接接触而受染,乙型肝炎之注射受染,血吸虫病、钩端螺旋体病为接触疫水传染,均为直接接触传播。多种肠道传染病通过污染的手传染,则为间接接触传播。

(五) 医源性传播

应特别注意输血等易传染的环节。

(六) 土壤传播

蛔虫等寄生虫卵及破伤风杆菌等细菌的芽孢,可生存在土壤中,侵入人体会引起寄生虫病和破伤风。

三、常见传染病的分类

细菌和病毒等病原体侵入人体使人得病,并且能在人群中传播,这类疾病就叫传染病。传染病按传播途径一般可分为以下几类:

(一)消化道传染病

消化道传染病是指病原体污染水、食品、餐具,进入消化道而引起的疾病,如传染性肝炎、细菌性痢疾、脊髓灰质炎、霍乱等。

(二)呼吸道传染病

呼吸道传染病是指病原体由患者或病原携带者呼吸道排出,抵抗力差的人吸入就会得病,如肺结核、传染性非典型肺炎(SARS)等。

(三)昆虫媒介传染病

昆虫媒介传染病是指吸血昆虫(如蚊子)引起的传染病,包括疟疾、流行性乙型脑炎等。

(四)动物源性传染病

动物源性传染病是指由患病动物传染给人的一些传染病,如狂犬病、流行性出血热、禽流感等。

(五)寄生虫病

寄生虫病是指感染寄生虫所引起的疾病,如蛔虫病、蛲虫病等。

第二节　常见传染病的预防

一、肠道传染病的预防

(一)常见肠道传染病

(1)细菌性痢疾　细菌性痢疾是由痢疾杆菌引起的肠道传染病,通过被细菌污染的食物传播。主要症状:发热、腹痛、腹泻,大便初起为水样,以后带有黏液和脓血,典型患者有"里急后重"感。

(2)急性病毒性肝炎　急性病毒性肝炎是由甲型肝炎病毒引起的肠道传染病,通过水或食物传染。主要症状:明显乏力,食欲不佳,上腹饱胀不适,恶心、呕吐,轻度发热,右上腹部疼痛,黄疸等。实验室检查有肝功能异常。

(3) 霍乱 霍乱是由霍乱弧菌所致的急性肠道传染病,临床上以剧烈无痛性泻吐、米汤样大便、严重脱水、肌肉痛性痉挛及周围循环衰竭等为特征。新中国成立后我国已消灭本病,但国外仍有不断发生和流行,因此必须随时警惕该病的发生,认真做好预防工作。

① 病因:霍乱弧菌产生致病性的是内毒素及外毒素,正常胃酸可杀死弧菌,当胃酸暂时低下或入侵细菌数量增多时,未被胃酸杀死的弧菌就进入了小肠,在碱性肠液内迅速繁殖,并产生大量强烈的外毒素。这种外毒素对小肠黏膜的作用引起肠液的大量分泌,其分泌量很大,超过肠管再吸收的能力,在临床上出现剧烈泻吐、严重脱水,致使血浆容量明显减少、血液浓缩,出现周围循环衰竭。由于剧烈泻吐,电解质丢失、缺钾缺钠、肌肉痉挛、酸中毒等,甚至发生休克及急性肾功能衰竭。

② 预防措施:发生霍乱时,在当地疾病控制中心指导下,力争及时发现并隔离患者,做到早诊断、早隔离、早治疗、早报告。对接触者留观5天,待连续三次大便霍乱菌培养阴性方可解除隔离。

加强卫生宣传,积极开展群众性的爱国卫生运动,管理好水源、饮食,处理好粪便,消灭苍蝇,养成良好的卫生习惯。

(二) 肠道传染病预防要领

(1) 不喝生水。

(2) 生吃的瓜果、蔬菜要洗净,最好用消毒液消毒。

(3) 隔夜的饭菜要加热后再吃。

(4) 不要大吃大喝,特别是夏秋季节天气炎热,肠胃消化能力减弱,大吃大喝会增加肠胃负担。

(5) 饭前便后要洗手,不吃别人用脏手拿过的食物。外出购买食品,要监督售货员用工具取食物。

可适量吃些生大蒜。

（6）如使用食堂、饭馆的餐具，必须是经过煮沸消毒的。

（7）不吃苍蝇爬过的食物。因为苍蝇在垃圾、粪便上停留，体内外有大量的病原体，苍蝇叮爬食物，同时在食物上呕吐、排便，就把身上的病原体沾到食物上，人吃了这些食物就容易生病。

二、呼吸道传染病的预防

呼吸道传染病患者的呼吸道表面有大量的病毒、细菌，通过咳嗽、打喷嚏、说话、哭喊、吐痰而散布到空气中，免疫力低的人吸入后就会生病。呼吸道传染病多发生在冬春季节，这是由于气候寒冷，人们多在室内活动，接触更加密切，空气不流通增加了飞沫传染的机会；另外由于室内外温差大，呼吸道的抵抗力降低。

（一）常见呼吸道传染病

（1）流行性感冒　流行性感冒由流感病毒引起，由呼吸道传播。症状：有较轻微的鼻咽部不适，但全身症状明显，起病急；有高热、怕冷、头痛、全身酸痛、咳嗽痰少、恶心呕吐等。预防：室内保持空气流通，注意气候变化，随时增减衣服，加强体育锻炼，增强抵抗能力；流行性感冒高发季节应尽量避免到公共场所，外出戴口罩，发现患者要及时隔离。

（2）SARS　SARS即非典型性肺炎，是由冠状病毒引起的传染病，由呼吸道传播。症状：高热、干咳、胸闷、呼吸困难，常伴有极强的传染性，如不及时救治往往会有生命危险。预防：经常锻炼身体，保持良好状态，增强抵抗力，非典型性肺炎流行期间不要到或少到公共场所，一旦发现疑似患者应立即向当地政府报告，并采取消毒和隔离措施。

（二）呼吸道传染病预防要领

（1）尽量少与呼吸道传染病患者接触。

（2）发病季节尽量少去公共场合，因为这些地方人多拥挤，空气不好，得传染病的机会也多。

（3）不要随地吐痰，无论是患者还是健康人的痰和鼻涕都含有大量的病菌。活动型肺结核患者的一口痰里就有几亿个结核杆菌。随地吐痰、乱擤鼻涕，既传播疾病，也是不文明的坏习惯。吐痰应入痰盂或吐到纸里扔进垃圾箱。

（4）搞好预防接种。

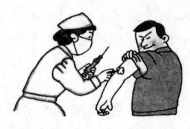

三、其他传染病的预防

（一）艾滋病

艾滋病是英文"AIDS"的音译名称，全称是"获得性免疫缺陷综合征"，是指由艾滋病病毒引起的人体免疫功能的严重缺损，致使合并多种感染和罕见肿瘤的综合性疾病。艾滋患者常常百病缠身，大多死于继发性感染或肿瘤。由于艾滋病传染性强，死亡率高，被称为"超级癌症"。目前我国艾滋病感染者大概有84万人。

（1）艾滋病的传播途径

① 血液途径感染：静脉吸毒者共用不洁注射器、针头，接受未经筛检的血液或血制品，都可能感染。

② 性交感染：已感染艾滋病病毒者的精液和阴道分泌物中含有大量的艾滋病病毒，因此，艾滋病很容易在同性或异性之间传播。

③ 母婴途径感染：母亲感染艾滋病病毒后，其血液和乳液中含有艾滋病病毒，加上婴幼儿免疫系统还未发育成熟，抗病能力弱，在妊娠、分娩、哺乳时都会把艾滋病传染给胎儿或婴儿。

（2）艾滋病的临床表现

① 艾滋病病毒感染期：可以没有症状或可查见淋巴结肿大。

② 艾滋病相关综合征：可见过敏反应迟钝、黏膜损坏、皮肤病、发热、体重减轻等。

③ 艾滋病期：表现为致病能力很低的细菌、病毒也能引起患者的肺、神经、胃、肠道、皮肤黏膜和全身性感染。其中以肺部感染最多，多为卡氏肺囊虫肺炎，表现为发热、咳嗽、呼吸困难。卡波济肉瘤是艾滋病的另一个标志性体征，下肢皮

肤出现深蓝色或紫色斑丘疹或结节,少数可累积上肢、面部和内脏。此外,艾滋病还可伴发白血病、口腔癌、肝癌等。

(3) 艾滋病的预防

① 注射时不与别人使用同一针管针头,尤其不要静脉注射毒品。

② 不与别人共用牙刷、剃须刀。

③ 不要输用未经检测的血或血制品,特别是进口血制品。

④ 下列情况是不会传染艾滋病的:一般社交或工作接触,包括与艾滋病患者握手,在餐厅、饭店用餐,使用公共游泳池、浴室、公共交通工具等。

(二) 禽流感

禽流感是禽流行性感冒的简称,它是一种由甲型流感病毒的一种亚型(也称禽流感病毒)引起的传染性疾病,被国际兽疫局定为甲类传染病,又称真性鸡瘟或欧洲鸡瘟。按病原体类型的不同,可分为高致病性、低致病性和非致病性禽流感三大类。非致病性禽流感不会引起明显症状,仅使染病的禽鸟体内产生病毒抗体。低致病性禽流感可使禽类出现轻度呼吸道症状,食量减少,产蛋下降,出现零星死亡。高致病性禽流感最为严重,发病率和死亡率均高,感染的鸡群常常"全军覆没"。流感病毒有三个抗原性不同的型,所有的禽流感病毒都是A型。A型流感病毒也见于人、马、猪,偶可见于水貂、海豹和鲸等其他哺乳动物及多种禽类。

(1) 禽流感致人发病的途径

① 经过呼吸道飞沫与空气传播:病禽咳嗽和鸣叫时喷射出带有H5N1病毒的飞沫在空气中漂浮,人吸入呼吸道被感染发生禽流感。

② 经过消化道感染:进食病禽的肉及其制品、禽蛋,病禽污染的水、食物,使用病禽污染的食具、饮具,或用被污染的手拿东西吃,受到传染而发病。

③ 经过损伤的皮肤和眼结膜感染H5N1病毒而发病。

(2) 禽流感与流行性感冒的区别 流行性感冒一般分为三种,即甲型、乙型和丙型。乙型和丙型流行性感冒一般只在人群中传播,很少传染到其他动物。甲型流行性感冒大部分都是禽流感,禽流感病毒一般很少使人发病。禽流感主要在鸟类中间传播,偶可感染至人,其临床表现与人类流行性感冒相似,但是人禽流感的症状重、并发症多、病死率高,疫苗接种无效,与普通流感有一定的区别。除禽流感以外,常见的流感还有人流感、马流感和猪流感等。禽流感与人流感和人类健康的关系非常密切。由于猪和人的种之间差异较小,禽流感病毒可以在中间宿主(猪)体内与人流感病毒杂交,并产生能感染人的新的流感病毒。

(3) 人类感染禽流感的概率和病死率　人类感染禽流感的概率很小,主要是由于三个方面的因素阻止了禽流感病毒对人类的侵袭。首先,禽流感病毒不容易被人体细胞识别并结合。第二,所有能在人群中传播的流感病毒,其基因组必须含有几个人流感病毒的基因片段,而禽流感病毒没有。第三,高致病性禽流感病毒由于含碱性氨基酸数目较多,使其在人体内的复制比较困难。

【案例】　1997年,香港H5N1型禽流感导致18人发病,其中6人死亡;越南自2005年10月以来已经被证实有8例确诊,6例死亡,另外,还有2例死亡病例为疑似病例。其病死率高达80%,远远高于"非典"患者的病死率。根据世界卫生组织的统计,2003年全球共有30多个国家和地区的8 000多人感染了"非典"病毒,其中有700多人死亡,其病死率仅为9%左右。

(4) 杀灭禽流感病毒的温度　禽流感病毒对低温有很强的适应力。如果在-20℃左右它能存活几年;在4℃下,它能存活30～35天;如果在20℃以下,它只能存活7天。经过加热的食品应该是不存在活性的病毒的。禽流感病毒在56℃条件下3分钟能被灭活,在70℃条件下用2分钟就被灭活。

(5) 如何预防人类禽流感

① 管理传染源:加强禽类疫情监测;对受感染动物应立即销毁,对疫源地进行封锁,彻底消毒;患者应隔离治疗,转运时应戴口罩。

② 切断传播途径:接触患者或患者分泌物后应洗手;处理患者血液或分泌物时应戴手套;被患者血液或分泌物污染的医疗器械应消毒;发生疫情时应尽量减少与禽类接触,接触禽类时应戴上手套和口罩,穿上防护衣。

③ 注意饮食卫生：食用禽蛋、禽肉要彻底煮熟，禽蛋表面要清洗干净，不要接触禽蛋的生蛋清、蛋黄。加工保存这类食物要生熟分开。

④ 如出现头痛、发热、鼻塞、咳嗽、全身不适等症状，要戴上口罩，及时到医院就诊。如果到过禽流感疫区，要主动告知医生。

⑤ 接触感染动物后清洗和消毒：每次接触动物后应立即进行手部清洗和消毒。离开污染区时，脱防护服前用流水和肥皂洗手一次，脱防护服后再用流水及肥皂冲洗手，每次冲洗1分钟左右。手消毒用0.3%～0.5%的碘伏消毒液或快速手消毒剂（洗必泰、新洁尔灭醇、75%乙醇等）揉搓1～3分钟。

第八章 紧急救助

急救是一种必备的生活常识,每个人都该知道怎样在危难中保护自己,救护别人。专家认为,急救知识本身可以理解为是基本生存能力的体现,因此,普及紧急救助知识,掌握基本的急救方法,让整个急救过程不再出现空白,已成为提高现代人生存质量的重要一课。

第一节 急救的原则

一、黄金5分钟

在发生危急情况的现场,有的人对患者束手无策,坐等医生到来;也有人不问青红皂白,七手八脚地将患者送往就近的医院。殊不知,不恰当的救助往往会好心办坏事,加重患者的病情。

据统计,有90%的猝死病例发生在医院以外,也就是"救星"尚未到达现场的空白时间段。危急患者在昏厥后,有50%的人因没有得到第一目击者的紧急救助而丧失生命或者终生残废。人脑死亡超过5分钟、心脏停止跳动超过10分钟往往不能救治。所以,医学上把急救的最初5分钟称为"急救黄金5分钟",而在这个非常宝贵的5分钟内,救护车一般难以赶到现场,在交通比较拥挤的大城市尤其如此,往往救护车到达现场,已经回天乏术了。每耽误1分钟,患者的生存率就会有很大降低,死亡率就会直线上升。

其实,突发重症和事故每天都有发生,但是结果往往不同,这在很大程度上取决于现场非专业人员所采取的急救措施。第一目击者如果能迅速对患者实施正确有效的急救方法,患者抢救的成功率就高。

二、对伤情迅速作出判断与分类

迅速对伤情作出正确判断与分类,目的是要尽快了解灾难事故遇难者及被抢救者的整体情况,掌握救治的重点,确定急救和护送的顺序。灾害事故现场急救要求在有限的时间、空间、物力、人力条件下,发挥急救人员的最大效率,尽可能多地拯救生命、减轻伤残及后遗症。所以需要根据现场条件和遇难者的伤情,按轻重缓急处理。发现生命垂危的患者后,要先实施紧急抢救,以拯救其生命,而对轻伤者则可以稍后处理。

判断伤情的主要参数有:气管是否通畅,有无呼吸道堵塞;有无大动脉搏动,有无循环障碍;有无大出血;意识状态如何,有无意识障碍,瞳孔是否对称或有异常。

分类就是用明显的标志来记录传递信息,避免在传递、护送的各项工作中出现重复和遗漏。标志物一般是黑、红、黄、绿的卡片,分别代表死亡、重伤、中伤、轻伤的患者。

第二节 接力棒式的急救

第一棒为旁观者,即第一目击者,争取在5分钟内完成初步急救;第二棒是救护车上的医生,争取8分钟内给予药品、吸氧等急救措施;第三棒是医院内的急救医师,进行抢救。这样的方式明显提高了患者的生存率。大量事实表明,心跳停止5分钟内进行现场心肺复苏救生术,并于8分钟内进行进一步的生命支持,则患者生存率为43%。而大多数情况下,120救护车5分钟内是赶不到现场的。所以,第一目击者的急救就显得相当关键和重要。

一、让患者迅速脱离危险

患者迅速脱离险境是抢救的先决条件。无论何种场合,只要现场存在危险因素,如火灾现场的爆炸因素、地震现场的余震及再倒塌因素、毒气泄露现场的扩散因素等,都可能危及人身安全,所以,必须要先将患者转移到安全的地方。

二、常见病例紧急救护措施

(1)猝死　猝死患者近年来也常见于校园,发现这类患者应进行胸外心脏按压、人工呼吸(详见本章第三节)。忌观而望之,不做任何抢救。

(2)煤气中毒　关闭煤气,打开门窗,转移患者,忌继续关闭门窗任煤气继续泄露和不将患者转移到空气清新处。

(3) 触电 切断电源,挑开电线,进行酌情心脏复苏。忌空手或持非绝缘物去"救"触电者。

(4) 咬伤 被蛇或狗咬伤后用20%的肥皂水彻底冲洗伤口30分钟,如伤口深,可切开伤口,冲洗后用碘酊涂擦。忌挤压、缝合包扎伤口。

(5) 割破血管 压迫受伤处,止血包扎。忌不立即或不间歇压迫止血。

(6) 昏迷 头后仰,开放气管。忌头抬高,剧烈搬动。

(7) 高空坠落 搬运时应多人平托颈、胸、腰部。忌扛头扛脚、肩背等方法。

(8) 服毒 催吐、灌温水、再催吐。忌不作任何处理送医院。

(9) 溺水 清除口鼻内异物,倒水,进行心肺复苏。忌听任呼吸道内口继续堵塞。

(10) 骨折 先固定,后搬运。发生骨折,请不要自行摆弄、随意接骨,更不可误当脱臼进行复位,以免骨折断端刺伤神经、血管。如为锁骨骨折,请先用绷带兜臂,不要活动;如为盆腔、胸腰部骨折,应将患者轻轻托起,放在硬板担架上,转送途中尽量减少震动;如为四肢长骨骨折,可就地取材,

下肢骨折时先固定

如用胶鞋、布鞋、粗一点的树枝、卷折起的杂志或其他可用来固定的东西进行骨折临时固定,后送医院治疗。如为单腿骨折,一时又找不到固定物,可先在两腿间垫上软一点的衣物,再将伤腿与好腿在相应处捆绑固定。

(11) 心脏病 发生气喘忌平卧,平卧会增加心脏负担,使气喘加重。应取坐位,双腿下垂。

第三节 常用急救方法

一、人工呼吸法

人工呼吸是当患者呼吸停止而心跳也随之停止或还有微弱的跳动时,用人工的方法帮助患者进行呼吸活动,达到气体交换的目的。口对口人工呼吸常用在溺水、触电、煤气中毒、缢死呼吸停止的现场。等医生到来时,取而代之以人工呼吸机辅助呼吸。人工呼吸对挽救以上患者的生命是举足轻重的,否则即使心跳恢复

了,呼吸不恢复,心跳也不能持久。所以在心肺复苏过程中,心脏按压和人工呼吸缺一不可。

(一) 口对口人工呼吸法

口对口人工呼吸,是用施救者的口呼吸协助患者呼吸的方法,它是现场急救中最简便有效的方法。

(1) 打开呼吸道　在保持呼吸道通畅的情况下进行人工呼吸。如患者口鼻内有呕吐物、泥沙、血块、假牙等异物时,用纱布包住食指伸入口腔进行清除。松开衣领、裤带、乳罩、内衣等。舌后坠者用纱布或手巾包住拉出或用别针固定在嘴唇上。

打开呼吸道

(2) 先吹两口气　清除伤者口鼻异物后,口对口呼吸前先向患者口中吹两口气,以扩张已萎缩的肺,以利气体交换。

(3) 操作要点

① 患者仰卧位,头后仰,颈部用枕头或衣物垫起,下颌抬起,口盖两层纱布,施救者用一手扶患者前额,另一手拇、食指捏紧患者鼻翼,以防吹进的气体从鼻孔漏出。

口对口人工呼吸

② 施救者吸一口气后,张大口将患者的口全包住,而患者的口全张开。

③ 捏住患者鼻翼,快而深地向患者口内吹气,并观察患者胸廓有无上抬下陷活动。一次吹完后,脱离患者之口,捏鼻翼的手同时松开,慢慢抬头再吸一口新鲜空气,准备下次口对口呼吸。

④ 每次吹气量成人约1 200毫升,儿童800毫升,过大量易造成胃扩张。无法衡量时,以施救者吸入的气体不要过度饱满为度。

⑤ 口对口呼吸的频率为成人16～20次/分钟,儿童18～24次/分钟,婴儿30～40次/分钟。单人急救时,每按压胸部15次后,吹气两口,即15∶2;双人急救时,每按压胸部5次后,吹气1口,即5∶1;有脉搏无呼吸者,每5秒吹一口气(12～16次/分钟)。

(4) 停止急救的标准　口对口呼气何时停止抢救,有两个标准:一是患者的呼吸、心跳已恢复后可以停止;二是经有经验的医生检查证实患者脑死亡可以停止。因为脑组织各部分对缺氧的耐受力不一样,大脑只能支持 4 分钟左右,小脑可以维持 10~15 分钟,管辖呼吸、心跳中枢的延髓能坚持 20~30 分钟。这就提醒施救者分秒必争,越早越好,抢救持续的时间尽可能延长,还有救活患者的希望。过去对脑死亡才是人的生命终结认识不足,只要遇到患者心跳、呼吸一停即认为死亡,也不抢救了,赶快准备后事,结果死者又从太平间或棺材中爬起来了。这样的例子并不罕见,应该接受这一沉痛的教训。

(二) 口对鼻及口对口鼻人工呼吸法

(1) 适应证

① 牙关紧闭,不能张口者。

② 患者口腔有严重损伤时。

③ 婴儿的口鼻距离很近,可采用口对口鼻法。

(2) 操作方法

口对口鼻人工呼吸

① 口对鼻人工呼吸法:a. 清理并通畅患者的呼吸道。b. 使患者口紧闭。c. 施救者深吸气后,向患者鼻腔吹气。d. 呼气时令伤者的口张开,以利气体排出。

② 口对口鼻人工呼吸法:a. 将患儿头后仰,轻抬下颌部。b. 使患者口鼻都张开。c. 施救者深吸一口气,用口唇全包住患儿的口鼻用力向里吹气,观察胸廓有否起伏。

(3) 口咽管吹气法

急救用的口咽管是用无毒的化工原料制成的。

① 将管的粗端含在口腔中(儿童用细的一端)。

② 把管中段椭圆形突出部正好压在患者口唇上,再用手密封患者口鼻,施救者通过咽管将气吹入。

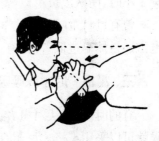

口咽管吹气法

③ 吹气时,对成年患者 5 秒要用力吹一次,对儿童患者 3 秒轻吹一次。

④ 观察到患者胸部有起伏时,放开口鼻停止吹气,让患者自动呼吸。

二、挤压呼吸法

在患者中毒或面部受伤的情况下,无法进行口对口人工呼吸,尤其当患者需要进行心脏压迫时,可用挤压呼吸法。对于成年人应每分钟重复进行12次。如果没有效果,将患者侧放,在肩部后背外轻击,让阻塞物脱离,呼吸道恢复通畅。

(1) 使患者仰卧平地或床上,颈、肩垫枕头或衣物,使颈部伸直,头仰,抬下颌,松解其衣扣、领带、腰带等。

(2) 施救者跪于患者头前,固定住患者头部,两手握患者前臂中部,将其直拉向头两侧并使其伸直,使肋骨上移,胸部扩张,使空气顺利吸入肺内。

挤压呼吸法

(3) 持续2~3秒后,将其两臂紧贴患者的左右胸廓,以肘部挤压2~3秒,挤压应均匀有力,但不能用力过猛过大,以防肋骨骨折,幼儿更应注意。借助挤压的力量,使胸廓缩小,压出肺内气体,形成呼气。每分钟16~18次,反复进行,直至患者有自主呼吸为止。

开始的5分钟最为关键的,但是如果患者仍未恢复呼吸,人工呼吸至少应持续1小时,团队成员可以替换进行。同时检查心跳是否正常。

曾有过自主呼吸停止3小时后通过人工呼吸方法救活的例子。无论是溺水、电击还是体温过低者,都有成功的范例,所以任何情况下不要放弃。

三、霍格·尼尔森呼吸法

有的时候,无法对患者进行口对口人工呼吸,或者无法把患者翻过身来,这时候就可以采用霍格·尼尔森呼吸法,使患者恢复呼吸。患者面朝下平躺在地上,污物可以从嘴中流出,不会堵塞呼吸道。将患者手臂弯曲,垫在面部下面。松开扣紧的衣物,确信舌头伸向前,口部没有水草、泥浆等阻塞物。跪着面对患者,一膝在前,手掌伸展压击患者肩后背部,依次完成以下程序,连续进行8次。

(1) 直臂向前推压肩后背,每次大约持续2秒。

(2) 手掌向后推压,抓住患者上臂(0.5～1秒)。

(3) 轻微抬起患者的双臂,进一步摇动后背(2秒),避免将患者躯干或头部抬得过高。

(4) 将患者双臂放低至地面上,并复位(0.5～1秒)。

以上动作每分钟重复12次。

注意:如果患者双臂受伤,可将折叠的毛毯垫在额前,举臂时可握住腋下部位。如果肋骨或肩部严重受伤,这种方法就不适合了。在呼吸恢复之后,将患者按前叙的恢复态位置放置,但如果脊椎骨受损就不能这样了。

四、胸外心脏按压法

胸外心脏按压时,收缩压可达 13.3 kPa(100 mmHg),平均动脉压为 5.3 kPa(40 mmHg);颈动脉血流仅为正常的 1/4～1/3,这是支持大脑活动的最小循环血量。因此,进行胸外心脏按压时,患者应平卧,最好头低脚高位,以增加脑的血流供应。背部垫木板,以确保按压有效。

确定胸骨下切迹

(1) 定位　抢救者用靠近患者下肢手的食指、中指并拢,指尖沿其肋弓处向上滑动(定位手),中指端置于肋弓与胸骨剑突交界即切迹处,食指在其上方与中指并排。另一只手掌根紧贴于第一只手食指的上方固定不动;再将第一只手(定位手)放开,用其掌根重叠放于已固定手的手背上,两手手指交叉抬起,脱离胸壁。

(2) 按压姿势　抢救者双臂伸直,肘关节固定不动,双肩在患者胸骨正上方,用腰部的力量垂直向下用力按压。

胸外心脏按压姿势

(3) 按压频率　80～100 次/分钟。

(4) 按压深度 婴儿1~2厘米,儿童2~3厘米,成人4~5厘米。

(5) 按压与人工呼吸的比例

① 单人心肺复苏:按压与人工呼吸的比为15:2,即由同一个抢救者顺次轮番完成口对口人工呼吸和胸外心脏按压。在开放气道的情况下,先进行2次连续吹气后,抢救者迅速回到患者胸侧,重新确定按压部位,做15次胸外心脏按压,再移至患者头侧,做口对口人工呼吸2次。进行4次循环(1分钟内)后,再用"看—听—感觉法"确定有无呼吸和脉搏。若无呼吸和脉搏,再进行4次循环,如此周而复始。

单人心肺复苏

② 双人心肺复苏:由两个抢救者分别进行口对口人工呼吸与胸外心脏按压。其中一人位于患者头侧,另一人位于胸侧。按压频率为80~100次/分钟,按压与人工呼吸的比为5:1,即5次胸外心脏按压给以1次人工呼吸,每5秒完成一轮动作。位于患者头侧的抢救者承担监测脉搏和呼吸,以确定复苏的效果;位于患者胸侧的抢救者负责胸外心脏按压。

(6) 注意事项 按压时手指不应压在胸壁上,两手掌应保持交叉放置按压,否则易造成肋骨骨折。按压速度不宜过快或过慢;按压位置应正确,否则易造成剑突、肋骨骨折而致肝破裂、血气胸。按压时施力不垂直,易致压力分解,摇摆按压易造成按压无效或严重并发症。冲

双人心肺复苏

击式按压、抬手离胸、猛压等,易引起骨折。按压与放松要有充分时间,即胸外心脏按压时下压与向上放松的时间应相等;儿童只要用一只手掌根按压即可,其频率仅需5:1,按压频率应大于100次/分钟。婴幼儿的按压采用环抱法,即双拇指重叠下压,其部位在两乳头连线与胸骨正中线交界点下一横指处。

五、呼吸道阻塞急救法

呼吸道阻塞常见于以下情况:在摄入大块的咀嚼不全的食物时,若同时又大笑或说话,很容易使一些肉块、鱼团、汤团、果冻等滑入呼吸道;大量饮酒时,由于血液中酒精浓度升高,咽部肌肉松弛而吞咽失灵,食物团块也极易滑入呼吸道;此外昏迷患者,因舌根坠落,胃内容物和血液等返流入咽部,也可阻塞呼吸道入口。

(一)腹部手拳冲击法

腹部手掌冲击法又称 Heimlich 急救法,1983 年首先由美国 Heimlich 发现报道,用于现场急救呼吸道异物已经有数千成功案例,因为效果较好,所以被作为卫生常识进行普及。

手拳冲击腹部时,腹压升高,横膈抬高,胸腔压力瞬间增高后,迫使肺内空气排出,形成人工咳嗽,使呼吸道内的异物上移或驱出。方法是施救者站或跪在患者身后,双臂抱住患者腰部,双手叠放在患者腹部中间,一手握拳以拇指揿压肋骨以下的腹间,位于腹中线脐上远离剑突处,加压并迅速猛击 6 次,使阻碍物放松,然后再来 6 次。当患者开始恢复呼吸,或者大声咳嗽驱出异物即可停止。

操作时,要注意施力方向,防止胸部和腹内脏器损伤。如果开始时没有成功,再重复做,不要放弃。如果阻塞物已被清除,而患者尚未恢复呼吸,要准备好进行人工呼吸。

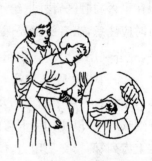

腹部手拳冲击法

如果患者昏迷,让昏迷者仰面躺在地上,施救者双膝分开,双掌交叠,斜放在患者脐部,迅速向上腹猛力推压。如果阻塞物似乎并没有移开,迅速将患者侧放,在肩胛骨之间连击 6 次。如果需要,重复进行。

(二)儿童呼吸道阻塞的急救

对儿童进行救助时,用一只手抱起患儿,使其脸朝下趴在施救者的前臂上,患儿头部应略低于胸部,用另一只手掌在患儿肩后背快速击打 5 次,使呼吸道内压力骤然升高,有助于松动异物并使之排出体外。然后用手托住患儿后脑勺将其翻过身来,用两指迅速轻压胸中部 5 次,重复做。如果患儿呼吸停止,要准备好进行口对口人工呼吸。可以使患儿头埋下,用手掌迅速连续击打肩后背 5 次。对于较大的孩子可以将其放在膝上,或者用一只手支撑住他的胸部,用另一只手击打。儿童呼吸道阻塞时,用两根指头代替手拳,试一试"Heimlich 急救法"也是可行的。

儿童呼吸道阻塞的急救

（三）呼吸道阻塞自救法

发生呼吸道阻塞时，将上腹部迅速倾压于椅背、桌角、铁杆或其他硬物上，然后做迅猛向前倾压的动作，以造成人工咳嗽，驱出呼吸道异物。

（四）拍背及手抠法

（1）拍背法　患者可取立位或坐位。施救者站在患者的侧后位，一手置患者胸部以围扶患者；另一手掌根在患者肩胛区脊柱上给予6～8次连续急促拍击。拍击时应注意，患者头部要保持在胸部水平或低于胸部水平，充分利用重力使异物驱出体外；拍击时应快而有力。

呼吸道阻塞的自救方法

（2）手指清除异物法　这种方法一般只适用于可见异物，且多用于昏迷患者。施救者先用手的拇指及其余四指紧握患者的下颌，并向前下方提牵，使舌离开咽喉后壁，以使异物上移或松动。然后拇指与食指交叉，前者抵下齿列，后者压在上齿列，两指交叉用力，使患者口腔张开。施救者用另一手的食指沿其颊部内侧插入，在咽喉部或舌根处轻轻勾出异物。另一种方法是用一手的中指及食指伸入患者口腔内，沿颊部插入，在光线充足的条件下，看准异物并夹出。手指清除法不适用于意识清楚者，因手指刺激咽喉可引起患者恶心、呕吐。勾取异物动作宜轻，切勿动作过猛，以免反将异物推向呼吸道深处。

第四节　常见急症的处理

一、皮肤烫伤的处理

被开水、热汤、热油、蒸汽等烫伤时，轻者皮肤潮红、疼痛，重者皮肤起水泡，表皮脱落。发生烫伤后，可按如下方法处理：

（1）立即小心地将被热液浸透的衣裤、鞋袜脱掉，用清洁的冷水喷洒伤处或将伤处浸入清洁的冷水中，也可用湿冷毛巾敷患处，还可以用食醋浇到被烫伤的皮肤上。

（2）尽可能不要擦破水泡或表皮，以免引起细菌感染。为了防止烫伤处起水泡，可用食醋洗涂患处，也可以用鸡蛋清擦患处。如果水泡已经被擦破，可用消毒过的纱布覆盖伤处,然后送医院治疗。

(3) 轻度烫伤或烫伤面积较小,可用鸡蛋油涂患处。鸡蛋油的做法是:取鸡蛋1个,去掉蛋清,将蛋黄放在锅里不加油炒到发焦,最后慢慢熬出鸡蛋油来,待鸡蛋油冷却后,即可使用。

二、眼睛烫伤的处理

人体都有一种特有的自然保护性反应,譬如在灼热的致伤物突然溅起的一瞬间,眼睛就会自然产生迅速的反射性闭眼动作,所以眼睛烫伤多半在眼皮上。烫伤时眼皮发红、肿胀,有时起水泡。由于开水、水蒸气或沸油油滴都是高温无菌的,所以处理这类烫伤时不必进行冲洗,一般只要在烫伤处抹点金霉素眼膏或红霉素眼膏。如果有小水泡,尽量不要挑破。烫伤处不必包扎,可任其暴露,经3~5天就会渐渐愈合。如果伤者眼内摩擦感很重,流泪极多,并且角膜(黑眼球)上可看到有白点,那就说明角膜已经被烫伤,这时一定要去医院治疗。

三、烧伤的处理

烧伤是日常生活、生产劳动中常见的损伤。烧伤主要指火焰的高温对人体组织的一种损伤,常由于火灾、易燃物(煤气、汽油、煤油)爆炸等引起。轻度、小面积的烧伤对人体健康影响不大,但是特别疼痛。重度烧伤容易导致休克、感染,甚至死亡。烧伤的分类按烧伤的深度估计,一般采用三度四分法,即一度烧伤、浅二度烧伤、深二度烧伤和三度烧伤。

① 一度烧伤:表现为受伤处皮肤轻度红、肿、热、痛,感觉过敏,无水泡。

② 浅二度烧伤:表现为受伤处皮肤疼痛剧烈、感觉过敏,有水泡;水泡剥离后可见创面均匀发红、潮湿、水肿明显。

③ 深二度烧伤:表现为受伤皮肤痛觉较迟钝,可有或无水泡,基底苍白,间有红色斑点;拔毛时可感觉疼痛。

④ 三度烧伤:皮肤感觉消失,无弹性,干燥,无水泡,蜡白、焦黄或炭化;拔毛时无疼痛。

烧伤的急救原则是消除烧伤的原因,保护创面,镇静镇痛。

消除烧伤的原因应根据不同的情况采用不同的办法。如果火焰直接烧伤应迅速离开火源;当身上着火时不要惊慌,可用水将火浇灭,也可脱去着火的衣服,或就地慢慢打滚将火压灭,如有水坑、水塘、溪河,亦可入水灭火。注意:身上起火时千万不可乱跑,以免风助火燃,加重烧伤。火势很旺时不可用手扑打,以免烧坏手指。在火灾现场尽量用湿毛巾捂住口鼻,少说话,尤其不能大声呼叫,以防吸入高温类雾烧伤呼吸道。被蒸汽或热的液体烫伤时,要立即将烫伤部位的衣服脱掉可防止烫伤加重。因触电烧伤者应立即切断电源。

对于烧伤面积小者和四肢的烧伤,可用冷水冲淋或浸泡,能起到减少损害、减轻疼痛的作用。浸浴时间一般为半小时或到不痛时为止。胸背部烧伤的伤员,救助者可将干净的毛巾盖在创面上,然后用凉水向上浇,以减轻疼痛。

在急救现场,被烧伤的创面要用清洁的被单或衣服简单包扎。注意不要将创面上的水泡弄破,也不要在创面上涂抹任何治疗烧伤的药品,避免感染和加重损伤。大面积烧伤的患者若清醒,则会口渴,此时只能给其喝温热的盐水而不能喝淡水,否则会加剧日后的水肿等严重情况。因爆炸燃烧受伤的伤员,创面污染严重,不要强行清除创面上的衣物碎片和污物,简单包扎后立即送往医院治疗。对于心跳、呼吸停止者,要迅速给予心肺复苏治疗;合并四肢大出血者应上止血带;伴有骨折的要给予简单固定。

烧伤伤员都有不同程度的疼痛和紧张,可给予口服的镇静镇痛药物,但是有呼吸道烧伤和颅脑损伤的患者禁用,并且对使用药物的名称、剂量、给药时间和途径必须详细记录,以免造成药物过量而中毒。烧伤患者在送往医院途中应采取未烧伤一侧的卧位。

四、化学物质灼伤的处理

能引起化学灼伤的物质很多,常见的有酸类(如硫酸、盐酸、硝酸等)和碱类(如氨水、石灰、纯碱、烧碱)等物质。酸类物质使组织蛋白凝固、细胞脱水,故酸类物质灼伤一般创面较浅,表面可见到干痂。而碱类物质的灼伤则不同,由于碱离子能与组织蛋白结合生成可渗性酸性蛋白酸化脂肪组织,故碱类物质灼伤的创面会逐渐加深,且愈合缓慢。

对于化学物质的灼伤应争分夺秒进行抢救,具体方法如下:

(1)清除化学物质 应尽快让伤员离开现场,迅速脱下被化学物质玷污的衣服,用大量的自来水、井水等清洁水冲洗创面半个小时左右。(如图)

皮肤化学烧伤时,用大量清水冲洗皮肤

(2) 使用中和剂　若为酸类物质灼伤,可用弱碱(如小苏打、肥皂水等溶液)中和;若为碱类物质灼伤,可用弱酸(如食醋、氯化铵等溶液)中和。但在未用清洁水冲洗前不能使用中和剂,否则中和反应时放出的热量会加深皮肤的灼伤。

(3) 对症处理　清洗、中和后的创面,可用消毒纱布、干净手帕等包扎,以免细菌感染。由于强酸、强碱致伤可产生剧烈疼痛,严重者甚至会发生休克,故可酌情使用镇痛、镇静剂。在抢救过程中,要随时注意伤员的全身情况变化,如呼吸、脉搏等,若有变化应对症抢救。经过上述初步处理后,将伤员送往医院治疗。

五、中暑的处理

中暑是由高温环境引起的体温调节中枢功能障碍,汗腺功能衰竭和水、电解质丢失过量所致。据统计,南京市 1994 年高温期间救治的中暑患者达 3 000 余例,1988 年、1994 年、1995 年热浪袭击期间分别发生重症中暑者 411 例、103 例、49 例,病死率分别为 30.2%、7.8%、6.1%。近年来,由于空调的广泛使用和劳动防护的加强,中暑患者明显减少,但在户外作业的人群中,仍经常发生中暑。

(一) 人体产热与散热的调节

人体适宜的外界温度是 20℃～25℃,相对湿度为 40%～60%。人体可通过以下方式散热:

(1) 辐射　辐射是散热的最好途径。气温 15℃～25℃时,辐射散热约占 60%,散热最多的部位是头部(约 50%),其次为手及足部。环境温度 33℃时,辐射散热降至零。

(2) 传导与对流　通过对流、接触使靠近皮肤的冷空气变暖,变热的物质分子离开,而较冷的物质分子则取而代之,逐渐又变热,如此反复进行。水传导热的速度较空气传导快 240 倍。

(3) 蒸发　每蒸发 1 g 水,可散发 2.4 kg(0.58 kcal)的热量。

通常室温(15℃～25℃)下,人体散热分别依靠辐射(60%)、蒸发(25%)、对流(12%)、传导(3%)来进行。

(二) 中暑的病因及诱因

(1) 病因　在高温(室温>35℃)或在强热辐射下长时间运动,如无足够防暑降温措施,易发生中暑。

(2) 诱因　体弱、营养不良、疲劳、肥胖、饮酒、饥饿、失水失盐、最近有过发热、穿紧身不透风的衣裤、水土不服、甲亢、糖尿病、心血管病、广泛皮肤损害、先天性汗腺缺乏症、震颤麻痹、智能低下者、应用阿托品等常为中暑诱因。

（三）中暑的发病机制

机体由于种种原因产热大于散热或散热受阻，则体内有过量热蓄积，会引起器官功能紊乱和组织损害。

(1) **热射病** 由于人体受外界环境中热源作用和体内热量不能通过正常生理性散热达到热平衡，致使体内热蓄积，引起体温升高。起初，可通过下丘脑体温调节中枢以增加心输出量和呼吸频率、扩张皮肤血管等加快散热；以后，体内热进一步蓄积，体温调节中枢失控，心功能减退，心输出量减少，中心静脉压升高，汗腺功能衰竭，使体内热进一步蓄积，体温骤升，引起以高热、无汗、意识障碍为临床特征的热射病。

(2) **热痉挛** 在高温环境中，由于大量出汗，使水和盐丢失过多，如仅补充大量水而补盐不足造成低钠、低氯血症，导致肌肉痉挛，并可引起疼痛。高温下劳动者的出汗量可在10升以上，汗中含氯化钠约0.3%～0.5%，大量出汗后仅饮不含盐的饮料，可致失盐大于失水，从而引起热痉挛。

(3) **热衰竭** 热衰竭可因过多出汗，导致失盐失水均较严重所致，也可由于人体对热环境不适应，从而引起周围血管过度扩张，循环血量不足而发生虚脱、休克症状。

（四）急救处理

如果是轻症中暑，立即将患者移至阴凉通风处或电扇下，最好移至空调室，以增加辐射散热。给予清凉含盐饮料；可选服仁丹、十滴水、开胸顺气丸、藿香正气丸等，用一心油、风油精涂擦太阳穴、合谷穴等穴；体温高者可给予冷敷或酒精擦浴。必要时可静脉滴注5%葡萄糖生理盐水1 000～2 000毫升。经上述处理后30分钟到数小时内即可恢复。如果是重症中暑，如出现高热、痉挛、虚脱等应立即送医院治疗。

六、溺水的处理

溺水常见于游泳或落水等意外事故，因水进入呼吸道及肺中引起窒息。另外，泥沙等物堵塞鼻腔及口腔也是窒息的原因之一。溺水者的现场急救至关重要，应分秒必争。

(1) 迅速将溺水者脱离溺水现场。

(2) 清除口、鼻内异物，保持呼吸畅通。

(3) 令溺水者头低位拍打其背部,使进入呼吸道和肺中的水流出(注意时间不要长)。

(4) 如有呼吸抑制,迅速行人工呼吸。

(5) 如有心跳停止,立即进行胸外心脏按压。

(6) 换上干的衣服,注意保暖。

(7) 尽快转送医院。

七、触电的处理

触电包括交流电和雷电击伤。触电损伤包括外损伤和内损伤。触电可造成体表入口和出口伤,均由电能通过身体产生的热能所致。触电伤员轻者造成机体损伤、功能障碍,重者死亡。

(一) 判断伤情

(1) 轻伤　轻伤患者触电部位起水泡,组织破坏,损伤重的皮肤烧焦,甚至骨折,肌肉、肌腱断裂,能发现两处伤口。

(2) 重伤　重伤患者会出现抽搐、休克、心律不齐,有内脏破裂。触电当时也可出现呼吸、心跳停止。

(二) 触电的现场急救

(1) 切断总电源　如电源总开关在附近,则迅速切断电源。

(2) 脱离电源　用绝缘物(木制品、塑料制品、橡胶制品、书本、皮带、棉麻、瓷器等)迅速将电线、电器与伤员分离,要防止相继触电。

(3) 心肺复苏　心跳、呼吸停止者立即进行心肺复苏。

(4) 包扎电烧伤伤口。

(5) 速送医院。

八、急性中毒的处理

某种物质进入人体后,并对人体组织器官发生生物化学、物理作用,损害人体健康时,该物质即称为毒物。由毒物引起的疾病叫做中毒性疾病。人体在短时间内进入大量毒物,迅速引起严重中毒症状甚至危及生命,称为急性中毒。

(一) 处理程序

(1) 了解病史　了解患者的心理及生活情况,如怀疑有服毒的可能性,应查找身边有无药瓶、药袋,室内是否有产生一氧化碳的设备,其他如剩余食品及同餐者的情况等。总之,应了解现场并寻找接触毒物的证据。

(2) 观察临床表现　观察各种毒物中毒的特征性表现(包括气味、症状、体征等)。

(3) 排出毒物　根据进入途径不同,采取相应的排毒方法,如经呼吸道吸入的有毒气体,应迅速离开现场,加强通风、吸氧、保暖。如从皮肤吸收(有机磷农药中毒),应立即脱掉衣服、鞋、帽,对接触处进行严格的彻底清洗。如中毒者为经口摄入毒物,应及时进行催吐、洗胃、导泻、灌肠及利尿等。

(二) 救治原则

(1) 急性中毒的救治要及时准确。在初步处理的同时要尽快设法查明中毒原因,立即终止接触毒物,阻止毒物继续侵害人体,脱去污染的衣服,皮肤黏膜沾染的毒物应尽快冲洗,应用清凉冷水冲洗,因热水可使血管扩张而可能促进毒物吸收,故不宜采用。冲洗要充分,否则可使毒物吸收面积扩大。

(2) 口服中毒者应立即停止服用,设法促其呕吐。简单有效的办法是用手指刺激舌根部而引起呕吐。如此反复进行,直到胃内毒物全部呕吐出为止。

(3) 腐蚀剂中毒者可灌服牛奶、蛋清或植物油。

对口服中毒者采用洗胃法是清除体内尚未被吸收的毒物的行之有效的方法。洗胃一般在服毒后 6 小时内效果较好。凡中毒者皆宜送医院急救。

(三) 常见中毒的急救处理

(1) 煤气中毒　在日常生活中,家庭用火、取暖、洗浴时缺乏预防措施,是导致一氧化碳中毒的主要原因。一氧化碳是一种无色、无味的气体,几乎不溶于水。进入人体后,与体内血红蛋白的亲和力比氧高 300 倍,使血红蛋白丧失了携带氧的能力和作用,对全身的组织细胞均有毒性作用,尤其对大脑皮质的影响最为严重。中毒初期只是表现为头痛,随后会出现头晕、眼花、恶心、心慌、四肢无力、皮肤黏膜出现樱桃红色等症状。当人们意识到已发生一氧化碳中毒时,往往已无法实现有目的的自主运动。此时,中毒者头脑中仍有清醒的意识,也想打开门窗逃出,可手脚已不听使唤。所以,一氧化碳中毒者往往无法进行有效的自救。

当发现有人一氧化碳中毒后,救助者必须迅速按下列程序实行救助:

① 因一氧化碳比空气略轻,故浮于上层,救助者进入和撤离现场时,如能匍匐行动会更安全。进入室内严禁携带明火,尤其是开放煤气自杀的情况,室内煤气浓度过高,按响门铃、打开室内电灯产生的电火花均可引起爆炸。

② 进入室内后,应迅速打开所有通风的门窗,如能发现煤气来源则应同时控制,如关闭煤气开关等,但绝不可为此耽误时间,因为救人更重要。然后迅速将中

毒者背出充满一氧化碳的房间,转移到通风保暖处平卧,解开衣领及腰带,以利其呼吸顺畅。同时呼叫救护车,随时准备送往有高压氧舱的医院抢救。

③ 在等待运送车辆的过程中,对于昏迷不醒的患者可将其头部偏向一侧,以防呕吐物误吸入肺内导致窒息。为促其清醒可用针刺或用指甲掐其人中穴。若其仍无呼吸则需立即开始口对口人工呼吸。必须注意,对一氧化碳中毒的患者这种人工呼吸的效果远不如医院高压氧舱的治疗,因而对昏迷较深的患者不应立足于就地抢救,而应尽快送往医院,但在送往医院的途中人工呼吸绝不可停止,应坚持在2小时以上,以保证大脑的供氧,防止因缺氧造成脑神经不可逆性坏死。

(2) 安眠药中毒　安眠药种类很多,以鲁米那、速可眠、氯丙嗪、安定、奋乃静等最常用,中毒主要源于服用过量或一次大量服用。安眠药对中枢神经系统有抑制作用,少量服用可催眠,过量则可致中毒。中毒者多可查及有服用安眠药病史,会出现昏睡不醒、肌肉痉挛、血压下降、呼吸变浅变慢、心跳缓慢、脉搏微弱,甚至出现深昏迷和反射消失。若被吸收的药量超过常用量的15倍时可因呼吸抑制而死。安眠药的急性中毒症状因服药量的多少、时间、空腹与否以及个体体质等情况的不同而轻重各异。中毒者宜速送医院诊治,急救处理可刺激咽喉反射而呕吐,以1∶5 000高锰酸钾溶液或清水洗胃,还可以用硫酸镁导泻。

(3) 有机磷农药中毒　农药中毒以有机磷农药最为多见。在农药的生产、使用、装卸、运输、保管过程中,若不注意防护,可通过呼吸道、消化道、皮肤和黏膜等途径侵入人体而引起中毒。误服或自杀也是农药中毒的又一原因。农药中毒一般分为轻、中、重度,胆碱酯酶活力降低至正常值的50%～70%,出现头晕、恶心、呕吐、多汗、视力模糊、无力、胸闷、瞳孔缩小等症状者为轻度中毒。中度中毒者胆碱酯酶活力降低至正常值的30%～50%,出现肌肉颤动、轻度呼吸困难、腹痛腹泻、流涎、瞳孔明显缩小等症状者为中度中毒。胆碱酯酶活力降低至正常值的30%以下,出现呼吸极度困难,肌肉震颤、瞳孔缩小如针、昏迷、大小便失禁等症状者为重度中毒。一旦发生此类中毒应立即救治。应将患者抬至通风、空气新鲜处,脱去污染的衣物,用肥皂水和清水反复彻底清洗接触农药部位皮肤。对误服者应立即刺激其舌根部以催吐,并用大量温水或2%～5%碳酸氢钠溶液洗胃,但敌百虫中毒禁用碱性液洗胃,硫代膦酸酯类有机农药,如1606、1059、3911、乐果等中毒不可用高锰酸钾液洗胃。中毒症状明显者宜送医院救治。阿托品和特殊解毒剂的应用很重要,根据病情轻重,使用阿托品1～10毫克,每10分钟至2小时一次,出现瞳孔较前散大、口干及皮肤干燥、颜面潮红、心率加快及肺部啰音消失为阿托品化。及时应用氯磷啶或解磷啶。救治过程中可给氧,迅速清除呼吸道分泌物,肌注呼吸中枢兴奋药,注意保持水电解质平衡,抽搐者可水合氯醛灌肠。农药中毒可通过防护而避免,要严格遵守操作规程,严禁农药与食物混放。

(4) 酒精中毒　饮酒过量易造成急性酒精中毒,早期出现面红、脉快、情绪激动、语无伦次、恶心、呕吐、嗜睡、高热、惊厥及脑水肿等症状,严重者可出现昏迷,甚至会呼吸麻痹而死亡。处理原则是禁止继续饮酒,可刺激舌根部以催吐,轻者饮用咖啡或浓茶可缓解症状,较重者可用温水或2%碳酸氢钠溶液洗胃。一般醉酒者经休息、饮茶即可较快恢复。中毒症状重者宜送医院诊治。避免过量饮酒是预防本病发生的最有效方法,特别注意不要空腹大量饮酒。

(5) 食物中毒　食物中毒一般发生在夏秋季,是因细菌污染食物而引起的一种以急性胃肠炎为主症的疾病(详见第二章)。

(6) 河豚中毒　河豚分布于我国沿海大江河口,是一种肉味鲜美但含有剧毒的水产品。河豚的毒素主要有河豚毒及河豚酸两种,集中在河豚卵巢、睾丸、肝、肠等组织和血液中。河豚的毒素化学性质稳定,经盐腌、日晒和烧煮均不能被破坏;毒性强,较剧毒的氰化钾还要大1 000多倍。河豚毒素能使神经麻痹,阻断神经肌肉的传导,主要是使脑干中枢和神经末梢麻痹,其毒素经胃肠道及口腔黏膜均可被吸收。

河豚毒素中毒的特点是发病急剧。一般可在食后半小时至3小时内迅速发病,病情进展快,发病后4～6小时可发生死亡。典型症状是开始全身乏力,胃部不适,恶心、呕吐、腹痛、腹泻,继之出现口唇、手指、舌尖麻木,随之病情继续进展,四肢肌肉麻痹,丧失运动能力,导致瘫痪状态。重者吞咽困难,言语不清,呼吸困难,心律失常,昏睡昏迷,最后引起呼吸中枢麻痹和血管运动中枢麻痹而死亡。河豚毒素在人体内解毒和排泄较快,如发病超过8～9小时者多可存活。

河豚中毒者应立即送医院急救。

食用河豚,加工生产过程必须严格,经鉴定合格,证明无毒,方能出售。河豚死后,毒素可渗入肌肉中,所以未经加工处理的河豚不能食用。

第九章 大学生心理危机

第一节 心理危机概述

一、心理危机的定义

20世纪90年代末,世界卫生组织专家曾提出:从现在到21世纪中叶,没有任何一种灾难能像心理危机那样给人们带来持续而深刻的痛苦。

1954年,美国心理学家卡普兰(G. Caplan, 1954)首次提出心理危机的概念。他指出,心理危机是当个体面临突然或重大生活逆境(如亲人死亡、婚姻破裂或天灾人祸等)时所出现的心理失衡状态。他认为每个人都在不断努力保持一种内心的稳定状态,使自己与环境相平衡与协调,当重大问题受到干扰时,内心的紧张不断积蓄,继而出现无所适从甚至思维和行为的紊乱,进入一种失衡状态,这就是危机状态。心理危机表现为静态和动态两种。

(一)静态心理危机

静态心理危机是心理危机的一种状态,主要表现为:个体运用惯用的应对方式无法处理所面临困境时的一种不平衡的心理状态。它是一种过渡状态,人不可能长久地停留在危机状态中,整个心理危机活动期持续的时间因人而异,短者仅24~36小时,最长也不应超过4~6周。危机可以由重大突发事件引起,也可以由长期的心理压力所导致。在危机状态下,个体会出现一系列负性的生理、情绪、认知、行为反映,如果危机反应长时间得不到缓解,便会引发心理疾患和过激行为。

(二)动态心理危机

动态心理危机则强调心理危机是一种心理过程,主要表现为:危机具有心理状态的失衡、个体资源的匮乏、认知反应的滞后性等特征,是个体发展中原有平衡状态被打破,而新的平衡没有建立的过程。

心理危机的静态和动态是相互转化的,当危机易感个体处于静态时,危机并未显示出来,当遭遇生活应激事件时,动态心理危机便爆发了。

二、心理危机的分类

心理危机分类的方法有三种,即二分法、三分法和四分法。其中二分法是根据危机刺激的来源,将危机分为两种,即内源性危机和外源性危机。而三分法和四分法是根据危机的性质来划分的。三分法是指布拉姆提出的发展性危机、境遇性危机和存在性危机。四分法是除了上面提到的三种危机之外,还有内心危机。其中以布拉姆的观点最为流行。

(一)发展性危机

发展性危机是指在正常生长和发展过程中,急剧的变化或转变导致的异常反应。如青春期的行为问题、成长时的家庭冲突、迁居、升学、移民、新生入学、性心理危机等,都可以导致发展性危机。发展性危机有三个特点:一是心理危机持续的时间比较短暂,但变化急剧;二是大学生在发展性心理危机期间容易发生一些消极现象;三是发展性心理危机如果能顺利通过,将会促进大学生心理发展,使其获得更大的独立性,走向成熟。

(二)境遇性危机

境遇性危机是指罕见或超常时间,且个人无法预测和控制的危机,如学习上的压力、交通事故、突然的疾病和死亡、失恋、事业失败或自然灾害等都可以导致境遇性危机。它具有随机性、突发性、震撼性、强烈性、灾难性和不可遇见性。例如美国的"9·11事件"、中国的"5·12汶川大地震"都是典型的境遇性危机。

(三)存在性危机

存在性危机是指伴随着人生问题,如关于人生目的、责任、独立性、自由和承诺等出现的内部冲突和焦虑。存在性危机可以是基于现实的,也可以是基于深层次的关于人生意义的追问与思考。大学生在大学阶段前后都会不断地追问和探索存在的问题,且因为年龄和身心的特点对存在性问题的思考也特别的集中。存在性心理危机的成功解决对大学生的人生观、价值观和世界观的正确树立有着重大的影响。

三、心理危机的发展阶段

心理危机的发生一般经历三个阶段:急性反应阶段、悲伤反应阶段、创伤后恢复阶段。

（一）急性反应阶段

该阶段当事人该阶段常表现为明显的惊恐、害怕、悲伤,如果应激极端严重,则当事人会出现木然、迟钝和退缩等行为。

（二）悲伤反应阶段

应激性事件过去后,常表现为倚赖、无所适从,也可能产生有罪感,或退缩、或抑郁。

（三）创伤后恢复阶段

该阶段当事人接受已经出现的事实,并为将来做好计划。

第二节　大学生遭遇心理危机事件后的反应

在人生的旅途中,发展性危机、境遇性危机和存在性危机都有可能发生。同样的危机发生在不同的个体身上,所产生的情绪和心理效应是不同的。

一、引起大学生心理危机的常见应激事件

在现实生活中,人的各种心理和行为反应,都能找到与之相应的应激源。应激源依划分维度的不同而分为不同的因素。长期的研究表明,就大学生生活的环境而言,引发心理危机的应激源有以下几种：

（一）家庭环境因素

学生心理问题的发生与家庭氛围有很大关系,单亲家庭、亲友长期卧病、家庭成员之间关系不和谐、亲子关系恶劣和家庭经济贫困等都容易给心灵造成长期的创伤,一旦此类矛盾激化,容易造成强烈的情绪反应。

（二）校园生活环境因素

大学生在校园里的主导活动是学习,此外还有人际交往、恋爱、择业、集体活动等。在其中任何一个环节上遇到问题,都能引发心理困惑。如果这些心理困惑得不到及时解决,产生的累积效应对大学生身心发展极为不利,不仅损害社会功能,严重的会导致神经内分泌及免疫系统功能紊乱,从而加重心理损害和躯体疾病。

（三）社会环境因素

社会环境因素包括重大灾害性事件和创伤性事件。这类事件不仅是消极的,

而且无法控制、无法预测,其最大特点是造成的客观后果和心理危机相当严重,例如一些暴力事件、地震、火灾、洪水等重大自然灾害、意外损失和严重交通事故等。大学生经历了这些事件后,产生了"创伤后应激障碍",他们会不断以某种形式重复体验到创伤性事件,如"闪回"或"噩梦",并逐渐对在日常生活中感情麻木,与他人疏远,甚至有极端的惊恐反应。

二、大学生遭遇心理危机事件后的认知反应

正常个体的认知、情感和意志是一个和谐的统一体,而危机状态下,个体则往往关注事件的消极面,以致于思维狭窄,导致管状思维。情感和认知之间存在着相互影响的关系,愤怒、恐惧和抑郁情绪破坏人的心理平衡,而心理平衡是准确感知、记忆和逻辑思维的前提。经历了创伤后,知、情、意和谐统一的状态遭到了很大的破坏,认知上会出现感觉迟钝或过于敏感,知觉异常,注意力很难集中,记忆能力下降,思考和理解发生困难,自我认知能力下降,控制不住去想灾难发生的场景但又害怕谈及危机情境,严重的则会出现幻觉妄想、思维破裂、情感倒错等精神分裂的症状,可见其后果相当严重。

【案例1】 孙某,大学三年级学生,一年前母亲病故,父亲身体残疾,家庭状况特别差。面对如此情景,悲痛万分的他产生了悲观绝望的情绪,开始厌学。"就算能拿到文凭又怎么样?""我怎么这么无能"等想法充斥脑海,他对生活失去了信心,最后导致面临退学边缘。

【专家点评】
家庭变故引起的心理应激障碍,干预时要避免空洞说教,而要根据当事人所处的状态,采取适当措施。一般来讲,遭遇家庭变故的当事人情绪一般异常激动,此时要让他尽情发泄情绪,将心中所有的委屈、郁闷、愁苦倾诉出来,同时周围人要给予理解和宽慰,包括必要的肢体接触,如握手或拥抱等。

三、大学生遭遇心理危机事件后的情绪反应

情绪是一种由客观现实与人的需要相互作用而产生的整合性心理过程。危机状态下,个体情绪反应一般会出现焦虑、恐惧、愤怒、沮丧、紧张、绝望、烦躁等。危机状态下的适度焦虑是有益的,它可以帮助个体集中精力、调动全部心理潜能应对情境。但持久过度的焦虑是有害的,它会影响注意力的集中,抑制思维,改变人的认知能力、判断能力和分析能力,使人难以作出符合理性的决定。当人们遭

遇重大的灾难时,出现恐惧的情绪反应也是正常的,但是如果恐惧情绪过于持久和强烈就可能导致人心理变态,出现强迫性的恐惧症状。抑郁也是心理危机状态下个体易产生的一种情绪反映。典型的表现为"三低",即情感低落、思维迟缓、意志活动减少。偶尔的、适度的抑郁是正常的,但如果持续时间过长,三低的心境状态达到极端的、严重的程度,就会发展成为抑郁症。患有抑郁症的个体是自杀的高危人群,对此尤其要予以关注。

个体在遭遇突发事件或创伤性事件后,一般会产生非常强烈的情绪反应,如高度的焦虑、紧张、丧失感、悲痛、恐惧、愤怒、烦恼和空虚感等。在此情况下对其进行危机干预或学生自己学会一些自我调适的方法则十分有必要。

引发大学生心理危机的应激事件多为负性的消极的恶劣刺激,发生突然、反应剧烈、后果严重。遭遇心理危机事件后的情绪反应主要有以下几种:

(一) 悲痛

这是危机事件发生后常见的情绪反应。由于危机事件多造成人身伤亡或重大损失,这就给当事人带来极大的心灵创伤,甚至在相当长的一段时间内,沉浸在极端悲痛的氛围之中,无法正常学习和生活。

【案例2】 某大学二年级学生李某,家庭和谐稳定。一天早上,母亲乘公交车上班途中,心脏病突发,被送到医院急诊。当李某与父亲赶到医院时,母亲已进入急救室,一直处于昏迷状态,几小时后便离开人世。李同学当场晕倒,处于极度的悲伤之中。

【应对措施】

当事人可通过向家人、好友、心理医生等人宣泄、倾诉自己内心的痛苦和郁闷,来减轻自己的压力,释放内心潜藏的苦恼和压抑,重构自己的生活。

(二) 抑郁

抑郁是大学生中常见的情绪问题,是指大学生在遇到考试失利、人际交往障碍、失恋、生活挫折等刺激后,表现出来的情绪低落、精神疲惫的心理状态。抑郁心理一般表现在以下几个方面:

(1) 兴趣减退甚至丧失。

(2) 对前途悲观失望。

(3) 常想起不愉快的往事或遇事往坏处想。

(4) 常唉声叹气,易伤感流泪或愁容满面。

(5) 感到生活或生命本身没意义。

(6) 自我评价低,产生自杀念头,但内心矛盾重重。

在多起校园自杀案例中,抑郁往往是重要诱因之一。

【专家点评】

大学生对自身或周围同学的抑郁情绪一定要引起足够的重视。掌握必要的心理学知识或借助社会支持力量,尽力把抑郁情绪带来的负面影响降到最小。

(三) 恐惧

在经历了意外事故或重大灾难后,恐惧情绪会给人的心理带来长期的负面影响,受害人群包括亲身经历者和耳闻目睹者。尤其是亲身经历者,其身体和心理遭受了巨大创伤,灾难出现的场面会不时地出现在脑海中,恐惧情绪绝不是短期内能平复的。

【应对措施】

(1) 形成正确的意识,客观认识灾害所带来的后果。

(2) 转移灾害所带来的刺激,多想些美好的事情和人性的关怀。

(3) 掌握必备的心理生理应对知识,防止不必要事故的再发生。

四、大学生遭遇心理危机事件后的生理反应

危机中的生理反应通常涉及全身各个系统和器官。在应激条件下,大脑皮层统一指挥和控制着人的各种活动,身体的生理反应主要是大脑通过植物神经系统、下丘脑-腺垂体轴、靶腺轴和免疫系统进行调节的。这些生理反应又通过反馈机制影响着神经系统、内分泌系统和免疫系统的功能。危机事件具有发生突然、强度大、后果严重等特点,往往导致人们产生多方面的不良生理反应。例如,面临突发的爆炸事件,多数人会表现为发呆、心慌、歇斯底里等状况;强烈的地震发生之后,当事人除了躯体伤害之外,还出现心慌、气喘、大汗淋漓、肌肉抽搐、头痛头晕等植物性神经功能紊乱,甚至在相当长的时间内出现失眠、梦魇等睡眠障碍。

【案例3】 小林是某大学四年级的学生,因为家庭经济困难,小林一心想早日找到一份工作,缓解经济上的压力,却不幸被自己的高中同学拉入到传销队伍中。虽然最后从传销组织脱离出来了,但上大学四年来打工的积蓄和弟弟的学费全部被骗。之后,小林出现了失眠、胸闷、头晕、记忆力下降等一系列身体上的反应。

【专家点评】

小林同学的这些反应是典型的由危机事件所引发的生理反应。当同学们出

现类似的生理反应时,第一就是要放松,并尽可能地确保睡眠和饮食正常;第二可根据自己的实际情况在专业医生的指导下,服用药物。

五、大学生遭遇危机事件后的心理行为反应

不同的个体在危机中的心理行为反应会存在着较大的差异。危机中的心理行为反应是个体为减轻痛苦而采取的一种防御机制,可分为三类:第一类是积极的反应,包括富有建设性的行为反应,它把社会所不能认可的目标、欲望或情绪等升华为高级的、有益于社会并被社会所接受和赞赏的形式。第二类是消极的反应,包括否认、攻击、逃跑、放纵、退缩等,这些反应虽然可以暂时缓解内心的冲突和紧张,但会妨碍个体正确的应对危机,不利于问题的解决。第三类是中性的反应,包括转移、反向、压抑、倒退、合理化、投射等。产生什么类型的心理行为反应与个体的个性特征、适应能力和以往生活经历等有关。

【案例4】 某大学三年级女学生小华,因为男友另结新欢而不得不与男友分手。分手后,小华变得特别依赖同学,总像是一个小女孩一样跟在别人的身后,受一点委屈就坐在地上痛哭流涕。一开始只是在宿舍里这样,后来发展到在教室里与同学发生争执后也会坐在地上痛哭。

【专家点评】

失恋是很多大学生在校园里都会遇到的事情,正常的情绪低落、行为回避都是可以理解的,但是上例中的小华已经在心理上形成了倒退的情况,一个正常的大三女学生是不可能在大庭广众之下坐在地上哭泣的,只有两三岁的孩子才会这样做。遇到这种情况,可以找学校里负责心理健康教育的老师咨询,同时也可以增加一些社会活动,以减少此类心理行为反应的发生。

六、大学生遭遇危机事件后的行为变化

人的行为是心理活动的反映,遭受心理创伤后,大学生往往会出现多种行为异常,包括:日常饮食起居出现反常,个人生活习惯发生改变,自制力丧失、不能有效调控自我,孤僻独行或离群索居等。如果大学生发现自己或身边同学发生这样的改变,就要注意是否存在心理危机问题。

(一) 学习状况改变

主要表现为经常逃课旷课、成绩陡然下降、学习效率显著降低、多门功课考试不合格。如果在智力正常的情况下出现了这些明显的变化,则要警惕是否心理上

出现了危机。

(二) 社交状况改变

核心特征是当事人变得恐惧社交场合、害怕与同学或老师交往,甚至拒绝与身边最要好的朋友来往,行动上会出现寡言少语、独来独往,喜欢一个人呆着,并表现出灰心丧气、意志消沉、丧失与他人交往的勇气和信心的心理特征。

(三) 生活习惯的改变

近几年来,我国曾先后发生过流行区域广、受害人口多、生命财产损失严重的重大危机事件,其中影响最大的有1998年的长江流域洪涝灾害、2003年春季的SARS大流行、2008年的雪灾、地震等灾害。灾害发生后,不少人的行为习惯发生了明显改变,典型的如反复洗手、反复消毒,不敢出门,逃避与疏离,暴饮暴食,突然花钱大手大脚等,严重的则导致各类精神症状的发生。

【案例5】 2008年5月13日,汶川地震发生的第二天,有31名学生被派往救援前线,这些学生均为十七八岁,从没经历过这样的灾难事件,他们在前线的主要任务是抬尸体,抬出来的几乎没有存活的。几天后他们撤回学校,大部分人有了不良反应,表现为警觉性非常高,一点风吹草动就以为是地震,拒绝住在房间里,有人脑海里不断"闪回"恐怖的画面,还有人反映老是闻到奇怪的味道。

第三节 心理危机干预策略

大学生在校园生活、学习、恋爱交友、家庭贫困等方面的负性事件压力下很容易产生各种各样的情绪困扰。这些不良的情绪如果不能得到及时有效的疏导和改善,则有可能引发一系列潜在的心理危机,并最终成为影响学生个人生活功能、社会功能或者生命功能的直接导火索。

一、什么是心理危机干预

在心理学领域中,心理危机干预是指对处在心理危机状态下的个人采取明确有效的措施,使他能够战胜危机,重新适应生活。心理危机干预是通过调动处于危机之中的人体自身潜能,帮助个体重新建立或恢复到危机爆发前的心理平衡状态,使其能够继续正常的社会生活。

二、心理危机干预的主要目的及主要模式

(一) 心理危机干预的主要目的

(1) 避免自伤或伤及他人　处于危机当中的人,往往在自我行为的控制和觉察上都会有不同程度的降低,这种时候最容易让个体产生一些危险的想法并将这些想法付诸行动,所以心理危机干预的首要目的就是要避免自伤和伤人的恶性事件发生。

(2) 恢复心理平衡与成长的动力　心理危机的成功解决有三重意义:个体可以从中得到对现状的把握,对经历的事件重新认识以及学到应对未来可能遇到的危机的心理策略与手段。这也是我们常说的在心理危机中获得成长。

(3) 帮助人们获得生理上、心理上的安全感　心理危机干预一个很重要的目的,就是帮助个体得到可能的基本心理、生理需要的满足,缓解乃至稳定由危机引发的强烈的恐惧、震惊或悲伤的情绪,恢复心理平衡状态,对自己近期的生活有所调整,并学习到应对心理危机有效的策略与健康的行为,增进心理健康。

(二) 心理危机干预的模式

目前,国内外用于心理危机干预的方法很多,但无论是行为疗法、支持疗法还是认知疗法等技术方法都可以归纳为三种类型:平衡模式、认知模式和心理社会转变模式。

(1) 平衡模式　心理危机中的个人通常处在一种心理或情绪的失衡状态,个体原有的应付机制和解决问题的能力不能满足事件发展的需要。在这种状态下个体往往会失去行动的方向,甚至有的人会产生思维的混乱或行为的过激。平衡模式的目的就在于帮助人们重新获得心理危机前的平衡状态,重新获得生活的经验,回到正常的生活中去。

(2) 认知模式　心理上的危机往往来源于对生活困难、现实环境和创伤事件的错误思维和非合理的信念,将所有的不幸归因为自己的错误。如果为个体提供一种改变思维的方式,特别是改变非理性的认知和自我否定,就能够使其获得对自己生活中危机事件全新的认识,增加对危机事件的控制能力。

(3) 心理社会转变模式　人是遗传和环境学习交互作用的产物,所以心理危机是由心理、社会或环境等因素引起的,因此需要引导人们从心理、社会和环境三个范畴来寻找心理危机干预的资源。

三、心理危机的自我调节

心理危机的产生是因为发生的生活事件的强度超出了人们的承受能力,让人产生了无法承受、无法改变、绝望的心理状态。实际上有很多的心理危机通过一些方法是能够进行自我调节的,可以一定程度上缓解情绪上的低落,打消或延缓恶性事件的发生。下面就着重为同学们介绍几种操作比较简单的自我心理危机干预技术。

(一) 认知改变

认知改变是指对引起不良情绪的事件重新理解和定义。认知改变是利用一种更为积极的方式去理解使人产生挫折、愤怒、厌恶等不良情绪的事件。

ABC 理论是合理情绪疗法的理论与实践的核心。A 代表诱发性事件(activating events),B 代表个体对这一事件的看法、解释及评价,即信念(beliefs),C 代表继这一事件后,个体的情绪反应和行为结果(consequences)。

```
A诱发事件 → B信念 → C情绪反应和行为结果
              ↑
       D对不合理信念加以驳斥和辩论 → E效果 → F新的情感
```

例如,一个人在失恋或就业失败后感到沮丧,这不是事件本身引起沮丧反应,而是这个人对于失败、被拒绝或自我价值实现所持的非理性信念(认为自己一定要成功)所引起的。ABC 理论认为,被拒绝与失败的信念(B)才是导致沮丧(C)的主要原因,并不是失恋或就业失败这一实际事件(A)所带来的。因此,人是可以改变自己的情绪反应和困扰的。在 A、B 与 C 之后接着是 D,即使用各种方法来协助自己向非理性信念进行挑战,最后进入 E(效果)的阶段,E 是指个体获得全新的思考方式,并利用它来创造出 F(新的情绪状态)。这样,原来的 ABC 理论就可以扩展为 ABCDE 的治疗模型。

(二) 情绪调节

进行情绪自我调节是降低情绪恶化程度,促进个体积极改变的有效途径。

(1) 情绪转移法　当不良情绪产生时,可以利用身边的资源进行及时的情绪转移,如站起身来活动一下;去学校的操场打打球;和要好的同学一起聊聊天;听听音乐;和家人打电话;等等。总之,要及时地让自己转换一种思维和肢体状态。

(2) 思维中断法　在自己的手上套一根皮筋,当思维陷入不良情绪里面时,用皮筋弹一下自己,强迫思维停下来。如果这些不良情绪是经常性出现的话,可以在本子上专门记录下一个星期内自己使用皮筋的次数,并与上一星期相比,看不良情绪的出现率是否减少。如果是在减少的话就奖励自己一下,如果是持续增加的,则需要尽快向学校里的心理老师求助。

(三) 放松练习

放松练习对于应付紧张、焦虑、不安、气愤的情绪非常有效,可以帮助同学们振作精神、恢复体力、消除疲劳、稳定情绪。

(1) 肌肉放松训练　找一个安静的地方,光线不要太亮,尽量减少无关的刺激,以保证放松的效果。可以是在自己的宿舍进行,采用坐姿或是躺在床上,总之要使自己的身体处于一种舒服的姿态。

放松顺序:手臂部→头部→躯干部→腿部。

① 手臂部的放松:伸出右手,握紧拳,紧张右前臂,然后放松,感受从紧张到放松的过程,享受紧张过后肌肉放松的感觉。

伸出左手,握紧拳,紧张左前臂;然后放松,感受从紧张到放松的过程,享受紧张过后肌肉放松的感觉。

双臂伸直,两手同时握紧拳,紧张手和臂部,然后放松,感受从紧张到放松的过程,享受紧张过后肌肉放松的感觉。

② 头部的放松:皱起前额部肌肉,似老人额部一样皱起;皱起眉头;皱起鼻子和脸颊;

可咬紧牙关,使嘴角尽量向两边咧,鼓起两腮,似在极痛苦的状态下使劲一样。

当自己认为已达到最紧张的状态后,就可自行放松,体会瞬间放松的感觉。

③ 躯干部位的放松:耸起双肩,紧张肩部肌肉;挺起胸部,紧张胸部肌肉;拱起背部,紧张背部肌肉;屏住呼吸,紧张腹部肌肉。

这时,你可以在心里对自己说,再紧张一些,再坚持一下。然后全面放松,达到极度放松的程度。

④ 腿部的放松:伸出右腿,右脚向前用力,像在用力踢一堵墙,紧张右腿;当感到肌肉紧绷时,就开始全面放松。

伸出左腿,左脚向前用力,像在用力踢一堵墙,紧张左腿;当感到肌肉紧绷时,就开始全面放松。

放松练习的目的就在于通过肌肉的紧张、放松的交替来达到身体的放松。在整个过程中,请一定要控制好肌肉从紧张到放松之间的时间间隔,如果感到一次放松的效果不佳,可再重复一次,以保证效果。

(2) 想象性放松　选择一个安静的地方,最好是平躺在床上,放松肌肉(可先采用肌肉放松法),闭上双眼,开始想象。想象自己正静静地躺在沙滩上,周围没有其他的人,自己感觉到阳光温暖地照在身上,触到了身下海滩上的沙子,全身感觉无比的舒适,微风带来一丝丝海腥味,海涛在有节奏地唱歌,自己正静静地聆听着这永恒的波涛声……

在放松的过程中,一定要对自己进行心理暗示,暗示自己在沙滩上是极度舒服、极度放松的。

(3) 深呼吸放松　采用坐姿或站姿,双肩下垂,闭上双眼,然后慢慢地做深呼吸,深深地吸进来,慢慢地呼出去(重复几次)。

深呼吸放松法的优势在于可以不受场所的限制,费时短,但效果明显。

(四) 其他方法

一是尽量避免独处;二是设法及早地求助于学校里的心理健康教育老师或是正规医院里的心理医生;三是将自己的现状告之家人、朋友、同学,多和他们沟通,积极寻找各种支持力量;四是身边不放置危险品,如刀具、药品、绳索等。

四、特殊情况下心理危机干预的常用方法

对于不同的生活事件所引发的心理危机,其危机形式、程度和处理方法也存在一定的区别。对校园里的大学生而言,心理危机一般存在于学业压力、家庭变故、恋爱交友、自我价值实现等方面。下面就几种情况下的心理危机介绍一些应对策略。

(一) 亲人死亡引起的悲伤反应的干预

与死者关系越亲密的人,产生的悲伤反应亦越严重。亲人骤逝,所引起的悲伤反应更为严重,可出现感情麻木或昏倒,呼吸困难或窒息感,或痛不欲生、呼天抢地哭叫。

【干预方法】

出现昏倒现象应立即予以平卧。对于情感麻木或严重激动不安者可给予安定类药物使其安静入睡。当沮丧者清醒后,表示同情,造成支持性气氛以逐渐减轻悲伤。

(二) 学业、就业失败造成的心理危机的干预

有些人在个人认为关系到自己前途命运重大影响的重要时刻(如高考、就业)

失利时,会产生极度悲伤和痛苦,认为前途黯淡,甚至会萌发出自杀的念头。

【干预方法】

(1) 进行积极的自我暗示,使自己明白"人生之路,坎坷挫折十之八九"、条条大路通向成才之途的道理,使其从"一次挫折,一生无前途"的错误认识中解脱出来,勇敢地正视挫折,面对困境,振奋精神,重新生活。

(2) 对其考试、就业的失利抱宽容的态度,不要过多的指责、埋怨自己,更忌与他人相比较。认真分析失利的原因,分析时除应考虑个人不足外,也要充分考虑到客观因素以减轻其悲伤、懊悔、自责、内疚等负性情绪。

(3) 制订出适合自己的实际水平经过努力能够达到的近期奋斗目标和实现目标的具体措施,使其行动有据,并充分肯定自己有实现目标的有利条件,增强自信心。

(三) 失恋的干预

失恋的大学生往往把"狂热的爱变成愤怒的恨",发生毁容、伤害、杀害对方或对对方亲人的攻击行为。

【干预方法】

告诉自己因失恋而产生的负性情绪是正常的,但要清楚爱和感情是不能勉强的,时间会冲淡一切,要相信将来肯定有机会找到自己心爱的人。如存在攻击行为的想法时,则要尽快使自己冷静下来,可以用上述介绍的各种放松方法来稳定情绪,不要一个人独处。同时应将可以伤害自己或他人的器具收起来,也可以将这种想法告诉亲近的老师、家人、同学或朋友,通过外力来制止攻击行为,避免冲动行为的发生。

第四节 大学生自杀问题及其心理干预

自杀是一种有意识地、自愿地结束自己生命的行为,或者说是一种自毁行为。自杀作为一种社会现象,古今中外都是存在的。但在现代社会中,自杀成了一个十分突出的问题。这是由于当今社会科学技术飞速发展和社会状况的迅速变化,给人们的精神生活造成巨大的压力,特别是紧张情绪刺激、人际关系的淡漠和精神寄托的匮乏,严重地影响着人们的身心健康。有研究指出,当代大学生中心理和行为问题的发生率高达25%,均高于其他年龄段学生,大学生的自杀比例在同龄人中是较高的。调查资料显示,大学生自杀问题已成为我国大学校园中仅次于意外伤害事故的第二死亡原因,尤其是近几年来,校园自杀事件呈上升趋势,受到了学生工作者甚至是整个社会的密切关注。

一、大学生自杀的原因

大学生自杀的原因既有客观刺激因素,也有主观个性原因。客观上由于刺激强度过大,造成的损失较大或者后果严重;主观上由于学生个性上存在的缺陷或心理承受能力较弱,无法承受刺激所带来的痛苦,加上行为冲动,不考虑后果,最终导致了惨剧的发生。

(一) 客观原因

(1) 经济压力、家庭因素　经济压力往往来自于家庭,当父母所创造的家境不好时,这种压力无形中会产生。家庭因素还包括父母离异造成的家庭创伤,作为儿女的无法承受这种现实,并且在父母离异后,双方往往会减少对子女的关怀,造成儿女心理偏差。还有父母对子女过分干预,把自己的意愿强加给子女,而忽视了子女的实际情况及他们的内心感受,造成他们心灵上的创伤。此外,家庭中有自杀史的大学生较其他人更具有自杀的危险性。因此,大学生的自杀与其家庭教育、家庭环境息息相关。

(2) 学习和就业压力大　由于高校扩招的规模不断加大,社会人才需求却相对有限,大学生的就业形势短期内还不会改变。在学校学习和生活过程中,遇到成绩落后、所学的专业不满意、就业歧视、就业难等现象,有些同学就会受不了。他们会觉得对不起家人或觉得将来无法找到好的工作,感觉上学已经没有用了,而回家又觉得丢人,就会产生轻生的念头。

(3) 社会不良风气的影响　社会上的一些不良风气,如拜金主义、贪污腐败、相互攀比等都对大学生的价值观、人生观产生了负面影响。特别是许多从农村来的学生,因为经济原因,无法穿靓丽的服饰,没有更多的钱用来请客,也不能像其他同学一样消费,从而有一种强烈的自卑感。由此他们会产生一系列不良的念头,有的选择离群,有的选择逃避,情况严重的会选择自杀。

(二) 主观原因

(1) 心理障碍　心理问题在每个人身上都程度不同地存在着,关键看个人如何应对,如何调节。处理得好则问题迎刃而解,反之则会走向极端。在大学生活或学习的过程中,学生对于遇到的困难或挫折,有的可以自我调节成功,但有些则不能,这些人往往会出现觉得无能力、无希望、无出路的"三无"心理疾病。如果此时仍找不到适当的解决途径,就会产生自杀的冲动。每个人都会产生冲动,这就需要冲动控制或者冲动引导机制,或者由外部事物将构成冲动的精神能量释放,反之,则易发生自杀情况。

(2) 情感挫折　情感挫折是大学生自杀的又一重要原因,大学生为情自杀、杀人的新闻不时出现,令人对天之骄子的心理素质深表忧虑。在大学生自杀者中,有40%左右的大学生自杀都是因为恋爱失败。不管是被抛弃或者是结束一段感情,不管是责任在对方还是在自己,他们没有能力收拾好这个残局,加之冲动、偏执、孤僻、情绪不稳定的个性特点,造成了严重的后果。

(3) 认知偏差　面对同样的社会环境和人生遭遇,有的大学生能在逆境中愈挫愈勇,有的大学生却精神颓废绝望,选择自杀。可见导致大学生自杀的重要原因之一是他们对事情的认知出现了偏差,即出现了非理性的认知、解释和评价。一旦这种非理性认知占据了他们的整个思想,就会引起他们产生相应的情绪及行为反应,使之陷入焦虑和痛苦之中,严重者就会选择放弃生命的行为。

二、大学生自杀的心理过程

(一) 第一阶段——自杀动机的形成

个别学生在遇到挫折或强烈刺激时,为逃避现实,将自杀作为寻求解脱的手段。

(二) 第二阶段——心理矛盾冲突

自杀动机产生后,求生的本能可能使自杀者陷入一种生与死的矛盾冲突之中,难以最终作出自杀决定。此时,自杀者会经常谈论与自杀有关的话题,预言、暗示自杀,或以自杀来威胁别人,从而表现出直接或间接的自杀意图。实际上,这可以看做是自杀者发出的寻求帮助或引起别人注意的信号。此时,如能及时得到他人的关注,或在他人的帮助下找到解决问题的办法,自杀者很可能会减轻或打消自杀的企图。这也是自杀行为可以预防和救助的心理基础。但周围的人往往认为常喊着要自杀的人其实不会自杀,因而不太关注欲自杀者发出的信号,以致痛失救助良机。

(三) 第三阶段——自杀者平静阶段

自杀者似乎已从困扰中解脱出来,不再谈论或暗示自杀,情绪好转,抑郁减轻,显得平静。这样周围的人真以为他的心理状态好转了,从而放松警惕。但这往往是自杀态度已经坚定不移的一种表现,当然也不完全排除是自杀者心理状态好转的可能。因为发展到这个阶段,自杀者认为自己已找到了解决问题的办法,不再为生与死的选择而苦恼。因此他们不再谈论或暗示自杀,甚至表现出各方面的平静,目的可能是为了摆脱旁人对其自杀行为的阻碍和干预。

对于这些信号的识别,及时获得心理咨询机构的指导与帮助可以防患于未然,减少自杀现象的发生。

三、对自杀事件的危机干预

自杀是可以预防的。有自杀念头的大学生,从产生自杀意念到行为实施通常有一个心理过程和一个时间过程,在此过程中他们往往处于既想自杀,又期待得到帮助的矛盾心理之中。这种矛盾心理使自杀行为不可能马上付诸实施,只要发现及时,危机干预的成功率是很高的。具体可参照以下措施:

(一) 关注自杀高危人群

目前对自杀危险性的评估主要是采用临床法进行的。一般认为,有以下行为表现者应作为自杀的高危人群引起密切关注:

(1) 面临严重的发展危机或负性应激源,如学业失败、经济拮据、失恋、人际关系破裂等情况且承受能力相对较弱的学生。

(2) 有明显的心理障碍或人格缺陷,情绪长期抑郁低落,性格极端孤僻内向,与周围人缺乏正常的情感交流,拒绝社会交往。

(3) 缺乏明确的生活目标,对现实冷漠不满,对未来沮丧绝望,思维偏激,行为冲动,易走极端。

(4) 直接或间接谈论与暗示自杀,有个人或家族自杀史。

大学生如果遇到此类事件或身边有这些症状的人群,一定要给予足够的重视。

(二) 自杀的公共预防

大学生自杀预防是一项社会性的公共卫生事业,需要大学生的主动参与和全社会的共同努力。而较好的公共预防应当做好以下几项措施:

只有全社会共同努力,我们才能造就解开心灵之锁的钥匙

(1) 设立自杀预防机构,如自杀防治中心、"生命热线"、"希望热线"、心理咨询中心等。大学生在遇到紧急情

况时可准确找到求助的机构。

（2）学习必要的自杀预防知识，主要包括自杀的危害、自杀的常见表现、自杀的原因、自杀的高危因素、自杀心理、自杀相关机构的情况等。

（3）加强对高危地点（如高楼、湖边等）的防范。如果学生遇到在此场所徘徊逗留的人，可及时予以关注或帮助。

此外，平时注重锻炼身体，多进行有益的阅读，和善良正直、心理健康的人接触，学会一些必要的保护和急救知识，都是在一定程度上预防自杀的有效方法。

第十章 就业安全风险

"十二五"期间,我国城镇每年需安排就业人数2 500万,而每年新增就业岗位只有900万个,另有1亿多农村富余劳动力造成的就业结构性矛盾,使得我国总体就业环境依然严峻,这些都将直接影响大学生就业。为能找到一份满意的工作,广大毕业生会通过各种方法和途径收集需求信息,发布个人简历,踊跃应聘,这是积极的就业态度。但目前就业市场并不十分规范,各种类型的就业市场、人才招聘活动参差不齐,各种招聘信息鱼龙混杂,不法分子往往采取各种手段,侵占初出茅庐学子们的利益,欺诈毕业生钱财的事件时有发生,甚至对毕业生本人的人身安全构成威胁。同学们在就业过程中一定要提高安全意识和自我防范能力,不让违法犯罪分子有机可乘。

第一节 常见就业安全风险

面对严峻的就业形势,不法分子常常利用大学生的急于求职心理实施侵害。他们利用求职者资料发布虚假信息,是大学生求职过程风险的首要因素,常见类型有:

(1)利用手机短信发布虚假求职信息,以缴纳中介费、押金等名义实施诈骗。

(2)在求职网站上发布虚假招聘信息、设立虚假的某大型企业招聘网站,以向求职者索要手续费、押金等为名实施诈骗。

(3)利用求职者资料实施其他犯罪。如犯罪嫌疑人从网上查询到求职者的资料后,打电话通知当事人前往应聘,伺机抢夺当事人的手机或其他物品。

大学生求职除了从学校就业指导中心和专业人才市场获得求职信息外,各种报纸、网络、电视、电台、职业中介的招聘广告也是获得就业信息的重要途径。但即使是在媒体发布的信息,也不排除有不实和虚假的可能性。不法分子针对毕业生急于就业的心理,有的伪装身份,以名人效应、老乡、交朋友骗取信任。面对"朋友""老乡"的热情"帮助","美好"的许诺,有的毕业生便感激不已,毫无戒备地把自己的许多情况提供给对方,对方接着以需先支付部分活动经费,或电话向其家长诈称其患急病、出车祸住院急需现金等行骗,结果有的学生被诈骗几千元,有的家长被诈骗几万元。还有的毕业生前往社会上和校园周围随处可见、极其靓丽、待遇丰厚的宣传广告上介绍的某公司应聘签约,并交了报名费和保证金,等到按规定的时间报到时,已是人去楼空。有的毕业生在联系工作过程中因违法、违纪、违德、爱慕虚荣,不敢面对现实,被不法分子逼迫就范,施以敲诈。针对高校毕业生求职心切的心理,各类非法招聘层出不穷,挖空心思骗取大学生钱财。

一、合同风险

专家指出,签订劳动合同时,稍不小心也容易掉入陷阱。例如口头合同、格式合同、单方合同、生死合同、两张皮合同等。大学生们在求职签合同时切不可草率行事,而是要多方注意。

(一)"霸王合同"

在一些劳动合同中有"由甲方决定"、"按照甲方的相关规定执行"等字样,这些条款只从用人单位的角度出发,却把求职者放在了被动从属的地位。

(二)"押金合同"

一些用人单位在劳动合同中用各种名目向求职者收取风险金、保证金、抵押金等,一旦求职者主动要求离开用人单位,这些抵押金就很难要回来了。

(三)"暗箱合同"

还有一些用人单位在签订劳动合同时根本不与劳动者协商,也不向劳动者讲明合同内容。在合同中,只从企业的利益出发来规定用工单位的权利和劳动者的义务,而很少或者根本不涉及用工单位的义务和劳动者的权利。

(四)"性命合同"

有一些从事带有风险工作的用人单位,不按《劳动法》的有关规定履行生命安全义务,提出"工伤概不负责"等条款,以此来摆脱用人单位应该负的责任。

(五)"卖身合同"

一些用人单位在劳动合同中提出几年内求职者不可以跳槽到同行业的公司工作,或求职者一切行动都得听从用人单位安排等侵害劳动者权利的内容。

(六)"双面合同"

有的用人单位准备了至少两份合同,其中一份是假合同,内容完全按照有关部门的要求签订,以应付有关部门的检查,可在劳动过程中并不照此执行,真正执行的可能是另一份合同。

【案例1】 外地大学生小单在北京一所高校读书,打算利用暑假打工补贴家用。他看到校园里贴着招收抄录员的广告,便依广告地址找到了这家公司。公司负责人告诉他:"为了保证按时完成工作,你需要交 200 元的押金,等工作完成再退给你。"为了得到工作,小单交了钱,签订了用工合同并领了抄写稿。7 天后,小单顺利完成工作去领工资。因要参加英语培训班,小单不能继续抄写了,所以想将押金一并领回。公司负责人称:"你才工作了 7 天就不干了,我又得重新找人,当时收你押金就是怕出现今天这种情况,押金不退了!"

【案例2】 "企业可因工作需要调动员工工作岗位,员工应服从分配","女职工进单位五年内不得生育"……看着手中的这份劳动合同,应聘某外贸公司职位的王晶(化名)不禁感到犹豫。而这家公司的人事负责人一脸不在乎:"你不签无所谓,反正要来的人多的是!"想了半天,王晶还是在合同上写下了自己的名字。

二、拐卖风险

临近毕业,大学毕业生们都在为找工作而着急,但是这种急于求职的心理一旦被人利用就会招来被骗的结局。有的毕业生,特别是女生,由于社会经验不足,思想缺乏应有的警惕,在联系工作时轻信人贩子的花言巧语、能给其安排个"理想工作"的许诺,而被拐卖。因找工作被拐卖虽然只是个别现象,但发生在高智商的大学毕业生身上,教训是深刻的。

三、传销风险

在一些关于求职的论坛上,不少学生都会发帖讲述自己求职被骗的经历,其中相当一部分是在求职过程中被伪装成正规公司的传销组织所骗。对此,高校的老师们一再提醒学生,在求职过程中要注意检查招聘单位的合法性,可以通过上网查询等方式确认招聘单位的资质。在面试时如果发现单位地点偏僻或者租用居民楼,就要提高警惕,注意辨别真伪。即便如此,因参与传销被拘禁的求职大学生屡见不鲜。

小贴士:什么是非法传销

传销一词最早是从英文"Multi-Level Marketing"翻译过来的,意思是:多层次相关联的经营方式。

由于1998年我国对传销政策的调整,逐步有人用直销一词来代替传销一词。按照国家政策,人们把"专卖店加直销员"的多层次经营方式称为"直销";而把无专卖店的多层次经营方式称为"非法传销"。"传销"一词反被淡化了,没有了明确的定义。

第444号国务院令,《禁止传销条例》中明确定义了"传销":传销是指组织者或者经营者发展人员,通过对被发展人员以其直接或者间接发展的人员数量或者销售业绩为依据计算和给付报酬,或者要求被发展人员以交纳一定费用为条件取得加入资格等方式牟取非法利益,扰乱经济秩序,影响社会稳定的行为。

非法传销活动不断变换手法,传销骗局花样繁多,基本的有以下几种:

(1)高薪诱惑　凡是传销都以高薪为饵,这符合众多求职者追求高收入、高标准生活的心理,因此容易为人所接受,当求职者进入圈套时则欲罢不能。

(2)亲戚、朋友、同学介绍　由于受困传销者必须发展一定的下线才能脱身或才有自己的业绩收入来弥补当初上当时的损失,而自己在困局中又无法认识更多的人,因此将枪口对准自己的熟人,想方设法去骗自己的亲戚、朋友、同学,这时他们已经没有亲情友情可言,一心想的是自己脱身或增加自己的收入。而求职者因为是亲戚、朋友、同学介绍一般都较为相信,容易上当。

(3)路边招工,街头广告招工　这些是利用诱人的游说或广告词,"把稻草说

成金条",抓住求职者急于就业的心理,甚至连哄带骗兼强拉,把求职者骗入局中。

(4) 混淆"直销"、"传销" 学生本来以销售人员名义来应聘,但到公司应聘后却被连哄带骗地先买下一些货品,然后公司再让应聘者如法炮制去哄骗他人。

目前,工商部门将以下6种行为列为传销和变相传销行为,是国家严厉打击的:

① 经营者通过发展人员、组织网络从事无店铺经营活动,参加者之间上线从下线的经营业绩中计提报酬。

② 参加者通过交纳入门费或以认购商品(含服务)的方式取得加入、介绍或发展他人加入的资格,并以此获取回报。

③ 先参加者从发展的下线成员所交纳的费用中获取收益,且收益数额由其加入所谓先后顺序决定。

④ 组织者的收益主要来自参加者交纳的入门费或以认购商品等方式变相交纳的费用。

⑤ 组织者利用后参加者所交付的部分费用支付先参加者的报酬维持运作。

⑥ 其他打着"双赢制""电脑排网""框架营销"等旗号,或假借"专卖""代理""网络营销""特许加盟"等名义,或采取会员卡、储蓄卡、彩票、职业培训等手段发展人员、组织网络从事传销和变相传销的活动。

【案例3】 在南京一所高校上大三的小华怎么也没有想到,拉着自己进入南京某商贸公司,以增加社会实践经验为诱饵的学长刘永(化名),日前竟然被工商部门以涉嫌传销移送到了公安部门,并将被检察机关提请公诉。而更让南京市工商执法人员没有想到的是,这家看似普通的商贸公司的员工,竟然是遍及该市33所高校的834名在校大学生和一名高中生,而这些学生所干的事情竟然都与传销有关。南京工商部门已对这起特大传销案处以罚款200万的"极刑"。

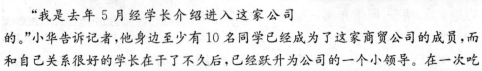

小华所在的高校在国内算得上是一所名校,然而这位天之骄子没能抵挡住诱惑,还是掉进了传销的陷阱不能自拔,最后竟然向学校提出休学,全身心扑入"公司发展"中去。

"我是去年5月经学长介绍进入这家公司的。"小华告诉记者,他身边至少有10名同学已经成为了这家商贸公司的成员,而和自己关系很好的学长在干了不久后,已经跃升为公司的一个小领导。在一次吃饭中,学长问他有没有兴趣加入公司,学长说,加入公司不仅不耽误学习,而且还可以增加社会经验和收入。听学长这么一分析,小华当时便答应了。

到了公司后,人事部的工作人员要求小华先缴纳1 000元的公司创业基金,后来经过学长沟通,这笔钱被减少到了500元,学长安慰他说,这笔钱很快就会赚回来的。

在公司干了一段时间后,小华每天的任务就是去高校推荐电子产品,按照销售数量拿返点。让他奇怪的是,和他同去的一些同学,在公司发展很快,很多人都摇身变成他的"领导"了。深感不解的小华找到了带他入门的学长,学长告诉他秘诀就是,要想有所发展,就得多拉人进来。

"明明是商贸公司,怎么要吸收那么多人?"小华说,当时自己对学长的话也不理解,但是为了能够发展得好,小华渐渐掌握了诀窍,并且和公司内的业务骨干制订了一系列的"作战计划",目标就是把高校当做战场,拉自己熟悉的同学进入公司。小华说,由于自己人脉不错,公司领导很看重自己,表示要重用他,劝他全职在公司干。看老板这么器重自己,小华当时脑子一热,竟然编了个理由,向学校提出了休学的请求,就这样,小华每天都在为拉同学进公司而奔波。

"没新人进来,就意味着你要被扣钱。"小华说,在公司被查前的三个月中,自己经常被老板喊去谈话,原因就是发展新人进展太慢。"你说说,我几乎骗完了所有认识的同学,还能去骗谁呢?"小华告诉记者,他曾经也想过辞职,但是几乎遍布学校的公司成员网络,却让他每次的辞职要求到了嘴边又收了回去。小华说,在商贸公司的经历,已经成为了他心头挥之不去的阴影,尤其是看见那些被自己"发展"进公司、又在被迫"发展"新人的同学们。

【案例4】 一位不愿透露姓名的女大学生是西安某高校计算机专业的学生,她说她曾经对未来充满美好憧憬,但由于朋友的一个"美丽的谎言",使曾经朝气蓬勃的她产生了轻生的念头。

据她讲,数月前一个朋友给她写信,说他舅舅在南方开了一家公司,并称那里有很多高素质人才,很适合大学生发展,现特意邀朋友去锻炼。此后,这位朋友还多次打电话并在QQ上留言,描绘了美好的发展前景,鼓励她放弃学业"发展事业"。经不住诱惑,这名女大学生匆匆南下广西合浦,加盟到朋友的公司。

所谓的公司,实际上是一家打着直销旗号的传销黑窝点。她说:"从此我过着非人的生活,每天的饭菜都是白米饭、没油水的白菜冬瓜汤,晚上睡觉则在地上铺一张席子。而我见到的所谓'高素质人才',仅仅是用谎言和虚伪包装起来的。他们的工作是用欺骗的方式把价值几百元甚至一文不值的假冒伪劣化妆品以3 350元或者3 800元的价格卖给下线。"她还透露,在她呆过的广西的那个传销窝点,至少有来自西安的大学生100多人,大部分是民办高校和正规大学的自考生。

她说,这些打着直销旗号挂羊头卖狗肉的传销黑窝点骗钱害人,使不少人家破人亡、人财两空,还有不少大学生因此把握不住人生航向,失去了生活信心,失去了人格尊严。

小贴士:

作为新时期的大学生,尤其要掌握传销相关的法律法规,维护自身权益。传销是国家禁止的行为,传销是违法的。轻则承担国务院《禁止传销条例》规定的行政责任,重则构成欺诈类的犯罪,应依据刑法承担刑事责任。

四、女生遭遇性侵犯

大学生刚刚开始求职的时候,从人际关系相对简单的象牙塔进入到人际关系复杂的社会中,因为初入社会涉世未深,往往会因为生活经历与人生阅历的单薄,过于单纯和冲动地信任用人单位,受到不法分子的人身财产侵害,尤其是女大学生受到性侵犯的案例也屡见不鲜。

【案例5】 2004年元月5日凌晨,太原市公安局接到省城某大学保卫处的报案,称他们学校公共管理学院四年级应届毕业生、23岁的小燕(化名)于2004年元旦之后一直没有返校,并提供线索说,小燕离校时曾经留给同学一个手机号码,保卫处在与该手机联系时,接电话的是一名男子,否认认识小燕后就挂了机,此后该手机就一直没有开机。

太原市公安局文保支队刑警大队副队长白景深说：我们接到报案以后就迅速组织警力进行侦破，经过一天的努力，于元月6日抓获第一名犯罪嫌疑人。

经过连夜突审，犯罪嫌疑人常庆武交代了他与王振华利用招工信息拐骗女大学生小燕到忻州静乐县，卖给中间人静乐县的李爱生，并由他转卖到别处的事实。太原市公安局文保支队刑警大队马上电话通知静乐警方对李爱生实施抓捕，在获得静乐警方抓捕李爱生的消息之后，太原警方元月6日晚连夜赶往静乐县，次日凌晨1点，警方将正在熟睡中的犯罪嫌疑人姚宝生抓获。在姚宝生的指认下，警方人员终于在姚海军家里找到了被拐卖的女大学生小燕。

警方在成功解救小燕并抓获两名犯罪嫌疑人贩卖小燕的中间人姚宝生和购买小燕的姚海军之后两天，又将该案的主犯王振华抓获，女大学生被拐案全面告破。

原来犯罪嫌疑人王振华在人才交流市场的某药品公司的求职登记本上看到了小燕的名字以及联系号码，就冒充该公司打电话通知小燕说她被录用为该公司的财务人员，请她在太原晋阳饭店门口的103路车站见面。当小燕赶往会面地点后，王振华声称他们药品公司在忻州有个分公司，请她一同乘坐依维柯前往。到静乐县后，又骗她说药材基地在村里，要她去基地收药材。就这样，小燕在他们一而再、再而三的哄骗下被拐到燕泽村（注音）卖掉了。

小燕：我太相信人了，因为当时他说的待遇很好，而且我想找工作应该自己闯一闯，他说去看看药材基地，当天能返回来，我就去了。

小燕的不幸遭遇值得同情，她的获救又让人欣慰。但是通过女大学生小燕被拐事件，我们在谴责人贩子的同时也应该有所启示，一方面我们的大学毕业生们在求职时一定要保持一个正常心态；另一方面招聘单位也应该妥善保存求职人员的个人档案信息，以防类似的悲剧重演。

【案例6】 2007年12月，福建龙岩一求职者在龙岩求职网看到农业银行招工信息，咨询对方时被要求先寄4 000元作为押金，他如数汇出现款后再也无法打通"招工单位"的电话。

【案例7】 福建晋江、石狮等地近期连续发生30多起以"招工"为名抢夺求职者手机的案件。据警方已抓获的两名犯罪嫌疑人交代,他们专门去人才招聘网站获取应聘者资料,对资料筛选后,以晋江某公司的名义,拨通应聘者的联系电话,声称要其来面试,并告诉应聘者公司会派人来接应,让其等在某处。一犯罪嫌疑人假装工作人员,骑摩托车接求职者。在前往公司"面试"途中,另一犯罪嫌疑人打电话给应聘者,要他将电话交给同伙通话,拿到手机的犯罪嫌疑人则故意将安全头盔或者一只档案袋掉在地上,叫应聘者帮忙捡起来。此时,犯罪嫌疑人一踩油门,扬长而去。

【案例8】 小刘是北京某大学学生,课余期间在宣武区某公司打工做销售员。工作了一段时间后,小刘觉得这家公司经营的业务并不是宣传的直销,而是非法传销,便劝说其他在此打工的同学和朋友,大家相继离开。6月,这家公司的法人代表潘某发觉公司客户减少、业绩下滑,便认为是小刘在背后损坏公司名誉。

关押小刘的房间

潘某被判刑

6月10日晚11点多,潘某和公司营业部主任孟某、闫某把已经离开的小刘叫回公司,关在一个房间里,问他是不是做过有损公司利益的事。小刘一口否认后,3人便对小刘拳打脚踢,然后,让他写下"损坏公司利益的经过"。当晚,小刘被扣留在公司,由专人负责看管,直到第二天晚上7点多,小刘才被放出来,这时,他已经失去自由20个小时。随后,小刘报警,潘某等3人被抓获。

【案例9】 有的准妈妈刚生完孩子,推销宝宝产品服务的商家就找上门来;有的学生刚在人才市场登记,陌生"猎头"就频频来电;刚买房,装修公司电话就纷纷而至……个人信息被泄露带来的苦恼和不安困扰着许多人。2010年8月5日,上海浦东法院对一起特大非法获取公民个人信息罪案作出一审判决。10名被告中,非法获取公民个人信息最多的达3 000余万条。随着案件真相大白,个人信息倒卖黑链终显冰山一角。

犯罪分子如何获取如此众多的公民个人信息，又是如何从中牟取非法利益的呢？一方面，泄密的组织或者个人多来自公共服务机构，泄密以牟利；另一方面，非法获取者将信息上网销售，成为"专业户"。本案主角李某，3年个人获利高达100万元。

李某曾在亲戚开的网店里兜售过企业、公民信息。"业务精通"的她专门负责房产业主、车主和银行卡用户等个人信息的销售，独立在网上"进出货"。——通过电话或者QQ与下家谈妥价格，然后将"货"送出；同时也不间断地"进货"——更新企业和公民的最新信息，对旧数据进行整理。2008年6月，李某先后在上海、湖北设立办公地点，以"上海OK信息"、"上海易通信息"为名，请人制作了公司的宣传网页，在网上发帖招揽生意，买卖公民个人信息。案发后，从李某处扣缴的电脑、U盘中的资料显示，2009年3月之后，李某获取的股民资料、长沙车主、北京车主、银行客户、保险客户、高收入人群名单等公民个人信息高达3 000余万条。

据犯罪分子交代：这些信息的来源，一是来自各种招聘公司、人才公司内部的客户资料。二是直接在免费的招聘网站上，发布虚假招聘广告，吸引求职者主动"上钩"，骗取求职者个人简历，之后每条简历以1角钱至5角钱的价格出售。三是有的信息本身就是来源于互联网，双方通过QQ交易，不留姓名。

经过审理，法庭作出一审判决，10名被告人均犯非法获取公民个人信息罪，其中9人被分别判处有期徒刑两年至拘役6个月缓刑6个月不等，罚金4万元至1万元不等，另有一人被免予刑事处罚。

【案例10】 2003年4月，西安一民办院校女大学生被一男子以联系业务为名，约到酒吧后灌醉，在送其回宿舍的途中，男子对其进行性骚扰并暴露强奸意图，后在其奋力反抗中被男子踢伤面部。公安机关表示，因缺乏相关证据，该男子涉嫌强奸未遂及侮辱妇女等罪名暂时无法成立。

【案例11】 2005年2月23日，大学生沈某在某人才市场报名后被介绍至"国民咨询服务有限公司"应聘"电脑文员"一职。当天下午，小沈来到位于彩田路的公司所在地青年大厦608室，给她开门的是一名50岁左右、身形矮胖的男子。小沈说,这名姓雷的老板"初看上去还挺和蔼的"。

在被领进门之后,"招聘"面试在一个20平方米左右的单间里开始,里面只有小沈和雷某两人。小沈回忆说,刚开始雷某问了些基本情况,然后问她"有没有男朋友",她想了想说"有",雷某有些严厉地让她"分手",并说"在我这里工作不可以有男朋友"。接着,雷某突然问小沈:"你和男朋友做爱吗?"小沈觉得不好意思,当时没有回答。此时雷某又追问:"你有没有高潮?"

见小沈不做声,雷某指着墙上一幅他和两个老外的合影告诉小沈,他曾是某医院的医生,给外国领导人检查过身体。他又对小沈说:"你脸色看上去不好,我来给你检查身体。"他就给小沈把脉后,又提出让小沈"把裤子脱了"。小沈说她当时被墙上的照片给唬住了,涉世不深的她竟真的脱下裤子退至私处。雷某在小沈的腹股沟上揉了几下,便让小沈穿上了裤子,随后告诉她:"你以后在我这里工作、培训,要有思想准备,会经常脱裤子。"由于是招聘"电脑文员",雷某叫小沈在电脑上打字。小沈没有想到的是,雷某趁她打字时竟站在后面"偷袭"了她的胸部。

半个多小时的招聘结束后,雷某让小沈回家等通知。回到家,小沈觉得非常委屈,和男朋友大吵一架,最后才说出了真相。于是,两人向警方报案。

第二节　就业安全风险分析

自2000年毕业生就业由过去的分配变为市场主导以来,在就业过程中,毕业生遇到了各式各样安全方面的问题。究其原因,主要有以下几个方面。

一、就业环境复杂,影响因素多变

高校毕业生就业面对的社会大环境已发生了根本变化。一是随着市场经济体制的建立,国家劳动用工制度发生了根本变化。目前,各级政府都强调抓好就业,但都没有硬指标,所以也就没有真正的压力,真正有压力的只有毕业生自己。二是我国正处于"高增长、高失业"并存的经济状态下,下岗失业大军、农村富余劳动力和城镇新增劳动力三大就业群体呈现三峰叠加的态势,这种态势也加剧了高校毕业生就业难的问题。三是短时间内我国区域经济发展不平衡的状况还难以从根本上改观,直接导致高校毕业生就业趋向于发达地区,这样在就业供过于求矛盾本来就很突出的形势下,更进一步加剧了毕业生就业难的问题。四是我国高等教育发展已进入了一个新的阶段,近几年连续扩大招生规模,由"精英化"转为"大众化"教育,使毕业就业人数急剧增长。这与缓慢拓展的就业平台形成明显反差,使过去高校毕业生供不应求变成了现在的供过于求,使过去的供方市场变成了现在的需方市场,使过去毕业分配中的"香饽饽"变成了现在职场上就业的困难群体。高校毕业生的就业形势发生了根本变化,他们用于联系工作的时间比过去大大地延长了,在社会上的活动更加广泛了,接触的人更多了,遇到的情况更复杂了。加之社会治安环境还有许多方面不尽如人意,在就业过程中发生问题的可能性自然也就多了。

二、阅历浅,不适应复杂的社会环境

大学毕业生经历了十几年的学校生活,从一个校门到另一个校门,学了不少书本知识,但毕竟没有经过社会风浪和复杂情况的实践,思想相对比较单纯,致使在就业过程中不能够完全适应复杂的社会环境,缺乏拒绝不良诱惑的抵制能力;遇到复杂问题在不知对错、不明真假的情况下缺乏处理实际问题、进行自我保护的能力,碰到问题时,便束手无策,容易上当受骗。

三、就业压力大,承受能力弱

毕业生就业压力是多方面的,一是由于就业人数多、就业岗位少的矛盾突出,严酷的竞争必然是优胜劣汰。二是由于就业市场不够成熟,加之人际关系的复杂,毕业生就业竞争在很大程度上是不平等的,好学生不一定就有好工作。三是由于就业制度的改变,过去是"毕业即就业",现在很可能是"毕业就失业"。

四、主观未能适应客观,工作滞后形势

毕业生在就业过程中之所以发生安全方面的问题,主观未能适应客观,工作滞后形势也是主要原因。在就业形势就业环境已经发生根本变化的情况下,有的毕业生仍想着到大城市,到工作轻松、环境幽雅、挣钱多的地方,到饭碗保险的地方去。"毕业即就业,就业即'白领'"的观念还在不时地主导着他们。尽管就业的

危机感早就触及他们,但是,很可能毕业即失业的残酷现实要降临自己身上的思想准备却不足。在思想承受不了的情况下,导致各种安全问题的发生。

五、法律制度不健全

公民个人信息是能识别公民个人身份、反映公民个人生理特征、社会生活经历及家庭、财务状况,不为一般人知悉、具有保护价值的个人隐私。

摩肩接踵的人才招聘会

这些信息具有以下特征:专属性、私密性、保护性。除非基于维护国家利益、公共利益的需要或信息所有人的意愿,任何组织和个人均无权泄露、获取其个人信息。2009年2月28日颁布实施的《刑法修正案(七)》对侵犯公民个人信息罪进行了立法。"非法获取公民个人信息罪"是一个比较新的罪名,是指窃取或以其他方法非法获取公民个人信息且情节严重的行为。这一罪名的增加,顺应了信息时代对公民个人信息保护的需要,意味着中国将通过刑法保护公民身份信息的安全。但目前我国个人信息保护方面的法律还不完备,公民个人信息保护法还未出台,司法实践中准确理解和认定"侵犯个人信息罪"尚有难度。

第三节 就业安全风险控制

一、个人资料加强保密,慎递简历

大学生要意识到个人信息被泄露或非法利用的可能后果,在日常生活中不能轻易向他人提供个人信息。在被要求提供个人信息时,要仔细判断是否必需,对身份证号码、手机号码、银行账户等重要个人信息更需格外慎重。其次,当发现个人信息被泄露,要争取查明泄露个人信息的主体,注意保留证据。如果因此受到人身或者财产损害,可向有关部门投诉,或通过民事诉讼途径获得赔偿,情节严重的可向公安机关报案。

(1)毕业生制作个人简历时,不要填写过于翔实的个人信息。不要将自己的家庭详细地址、联系电话写进求职简历,一般提供手机号码和电子邮件即可,至于固定电话,可以提供院系负责就业工作老师的办公电话,最好不要提供自己宿舍的电话。

(2) 大学生对个人信息应加强自我保护意识,尤其是在网络上。现在不少高校通过设置个人电子文档为毕业生提供就业服务,以方便用人单位获取第一手资料。另外,为方便学生"推销"自己,一些学校还在其网站上增加了可投递个人简历信息的网页。大学生对自己的个人信息要做必要的保留,因为不少网站存在信息保护不力的问题,容易出现违法招聘。目前网上贩卖个人信息的帖子也很多,且"价格可商量",这为骗子行骗提供了有利的条件。

(3) 不要采取"天女散花"式的求职方式。对自己不信任的、不规范的公司不要随便递简历。在一些招聘会上,人们经常可以看到一些求职者的简历被随意丢弃在地上。这些简历上面有着详细的个人信息,这些信息的丢失可能会给求职者带来很多意想不到的麻烦。例如,现在很多不法分子四处收集个人简历,除了到招聘会上去捡,还可能花钱从一些不太规范的公司去买,他们把简历进行分类,然后提供给职业中介、婚姻中介、假证制造者、短信服务商、广告商们,接下来骚扰就源源不断了。

二、面试安全要领

(1) 确因联系就业工作要外出的,要及时向系里告知具体情况,并履行请销假手续并注意自身安全。同学之间要相互友爱,互相关心,彼此知道去向。

(2) 若面试主考官若对工作内容与权利义务、待遇交代不清,务必提高警惕,以防受骗。

(3) 在应聘过程中,大学生可以用"望、闻、问、切"来了解招聘单位的情况。"望"就是眼观六路,观察公司所在地的环境和公司人员的基本素质;"闻"是通过资讯手段了解公司经营发展概况,对于那些无法通过网站追踪其踪影的小公司,可以装作若无其事的样子和前台、保安或年轻职员聊天了解情况;"问"就是通过自己的人脉网,请亲朋好友给予信息和提供建议;"切"即直接交手试探虚实,如果真遇上不法雇主,要敢于维护自己的合法权益,切不要忍气吞声。

不要被听上去体面的职位所迷惑,仔细询问职位的工作内容和细节,是大学生在与招聘者面谈过程中必须要做的。

三、正确选择应聘渠道

临近毕业,大学毕业生们又在为找工作而着急,但是这种急于求职的心理一旦被人利用就会招来被骗的结局。有的毕业生,特别是女生由于社会经验不足,思想缺乏应有的警惕,在联系工作时轻信人贩子能给其安排个"理想工作"的许诺而被拐卖。因找工作被拐卖虽然只是个别人,但发生在高智商的大学毕业生身上,教训是深刻的。

(1) 参加政府人事部门、劳动部门或高校举办的正规人才市场;尽可能到人才市场、大学生供需见面会上双向选择,这是主渠道,不要轻率自找门路。同时进入上述市场,一般都是较正式的机构和厂矿、企事业单位,一方面它们的内部管理制度比较规范,另一方面社会监督机制比较健全。

(2) 如要到中介机构求职,一定要核准中介机构的营业执照、信誉等资质条件;国家已在职业介绍领域实行许可制度,从事职业介绍业务必须经劳动保障部门批准,领取职介许可证。营利性的职介机构还须报工商部门登记。目前市场上的非法职介有些是无证无照经营,有些是超越经营范围开展职介业务。正规的职介机构通常具备以下特征:在办公场所悬挂营业执照和招工许可证原件;对服务项目、收费标准等一一明码标价;公示劳动监察机关举报受理电话;收费时出具由税务部门监制的发票,且发票上所写收费条目与实际服务项目相符;服务人员持有职业资格证。

(3) 网上求职应该登录的网站是政府人事、劳动部门举办的,或者正规的企业及专业人才网站。网络、报刊等公共媒体上的招聘信息,一定要先经多方核实,不应盲目上门应聘。诸如单位状况、将从事工作的性质等,可通过学校组织、亲友了解。若觉得招聘信息及公司有蹊跷时,有条件的可以亲自登门,不妨拉上家人或者朋友同学一起去踩点,实地考查和核实用人单位的信息;还可以通过当地114查询台查单位号码,然后直接打听招聘事宜,还可以通过当地工商行政管理部门等查询单位是否合法及资质情况。这样除了防止受骗外,还使自己在和用人单位签订合同时更加主动,防止以后发生民事纠纷。

(4) 不盲目接受陌生人的用工信息和要求;不轻信各种用工启事、电话信息;

不要轻信贴在电线杆、车站牌、偏僻角落的、街头路边的各类非法小广告或口头招聘广告;对于标榜高薪、没有明确的单位地址、只有联系电话和联系人的招工广告,要敬而远之。

(5)毕业生接到用人单位或个人招聘电话(尤其是陌生单位)后,应与学校招就处或辅导员联系,并要求用人单位经过学院招就处确认。对未经联系而主动打入寝室的招聘电话,要非常警惕,对敏感地区(如广州、深圳)来的招聘信息要倍加小心谨慎;对只留联系手机号码,而以各种理由搪塞或拒不提供固定电话号码的招聘信息,不要轻信;对无正当理由只招女生,甚至规定不准同学或家人护送去面试的招聘信息,女生千万要小心;如有来学校招聘的单位广告,一定要看清是否有学校就业中心审核并加盖的公章。

(6)核实应聘单位的真实情况。在选择职业中介机构和用人单位时,为了减少风险,防止上当受骗,一定要预先向有关部门咨询,了解其经营资格、信誉度等相关情况。

(7)应高度注意临时租借地作为面试地点。正规的用人单位一般都有固定的办公场所,若招聘单位面试地点选择宾馆等临时租借来的地方,要高度注意,谨防上当受骗。绝大多数招聘单位不会主动派车去接应聘者,应聘时勿与陌生人到偏僻地方,勿将手机等财物借给陌生人。

(8)注意体检地点。如遇到招聘单位要求必须体检才能上岗的,请求职者注意:单位不应当指定某某医院,而此类医院也不应该是私立医院或者诊所。如遇到此类情况,请求职者不要相信,发现被骗应及时报警。

(9) 巧立名目收取费用,求职者应提高警惕。根据规定,用人单位招聘时,不得收取求职者任何形式的报名费、培训费、押金等费用。若招聘单位巧立名目,收取求职者各种形式的费用,都是违法行为。

四、三方协议不可少

三方协议是由毕业生、用人单位和学校三方之间就学生就业方向签订的一种协议,由三方共同签署后生效。对签约的三方都有约束力。毕业生与用人单位经过双向选择达成就业意向后,必须签订学校统一发放的《高校毕业生、毕业研究生就业协议书》,毕业生与用人单位签订的其他就业协议书无效。

就业协议在毕业生到单位报到、用人单位正式接收后自行终止。就业协议是明确毕业生、用人单位、学校三方在毕业生就业工作中的权利和义务的书面表现形式。劳动合同是毕业生上岗后,从事何种岗位、享受何种待遇以及相关的权利和义务的法律依据。

签订协议时要注意以下几点:

(1) 填写用人单位名称时,务必注意是否与单位的有效印鉴上的名称一致,如不一致,协议无效。

(2) 学生填写自己的专业名称时,要与学校教务处的专业名称一致,不能简写。

(3) 关于试用期与见习期的时间,外企、合资企业、私企一般采用试用期,根据合同期的长度,可以 1~3 个月不等,通常试用期为 3 个月,不得超过 6 个月;国家机关、高校、研究所一般采用见习期,通常为一年。试用期和见习期只取其中之一,将另一项划去。

(4) 违约金由学生和用人单位双方协定。不少单位为了"留住"学生,以高额违约金约束学生。学生应该在协商中力争将违约金降到最低,通常违约金不得超过 5 000 元。

(5) 现行的毕业生就业协议属"格式合同",但"备注"部分允许三方另行约定各自的权利义务。为了防止用人单位承诺一套做一套,毕业生可将签约前达成的休假、住房、保险等福利待遇在备注栏中说明,如发生纠纷,可以及时向法庭举证,维护自己的合法权利。

第四节　就业风险应对

一、准确定位，直面竞争

就我国目前现状而言，大多数学生为独生子女，自小到大，主要是完成学业，在家里往往作为希望而被极尽所能地宠爱着。作为学生，又因为同时是服务对象，在学校里总是能享受老师无微不至的关心。然而一旦就业，角色就不同了，你不再是昔日温室里的花朵，也不再是老师和家长百般呵护的掌上明珠，你是一名职业人了，在老板或企业管理者以及你的同事面前，你和其他人并无不同，追求效益是企业永远不变的宗旨。企业之所以雇佣你，是基于你的专业知识，企业希望你以自己的专业知识来为企业创造效益。这就要求大学毕业生必须尽快地融入企业，与企业共荣辱、同存亡。如果不能做到这一点，那么很可能在激烈的竞争中败下阵来。

何为竞争？竞争便是理性的超越。芸芸众生并非一成不变，总有的会被淘汰。现在的社会也一样，能力强的上岗，能力差的下岗，没能力的连饭都吃不饱。所以竞争便成为生存的基本条件。

【小故事】

（1）日本一些渔民捕捉回来的沙丁鱼都好吃懒做，人工养殖的寿命很短。后来人们在水池中放入了一些饥饿而又凶狠的鲶鱼，沙丁鱼为了躲避鲶鱼的捕捉，每天游来游去，警惕性也提高了很多。后来人们发现这样混合饲养益处多多，两种鱼的情况都非常好，寿命也长了。所以没有竞争就没有发展，不超越自己就超越不了他人。

（2）太阳升起的时候，草原上的狮子开始奔跑，因为它知道，如果跑不过最慢的羚羊，它将会饿死；羚羊也在奔跑，因为它知道如果跑不过最快的狮子，它将被吃掉。无论是狮子还是羚羊，面对的竞争和挑战是一样的。如果不具备跑赢对手的智慧和勇气，不是饿死，就是被吃掉。

世界上有几十亿人,然而就业机会却是非常有限的。如果一个人想拥有较高的生活质量,那么就必须在竞争中胜出。以你的各种能力和经验为资本,去接受种种考验。在一个无限循环的过程中学习,吸取教训,完善自我,从而在发展中竞争,在竞争中发展。

当然,片面的竞争难成大事。俗话说"人心齐,泰山移",这正是在说明合作的力量有多强大,孤军奋战的结果往往以悲剧收场。非洲草原上的狮子和狼,均属凶悍的食肉动物。但狩猎时,却只有分工明确、联合作战的狮群和狼群,才会有丰硕的收获。不过在合作中也要有竞争,因为只有在合作的团体中培养良好的竞争意识与竞争习惯,才能使团体的所有成员互相促进,使人人都干劲十足,从而提高整体的力量。

正因为社会时时刻刻地发展,环境时时刻刻地改变,所以才有"发展才是硬道理"这句经典的话。大学生更要以竞争为基础去超越一切,超越自我。这其实也印证了达尔文《物种起源》的一个中心——物竞天择,适者生存。

资料:著名的美国西点军校教官在给学员布置任务时,往往是满负荷甚至是超负荷的,教学要求在实践中让每个部下明白:无论现在的长官还是未来的老板,他们往往只会关心结果,即你完成任务的情况,而不会在意你在过程中如何努力地克服了许许多多困难……

二、端正求职就业心态

(1) 要充分认清就业形势,准确定位,掌握就业技巧,树立正确的就业观,以最好的状态积极参与竞争。同学之间也要相互友爱,提倡信息共享,避免同学间不正当竞争。

(2) 在找工作之前要给自己的脑子里上根弦,不要盲目追求高薪而忽视自身安全。看到"高薪"字眼首先要掂量一下自己,然后再摸清对方的背景。但凡学历要求过低,而薪酬却高的的工作表面上看能得到丰厚的薪水,却暗藏祸心。

(3) 求职不能心切,要对自己的职业生涯发展脉络有个清楚的构想。心切便会失去判断是非的能力,而且会让一些人找到借机骗财的机会,这些人以各种名义收取应聘者的费用后便人去楼空。

三、就业维权须知

(一) 学会识别

毕业生在个人联系求职时一定要擦亮眼睛,对于一些利用租用场地作为应聘地点的公司,不要轻易押自己的毕业证、身份证和押金等,避免落入圈套。凡是要求收取押金、体检费、服装费等,或是不让去公司洽谈而约在某个地方见面的,肯定有问题,这些费用有些确实存在,但按规定均应由用人单位承担。再次,国家明令禁止在招聘过程中以任何的名义收取费用,包括培训费等。但凡要求缴纳费用的都应该警惕,如发现被骗,应立即向公安机关报案,通过法律途径维护自己的正当权益。

(二) 违约金要约定上限

三方协议中的违约金必须经由毕业生与用人单位协商之后约定,并且违约金的数额必须符合用人单位所在地的相关规定。现在国内大部分地区都没有明确规定违约金的上限,这种情况下都以双方协商金额为准。毕业生与用人单位还要互相约定违约金,以应对用人单位违约的情况,从而维护自身的权益。

由于三方协议具备权利和义务的双方是劳动者和用人单位,学生如果要毁约的话,除非学生与学校有特殊的约定,那么一般情况下学校是不能够向学生收取违约金的。

(三) 口头承诺应写进备注

据了解,90%以上的毕业生就业三方协议中的备注栏全是空白。由于缺乏社会经验和法律知识,很多毕业生因为急于就业而相信用人单位的一些口头承诺,常常在到岗以后与单位发生纠纷。

毕业生们一定注意充分利用好就业协议的备注栏,尽量将单位的承诺,如休假,住房补贴,解决户口,保险等各项承诺明确写入备注栏,切实保障自己的合法权益。

(四) 试用期不超过半年

有些用人单位利用一些大学生对法律的无知,对其进行遥遥无期的试用,而按照《劳动法》的规定,劳动合同约定的试用期不超过6个月。

劳动合同期限在6个月以下的,试用期不得超过15日;劳动合同期限在6个月以上一年以下的,试行期不得超过30日;劳动合同期限在一年以上两年以下的,试用期不得超过60日;劳动合同期限在两年以上的,试用期也不得超过6个月。

(五) 违约金

试用期适用于初次就业或再次就业时改变工作岗位或工种的劳动者,续签劳动合同不得约定违约金。

就业前和工作中,要了解以下四个方面的法律知识,即"5134",具体如下:

"5"是就业前要从五个方面谈判,即工资、工时、休息休假、劳动安全及保险福利等。

"1"是签好一份合同。《劳动法》第十九条:"劳动合同应当以书面形式订立,并具备以下条款:(一)劳动合同期限;(二)工作内容;(三)劳动保护和劳动条件;(四)劳动报酬;(五)劳动纪律;(六)劳动合同终止的条件;(七)违反劳动合同的责任。劳动合同除前款规定的必要条款外,当事人可以协商约定其他内容。"

"3"是重点明确"三工"(工资、工时和工伤)和"三金"(医疗、养老、失业)问题。

"4"是解决劳动争议的四条途径。首先要掌握劳动争议的范围,主要包括:因企业开除、除名、辞退职工和职工辞职、自动离职发生的争议;因执行国家有关工资、保险、福利、培训、劳动保护的规定发生的争议;因履行劳动合同发生的争议。

劳动者与用人单位发生劳动争议,可按照以下几个方式解决:

① 双方自行协商解决:当事人在自愿基础上进行协商,达成协议。

② 调解程序:双方不愿自行协商或达不成协议的,可自愿申请企业调解委员会调解,从当事人提出申请之日起,仲裁申诉时效终止,企业劳动争议调解委员会应在30日内结束调解。仲裁申诉时效从终止的30日之后的次日继续计算,对调解达成的协议自觉履行。调解不成的可申请仲裁。

③ 仲裁程序:当事人一方或双方均可在法定期限内向劳动争议仲裁委员会申请仲裁。仲裁庭应当先行调解,调解不成的,作出裁决。一方当事人不履行生效的仲裁调解书或裁决书的,另一方当事人可以申请人民法院强制执行。该程序是人民法院处理劳动争议的前置程序,也就是说,人民法院不直接受理没有经过仲裁程序的劳动争议案件。

④ 诉讼程序:当事人对仲裁裁决不服的,在规定的期限内,可以向基层人民法院起诉。人民法院按照民事诉讼程序进行审理,实行两审终审制。法院审判程序是劳动争议处理的最终程序。

在以上处理劳动争议的程序中,自行协商和调解不是当事人处理劳动争议的必经程序,而仲裁程序才是人民法院受理劳动争议案件的必经程序。

第五节　实习安全风险控制

高职类的学生属于技术应用型人才,操作性工作的比例较高,生产中的安全问题就必须引起高度关注。大学生生产实习过程中,由于不遵守操作规则等各方面原因而导致安全事故和设备损害的事例屡见不鲜,而学生往往不能引以为戒,使事故频频发生。

【案例12】 1999年1月26日,金乐电表配件有限责任公司因生产需要招收员工,刘丽应聘到该公司工作,约定试用期3个月。当年2月3日下午,因与刘丽同车间的机床操作工张某不在岗,其机床无人操作,刘丽想多学些技术,在未经任何人允许和指派的情况下,擅自操作张某的机床。操作时,因电表盒歪了,刘丽用左手去扶,机床将其左手轧成粉碎性骨折,致左手第1、2、3和4指缺损。经鉴定,刘丽左手损伤构成6级伤残,劳动能力部分丧失。

【法律链接】

毕业生即将走上工作岗位,为了自身的利益和家人的幸福,要深入地掌握安全法律知识。

《中华人民共和国安全生产法》2002年6月29日颁布,2002年11月1日实施。其中第三章"从业人员的权利和义务"规定如下:

第四十九条 从业人员在作业过程中,应当严格遵守本单位的安全生产规章制度和操作规程,服从管理,正确佩戴和使用劳动防护用品。

第五十条 从业人员应当接受安全生产教育和培训,掌握本职工作所需的安全生产知识,提高安全生产技能,增强事故预防和应急处理能力。

第五十一条 从业人员发现事故隐患或者其他不安全因素,应当立即向现场安全生产管理人员或者本单位负责人报告;接到报告的人员应当及时予以处理。

在生产劳动过程中,员工既享有获得劳动安全保护的权利,又必须履行劳动安全保护的义务,在劳动安全卫生方面更体现了权利与义务的统一。一方面对违章指挥、冒险作业,员工有权抵制执行,对危害自身安全健康的行为,有权批评、上告;另一方面,在生产劳动过程中员工有义务严格遵守劳动纪律和安全操作规程,报告有关情况,及时采取措施消除事故隐患,防止事故发生。保护自身的安全必须以遵纪守法为前提,自己违章不仅危害自身,而且会危害他人。

一、遵守劳动纪律和安全操作规程

参加企业车间顶岗生产实习,必须遵守纪律,集中表现为劳动纪律。劳动纪律要求全体员工都要遵守作息制度(按时上下班、午休、工间休息等),服从生产指挥,服从调配。遵守工作时间制度,是保证生产进行的基本条件;服从生产指挥和调配,是进行正常生产的必要条件。

劳动纪律还要求实习生严格遵守技术操作规程,坚持安全生产、文明生产。如果劳动纪律涣散,在车间乱摸乱动,随意蛮干,就会造成严重的后果。现代生产是社会化大生产,每道工序都有严格的规定,如果有人在一道工序上违反了技术操作规程,就会影响整个生产过程的正常进行,甚至造成重大事故。

违纪与违法都是属于违反社会行为规范的行为,一般违反纪律,并不算违法,它们所造成的危害相对比较轻微。但是在安全生产方面,违章、违纪、违法却是紧密联系的,从本质上看违章就是违法,因为安全生产规章制度,是安全生产法律法规和技术法规的具体化,违反安全生产规章制度,同时也违反了安全生产法规。例如在煤矿井下抽烟是违章违纪,同时也是违法,造成了严重后果就构成犯罪。

在生产实习过程中,必须强调严格遵守劳动纪律和安全操作规程。一人违章违纪既可能伤害自身,也可能伤害他人,还会给国家和人民财产造成严重损失。

同学们要自觉遵守法律法规、厂纪厂规和学校的各项规章制度,认真学习,按社会主义荣辱观的要求,做一名遵纪守法的实习生。进入新环境,首先观察安全出口,对不熟悉的机器设备不要因好奇心理而动手,要尽快适应新环境的安全要求和岗位工作要求,自觉参加实习单位的各类(安全)培训。按照学校实习管理的要求,与学校签订实习协议工作,如不签字的不得参加实习。

(1) 严格遵守《国家安全法》、《道路交通法》等法律法规。

(2) 严格遵守实习单位的安全生产规章制度和操作规程,听从指挥,服从管理,正确佩带和使用劳动防护用品。

(3) 实习生应自觉接受实习单位的安全生产教育和培训,掌握本职工作所需的安全生产知识,提高安全生产技能,增强事故预防和应急处理能力。

(4) 实习生对不熟悉的机器设备不准盲目动手,要尽快学习新机器设备的安全要求和工作岗位要求。

(5) 实习生在工作时应尽快适应企业劳动时间,遵守作息制度,工作时集中精力、注意观察,确保无安全隐患,正确操作机械设备,严禁违反安全操作规程。

(6) 实习生发现事故隐患或其他不安全因素应立即向现场安全管理人员或

实习单位负责人报告。

(7) 实习生应防止触电事故的发生,不准私接乱拉电线,工作时要看好工作场所的电器设备。检查导线等绝缘部位是否良好,带电部分不得外露,必须保持工作场地干燥、清洁。在操作未明电路前必须验电,在确认安全的情况下方可操作。

(8) 在校外生产单位实习时,自觉参加单位组织的学习和活动,要经常与辅导员或班主任老师联系,报告实习学习、生活等情况。同学之间也要保持沟通,互相团结、帮助。执行实习单位的劳动纪律时,做到不迟到、早退,离开单位外出时履行手续,节假日回家时要告知单位部门领导及辅导员,不得以任何理由擅自离开实习单位,遇到难以处理的事情,要与班主任或实习巡回检查的老师联系。

二、工伤事故后的应对

(1) 在就业实习过程中,如发生工伤事故应当立即到签订服务协议的医疗机构就医,情况紧急时可以先到就近的医疗机构急救。

(2) 根据国务院颁布的《工伤保险条例》申请工伤认定。《工伤保险条例》第十七条明确规定职工发生事故伤害或者按照职业病防治法规定被诊断、鉴定为职业病,所在单位应当自事故伤害发生之日或者被诊断、鉴定为职业病之日起 30 日内,向统筹地区劳动保障行政部门提出工伤认定申请。遇有特殊情况,经报劳动保障行政部门同意,申请时限可以适当延长。用人单位未按规定提出工伤认定申请的,工伤职工或者其直系亲属、工会组织在事故伤害发生之日或者被诊断、鉴定为职业病之日起一年内,可以直接向用人单位所在地统筹地区劳动保障行政部门提出工伤认定申请。

(3) 如果毕业生或者其直系亲属认为是工伤,用人单位不认为是工伤的,由用人单位承担举证责任。

(4) 如发生工伤,经治疗伤情相对稳定后存在残疾,影响劳动能力的,应当进行劳动能力鉴定。

(5) 因工作遭受事故伤害或者患职业病进行治疗,享受工伤医疗保险待遇,即报销工伤医疗费,职工住院治疗工伤的享受住院伙食补助费,所需的交通、住宿费用按有关规定予以报销。

(6)工伤已经评定伤残等级并经劳动能力鉴定委员会确认需要生活护理的,从工伤保险金中按月支付生活护理费,因工致残的,享受一次性伤残补助金和伤残津贴;劳动合同期满终止,或者职工本人提出解除劳动合同的,由用人单位支付一次性工伤医疗补助金和伤残就业补助金。

参考文献

1. [英]约翰怀斯曼著；张万伟,于靖蓉译. 生存手册. 海口:海南出版社,2004
2. 叶轻舟,张玉斌编著. 这样逃生最有效. 哈尔滨:哈尔滨出版社,2008
3. 杨正才,朱亚敏编著. 大学生安全知识读本. 南京:东南大学出版社,2008
4. 中央政府门户网站:http://www.gov.cn
5. 国家减灾网:http://www.jianzai.gov.cn
6. 江苏安全生产网:http://www.jssafety.gov.cn
7. 中国大学生心理健康教育在线:http://www.psyhealth.cn
8. 中国急救网:http://www.emss.cn
9. 中国职业安全健康网:http://www.china-osh.com